广东省哲学社会科学"十三五"规划2017年度学科共建项目成果：
广东中小学教师心理生活质量现状、影响因素及对策研究（GD17XXL06）

中小学教师心理生活质量研究

张旭东　李炳全　黄　华／著

吉林大学出版社

·长春·

图书在版编目（CIP）数据

中小学教师心理生活质量研究 / 张旭东, 李炳全,
黄华著. -- 长春 : 吉林大学出版社, 2021.1
ISBN 978-7-5692-7915-3

Ⅰ.①中… Ⅱ.①张… ②李… ③黄… Ⅲ.①中小学
—教师心理学—研究 Ⅳ.①G443

中国版本图书馆CIP数据核字(2020)第250619号

书　　　名：中小学教师心理生活质量研究
　　　　　　ZHONG-XIAOXUE JIAOSHI XINLI SHENGHUO ZHILIANG YANJIU

作　　者：张旭东　李炳全　黄　华　著
策划编辑：李承章
责任编辑：高欣宇
责任校对：柳　燕
装帧设计：刘　丹
出版发行：吉林大学出版社
社　　址：长春市人民大街4059号
邮政编码：130021
发行电话：0431-89580028/29/21
网　　址：http://www.jlup.com.cn
电子邮箱：jdcbs@jlu.edu.cn
印　　刷：广东虎彩云印刷有限公司
开　　本：787mm×1092mm　　1/16
印　　张：19.5
字　　数：330千字
版　　次：2021年1月　第1版
印　　次：2021年8月　第1次
书　　号：ISBN 978-7-5692-7915-3
定　　价：95.00元

前　言

　　近些年来，教学改革方兴未艾，其核心是深化课程改革，而课程改革的重点又离不开学校办学条件建设。学校办学的硬件、软件条件建设固然重要，但人才培养质量更重要；影响人才培养质量的各种因素都很重要，但教师因素最重要；教师的学历、学识、教学水平、科研能力等都很重要，但教师本人的身心健康状况尤为重要。为了避免"师源性"学生心理障碍的发生，教育界、心理学界的学者们一直在竭尽全力地调查研究、发表成果、提出建议、传经送宝，在一定程度上缓解或解决了教师心理亚健康状态的加重和延续问题。本研究就是这众多研究中的一例。

　　本研究主要解决的具体问题如下：第一，问题起因：部分中小学教师因为工作压力大而产生不良行为甚至选择了自戕或祸及学生，这是为什么？为什么面对同样的工作压力，部分中小学教师会产生压力困扰而其他人不会？对此我们该怎么办？第二，研究追问：影响中小学教师压力困扰产生的心理因素有哪些？其中，哪些因素起到核心作用？第三，构成要素：假设起到核心作用的心理因素之一就是心理生活质量，它的内涵、结构如何？第四，现实状况：中小学教师心理生活质量的现状与特点是什么？第五，影响机制：中小学教师心理生活质量影响机制如何？第六，提升策略：如何针对中小学教师心理生活质量的现状与影响机制提出心理生活质量提升的策略？

　　本研究大致分为五个阶段：第一阶段，理论探讨阶段。此阶段的主要任务是完成课题可行性的研究与论证工作。第二阶段，问卷编制阶段。此阶段的主要任务是编制一份适合教师心理特点、信度效度都符合心理测量学要求的"中小学教师心理弹性问卷""应对方式问卷"。第三阶段，全面调查阶段。此阶段的主要任务是数据取样，采用分层抽样的方法，先后选取中小学教师、幼儿园教师3000余人次为被试者实施问卷调查。第四阶段，数据处理阶段。此阶段的主要任务是处理与分析数据资料，做好相关图表。第五阶段，发表成果阶段。根据已经掌握的文献资料和搜集到的相关数据，撰写并发表研究论文、出版研究成果。

本书在撰写过程中力求突出以下特点：第一，创新性。从理论方面来看，本书对于丰富中小学教师心理健康教育理论具有补充作用；从实践方面来看，在深入细致的调查研究和个案访谈的基础上，进行比较系统的实证研究和生命故事研究。从研究方法方面来看，在被试者的选取上，既有小学、初中、高中教师，又有幼儿园教师；从研究工具上看，编制了本土化的"中小学教师心理弹性问卷""应对方式问卷"。第二，科学性。所得数据可靠，每一部分都贯穿了同一条主线，即心理生活质量总体及各因子的影响因素的调查数据及其分析，并完全呈现调查结果，充分体现调查研究的特点；问卷编制、实际调研、数据处理，都力求遵循心理科学研究的要求和规范，确保科学性。第三，针对性。本书各章节的主要内容均依据课题研究目的，以抽样调查获得的数据为基础。因此，无论是现状分析、机制探讨，还是提升策略的提出，都力求从中小学教师的现实特点和发展需要出发，有较强的现实针对性。

该书是广东省哲学社会科学"十三五"规划2017年度学科共建项目"广东中小学教师心理生活质量现状、影响因素及对策研究（课题批准号：GD17XXL06）"的最终成果。参加问卷调查、个案访谈和撰稿工作的人员还有（排名不分先后，以姓氏笔画为序）：方浩帆、叶志毅、李清、李瑜、吴敏茹、张世晶、林媚、庞诗萍、郑剑虹、蔡慧思。

在本书写作过程中，参阅了国内外同行专家们的大量研究成果，在此我们诚挚地表示谢意。由于我们的水平有限，虽已竭尽全力，书中缺漏、错误和不当之处在所难免，恳请专家和读者予以批评指正。

该书是广大中小学教师和基础教育工作者的良师益友。

作　者
2020年9月18日

目　录

第一章 中小学教师心理生活质量概述

随着人类文明的发展，当生活的量的问题取得令人满意进步的时候，人们则将注意力转向解决生活质的问题，心理生活也是如此[1][2]。本书将二者结合起来，探讨心理生活质量。本章着重解读心理生活质量的内涵，并从"小"环境即个体因素的影响、"中"环境即学校环境因素的影响和"大"环境即社会因素的影响等三个方面分析影响心理生活质量的因素。同时，编制符合心理测量学要求并适合中小学教师的心理弹性问卷和应对方式问卷。

第一节 心理生活质量解读

一、心理生活质量的概念

（一）生活质量与心理生活的概念

1.什么是生活质量

"生活质量"概念是美国经济学家加尔布雷思（J.K.Galbraith）于1958年在其所著的《富裕社会》中首次提出[3]。广泛的生活质量研究则始于20世纪80年代中期[4]，生活质量常和幸福、生活水平、生活方式、生活满意度、福利水平等概念混用。Szalai认为[5]，生活质量指人生活的好坏与满意程度。Campbell认为[6]，生活质量是对幸福的总体感觉，但偏向于研究特定领域的幸福感，因此出现了一些特定的短语，比如城市生活质量、家庭生活质量、工作生活质量等。Liu认为[7]，生活质量是"居住在特定环境下的个体获得的心理和物质上的福利"。生活质量在社会学、经济学、心理学、医学、地理和规划学中均受到广泛关注。个体的生活质量通常取决于外在的客观事实和内在的主观感受。

生活质量的内涵包括人类生活的客观和主观两个方面[2]。客观生活质量是指人们生活的现实状态和生活水平。主观生活质量包括客观生活水平和主观生活体验两方面。人的主观生活质量更多地取决于个体的生活体验，包括认知、情感、需要等因素的影响。认知水平高、社会认识深刻的人，会合理地体验个人的主观生活质量，幸福感、生活满意度都会有一个合理的反映。心理生活质量研究的是基于一定的客观生活质量上的主观生活体验。无论客观生活质量，还是主观生活质量，都受到经济、人口、文化及环境的影响。

2.什么是心理生活

人的生活尽管方式多样，但从根本上看，主要是人的心理生活。因为"自从有了人的出现，有了人的生活，有了人的意识，有了人的创造，就有了人的心理生活"[8]。因此，心理生活质量就成为揭示人生活质量的根本途径。心理生活是人类社会生活的核心内容[9]，是人类社会生活心理层面的表现，人们通过心理觉知、心理体验和心理感悟去反映生活的基本内容和基本方式，心理生活是人们不断探索生活的更高层次的产物。

心理生活是人对现实最直接的体验，充分体现了人的主体性与独特性。同时，由于文化背景的差异，不同民族的心理生活也有所不同。每一个体构建自己心理生活的方式都有其独特性[10-12]。

（二）心理生活质量的概念

心理生活理论的深入研究，为心理生活质量的研究提供一盏明灯，人的心理生活是人性、自我、认知、体验等方面的综合，在其生存、发展和创造过程中，必然有高有低，"而人的心理意识的拓展实际上也就是人的心理生活质量提升的活动，心理学研究对人的心理生活的解说，不仅关系到个体的心理生活还关系到人类社会的心理生活"[13]。因此，对心理生活质量的研究，关注的是人社会生活的全部心理活动的体验。从这个意义上说，心理生活质量的内涵既包括客观生活质量，也包括主观生活质量，既包括认知生活质量，也包括体验生活质量，主要包括生命质量、幸福体验、心理健康、价值判断和心理成长等多方面因素[1][2]。

1.幸福体验

心理学家以人们的主观幸福感来测量生活质量。研究强调当人们生活满意，而且体验较多的愉快情绪和很少不愉快情绪的时候，就产生幸福感。在对幸福感进行评价时，不强加外在参照标准，人们自己的信念最为重要。正如心理学家索雅指出："尽管每个人幸福感的来源不同，但大多数人知道自己幸福或痛苦。[9]"大部分人能够评价其生活状况的好坏，能够对其生活进行判断，能够体验积极与消极的情绪。在心理学家看来，良好的社会环境使大多数人感受到满意与快乐。此外，其他特殊的变量，例如信任、自尊、友好关系、工作满意与婚姻满意等，也常常作为主观幸福感的指标。事实上，幸福体验并不仅仅表现为主观感受，还表现为客观感受，客观感受即个人对他人或群体的幸福体验。每个人在体验自己幸福的同时，也在体验别人的幸福，在自己与他人之间寻求契合点。当自我幸福体验高于他人幸福体验时，无论当前自己生活现状如何，都会对自己生活感到满意；反之，就会感到不满意，幸福体验是一种心理比较。

2.心理健康

心理健康是指人的基本心理活动的过程内容完整、协调一致，即认识、情感、意志、行为、人格完整和协调，能适应社会，与社会保持同步。有很多心理不健康或不正常的人，其言行造成了生活质量的下降。因此，一个人因其社会适应的程度不同，心理健康水平就不同，生活质量和生活格调都会产生较大影响。正如阿德勒所说："适应良好的个人有勇气面对问题，追求优越和完美，形成健康的生活格调和社会兴趣，适应不良的个人只追求个人的优越而缺乏足够的社会兴趣，各种心理疾病都是由错误的生活格调所导致。[10]"

3.价值判断

人的心理生活不断发展，质量标准也在不断变化，心理生活归根结底是人的一种价值追求和价值体验，这种追求和体验始终离不开客观对象、主体意识、主体对客体的价值判断。一种高质量的精神生活，必然是个人在自己的生活过程中根据社会发展和自身实际不断调整自己的价值取向，体现自己生命价值的精神需要的精神生活。有些学者在综合分析影响生活质量的因素时，指出了在另一些心理因素（如价值观、理想、期望值等）的影响下，不同的人具有不同的心理状态，使他们即使面对相同的现实生活境遇也会产生不同的主观生活感受，即人们通常指出的所谓客观现实生活与生活感受之间的"不一致性"。心理价值判断总是在对自己生活所体现的价值、获得的价值认同去评判，当自己生活所体现的价值与获得的价值认同出现较大偏差时，人会表现出对生活质量的评价低，尽管人对自我价值判断与生活质量判断并不能真正实现一致性的判断，但人仍然会不停地去寻求在价值判断中获得平衡。

4.生命质量

人的生命同时具有自然和精神两种属性。"人从来就不是纯粹的存在，它总是牵扯到意义。[14]"因此，生命质量应包括生存质量、生活质量、劳动质量、发展质量。也就是要活得健康、愉快，充分发挥智力；就是要活得轻松、潇洒，有良好的人际关系；就是要活得余热迸发；就是要活得自身潜力得到开发，个性得到释放，即人要活得有价值。生命质量与生活质量的关系，是辩证的、相辅相成的。人们追求好的、高的生活质量是必然的，人能享受较高的生活质量是社会的进步。有好的生活质量并不必然产生好的生命质量，而差的生活质量也未必不能产生好的、高的生命质量。从质量的角度定义生命质量和生活质量：生命质量，是通过提高能力追求的一致性和可靠性，从而满足人类需求，并带来社会进步；生活质量，是通过提高发展追求的一致性和可靠性，从而满足人类需求，并带来社会进步。由此可见，追求生命质量就是追求能力提高，追求生活质量就是追求发展。提高生命质量是提高生活质量的前提，只有能力得到了提高，才能追求发展，也即创造更多价值，满足人类需求，并带来社会进步。

5.心理成长

葛鲁嘉认为，"个体的心理成长就是个体的心理拓展的过程"[15]。心理成长理论为人的不同心理时期的心理发展特点、心理成熟度、心理角色变化以及人不断完善的心理认知等提供了理论支撑。人的一生在不断发展和完善中成长，每一时期的心理生活质量是不同的，但随着心理发展阶段的变化，人的心理生活质量将会随之发生改变。正因如此，人应当动态地去认识和体验自己不同时期的心理生活质量。人的心理成长离不开社会文化的推动，不同的社会时期，必将形成与之相匹配的心理生活，人的心理生活质量也必将与社会文化相适应，不同的社会文化时期，一个人的成长经历都将不可避免地打上时代的烙印。另外，心理成长必将推动社会文化的发展和民族心理生活的变化，促进整个社会心理成长，也影响着整个社会人的心理生活质量。

二、国内外关于心理生活质量研究

探索生活质量必须深入研究人的心理生活质量和状态。因为人的心理状态是感受所有生活的核心机制，所以，心理生活状态和心理生活质量将成为关于生活质量研究的重要倾向[1]。

20世纪60年代至70年代，国外心理生活质量得到了广泛研究。对心理生活质量的研究主要以美国为代表，多数国外学者倾向于将心理生活质量等同于主观幸福感，他们认为心理生活质量研究应侧重于对人们的态度、期望、感受、欲望、价值等方面的考察，着眼于人们的幸福体验，生活质量意义上的主观幸福感测量研究就是心理生活质量。有代表性的观点主要有：以Diener为代表的美国学者将主观幸福感界定为人们对自身生活满意程度的认知评价，包括情感成分和认知成分。持此观点的研究者们选取的主观幸福感维度主要包括总体生活满意感和具体领域满意感[16]。

国内关于心理生活质量的定义，比较有代表性观点的有：易松国和风笑天选择住房、居住、交通、工作、婚姻和家庭生活等六个主要生活满意度指标，对武汉、北京、西安三地城市居民主观生活质量进行了研究，认为"心理生活质量是人们对生活的主观感受，即人们对生活的满意度，可以反映人们对生活的态度"。周长城和蔡静诚把心理生活质量称之为"可感生活质量，即为实际生活的人们所感觉到的或所承担的生活质量"。李莹对天津市的青年进行了主观生活质量研究，主要从生活感受和社会态度两个方面进行评估。她认为："心理生活质量就是心理生活满意度和生活态度，具体的就是指各方面的生活感受和社会心态。"吴绍琪和陈千认为："心理生活质量是指人们对生活总体和各方面的满意程度。"[8]胡荣在对厦门居民生活质量调查中提出的指标除个别项外，主要是心理指标。他将评估指标分为工作、居住环境、家庭生活、业余文化生活。

国内外目前还没有关于心理生活质量方面的研究。相关的研究表明，人们更关注以人的心理为切入点的心理学视角的研究，研究趋势将呈现出从人的心理研究生活质量的问题。关于生活质量与幸福感这些丰富而又有价值的研究文献，构成了探索"心理生活质量"问题的基础。心理学视角考察生活质量问题已有的研究只是把主观幸福感作为衡量主观生活质量的心理指标。但心理学视域下的生活质量考察不能只从人们因物质条件的满足而获得的快乐感，更为重要的在于人们因自身潜能充分发挥而获得的价值感。

相关文献研究发现，国外较少涉及中小学教师群体生活质量方面的研究。国内学界对中小学教师生活质量的研究主要集中在以下三个方面:一是生活质量的概念和生活质量指标体系。如，孙丽红的关于小学教师工作生活质量评价指标体系研究，王黎华关于中小学教师工作生活质量问卷的编制及初步应用研究等。二是中小学教师生活质量的现状及影响因素。如，邱宇翔等人关于广东南海九江镇中小学教师生存质量影响因素分析，苏磊等人关于中学教师生活质量的相关因素分析等研究。三是农村中小学教师生活质量现状的研究。如，贾璐关于安徽省农村中小学教师工作生活质量的调查研究，祁慧关于农村中小学教师生活质量与心理健康状况方面的调查研究，等等。

总结国内外现有的研究成果，主要存在以下问题：第一，在研究内容上，多数是对生活质量、工作质量的调查分析，对教师心理生活质量现状、影响机制及对策的探讨微乎其微，尚缺乏对幼儿教师心理生活质量的研究。第二，在研究方法上，缺少深入细致的个案研究；定性研究多，定量研究少，缺乏系统深入研究。第三，在研究工具上，一是针对中小学教师、幼儿教师群体的测量工具较少且内容不完善；二是缺乏本土化测量工具，特别是缺少幼儿教师心理生活质量方面的测量工具。由此可见，对于中小学教师群体特别是幼儿教师的心理生活质量的研究，由于研究对象的特殊性，目前的研究成果还比较少，尚处于不断完善之中。本书在参考前人研究成果的基础上，从理论与实证两个方面对中小学教师（含幼儿教师）的心理生活质量进行研究。

三、影响教师心理生活质量的因素分析

人是一种极其复杂的社会有机体，这种复杂性也只在于人的心理。事实上，心理发展的制约因素本身就是一个复杂的体系，在这个体系中，有来自主体遗传和生理方面的因素，有来自自然环境方面的因素，有来自社会生活方面的因素；有来自主体自身行为方面的因素，也有来自于心理本身的因素。人的心理生活是人现实生活的重要构成，是主观生活质量与客观生活质量的统一，即社会生活质量、认知生活质量、体验生活质量与创造生活质量的统一。影响心理生活质量的因素既包括"小"环境即个体因素，"中"环境即学校因素，也包括"大"环境即社会因素[17][18]。

（一）"小"环境：个体因素的影响

人的心理生活受到心理因素的影响是直接的、巨大的、复杂的和持久的，心理因素无时无刻不在影响着人的心理生活，调节着人的心理情感，不断

创造着丰富的心理生活。影响教师心理生活质量的因素是多方面的，其中，个体因素包括生物学因素、内在心理因素、主体活动因素。

1.生物学因素的影响

正常的躯体、生理、生化等物质基础，是教师心理生活的正常保证。心理生活方面出现问题，也与一定的生物学因素有关系。

（1）遗传因素的影响。遗传因素与人的精神状态，尤其是精神疾病之间的关系较为复杂。一些研究统计资料表明，遗传因素在某些精神疾病发病中有一定的作用。从国内外对遗传生物学因素的研究中可以看出，遗传因素在精神分裂症、躁狂抑郁症、人格障碍、精神发育迟滞等疾病中占有一定的地位。另外，作为遗传因素之一的母体内产前环境也不容忽视。母体环境是母亲的机体为人在胎儿时期提供的生物环境，一般称之为"理化环境"。有关研究表明，在母体环境中，营养及温度、药物、辐射等方面的因素对胎儿的生理发育和心理发育作用极大。

（2）生理成熟。成熟指有机体生长发育在某一时期所达到的程度，即该时期的生理解剖特点和水平。遗传是生长发育的潜含内容，成熟是遗传提供的可能性向现实性的转化。如果大脑皮层的生长发育达不到相应的水平，思维活动就无法进行。按照皮亚杰等人的观点，成熟"指机体的成长，特别是神经系统和内分泌系统的成熟"。成熟既是动态发展过程的概念，也是一个静态指标水平的概念。皮亚杰指的仅仅是后者，这里指的是二者的统一。作为前者，具有不间断的递进的连续性；作为后者，具有表现各时期不同性状和水平的阶段性。成熟主要表现于成年之前，对心理发展起促进作用；衰老主要表现于成年以后，对心理的发展起促退作用。随着成年以后的生理年龄的增长，人体结构的成分发生变化，各器官和各系统，特别是神经系统和内分泌系统机能减弱。生理上的衰老必然引起心理上的衰老，如感知、注意、记忆、想象、言语、思维等各方面能力水平降低，消极情绪增多，意志衰退，兴趣范围缩小，性格执拗，这些方面的成熟和另一些方面的衰老也会同时存在于心理发展的同一时期。

2.内在心理因素

从内部条件上看，心理生活质量受制于主体的心理基础。主体内部条件对心理生活质量的影响，与以下主体心理动力因素联系更为密切。

（1）人格特征。教师的人格类型特征，对其心理生活质量的影响较为明显。这是因为具有不同人格特征的人，对各种致病因素的认知是不同的，对各种社会生活事件及心理冲突等的情绪反应也不同。如性格特征影响人的心理生活质量，外倾者倾向于经历和体验积极生活事件，神经质者倾向于经历和体验消极生活事件，这些生活事件反过来又对心理产生影响[19]。性格因素直接影响人的生活方式，不同的生活方式不仅会影响到人外在的成功与失败，也内在地影响人对幸福、快乐等积极情感的认识和理解，影响其如何处理社会关系和确定个人的生活动力，布来德博研究发现：善交际与正向情感密切相关[20]。

（2）认知水平。人的认知水平赋予了不同的认知风格和认知能力，人通过不断提升和调解个人的认知水平，推动心理发展，丰富心理生活世界，提升心理生活质量。一是个体的认知方式影响人的心理生活质量。如果一个人把成功归因为个人的努力和自我能力的体现，将会增强他们的自尊、自信，产生乐观的情感体验[21]。二是个体的认知能力影响人的心理生活质量。对客观存在的现象越能解释、说明的具体、透彻，越能使人作出客观的评价和正确的认识。人会通过学习与实践不断提升认知能力，丰富心理生活，进而提升心理生活质量。

（3）主观能动性。心理因素是指影响心理本身发展的产生于心理内部的条件，心理因素的制约作用来自于心理的自我调节、自我发展功能。人的心理的能动性对心理发展的影响主要表现在两个方面：第一，人积极自觉地从事认识和改造自然与社会的实践活动，在实践中获得知识，提高能力，锻炼意志，促进自身心理的发展。第二，人能有目的、有计划地调控自身生理和心理活动，终止不良心理和行为，改正错误，端正心态，发挥优势，加快自身心理的健康发展。

（4）自我实现。自我价值能够得到实现的人，会形成一种积极的人生态度，具有自我面对和独立承担社会挫折的能力，不断调节自我生活目标和自我评价标准，同时才会感觉现在和过去的生活有意义。一是合理需要的满足促进心理生活质量。伯伦斯坦等学者研究发现，动机和目标的协调可以促进幸福感，动机和目标不协调就会导致幸福感水平降低[22]。二是自我价值的实现提升心理生活质量。人在社会生活中，追求自我价值的实现是其贯穿始终的目标，更是人较高层次的自我实现需要。三是自我实现过程影响心理生活质量。当人们从事一项任务难度与自身能力相当的活动时，得心应手，个体感觉认知高效、动机激发、无比的快乐和幸福，这时心理生活质量也得到提高。

（5）人际关系和日常生活中的困扰。人际关系长期不和谐，周围环境到处是紧张空气，就会导致各种心理障碍的产生、影响身心健康和学业成绩。一般来说，在人际关系交往中，出现一些困难是正常的，但如果个体的人际关系严重失调，人际交往时常受阻，则表明个体存在着某些不良的心理品质。常见的有以下几种：自我封闭、自我为中心和嫉妒心理。

3.主体活动因素

主要表现为心理冲突与选择。青年教师踏上工作岗位不久，往往对自己的岗位、对自己的学生充满理想主义色彩，一旦遇到工作分配不如意或者学生不听话，就会出现心理问题；中老年教师肩挑重担，工作相当辛苦，希望得到领导的尊重和信任，一旦不能称心如意，也会造成心理失衡。这些问题如果处理不当，就会影响教师的心理健康，这就是理想与现实之间的矛盾冲突。一般情况下，教师在面对冲突情境时，往往能够做出抉择，减少冲突。但有时因个人自身的局限性，或个人所选择的目标缺乏实现的客观条件等，也会使冲突难以解决，这也会使教师长期处于焦虑、失望的状态下，造成内心痛苦，甚至成为出现神经类疾病的直接原因。心理冲突的情况有多种，以下的几种情形是最常遇到的：双趋冲突，实际上是一种"鱼我所欲也，熊掌亦我所欲也"式的冲突；双避冲突，实际上是一种"左右为难""进退维谷"式的冲突；趋避冲突，指一个人一方面要接近一个目标，同时又想回避这个目标时所产生的内心冲突；多重趋避冲突，亦称多重接近—回避型冲突。

（二）"中"环境：学校环境因素的影响

教育是通过教育者对一定的教育对象实施的有目的、有计划、有组织的影响。在教育因素中主要是学校教育。学校教育的任务是塑造人的心灵，教师是人类灵魂的工程师。教育与其他制约心理发展的因素相比，最大特点在于它的主动性，是直接以影响人的心理发展为目的，并且有一定的计划、手段、内容、方法和相应的组织形式。因此，教育在影响个体心理发展上的作用是非常大的，国内学者一般称之为"主导作用"。影响教师心理生活质量的因素，还有学校环境下的一些特殊因素的作用，特别是学校软环境的作用，在这里我们重点探讨组织环境、领导风格对教师心理健康的影响。

1.组织因素

了解影响心理生活的组织环境问题，为创造一个更健康的学校环境提供了可能。教室本身就是一个展开心理困境的舞台，学生的问题与学习混杂在一起，所有的这些问题影响着学习环境，而且必须由教师处理。教师在教学中遇到这些复杂问题时常感到孤立，因为他们无法从其他人那里得到咨询、建议或帮助。从影响教师心理健康的组织因素出发，下面的一些问题值得关注。

（1）教室氛围。教师与学生在教室里的互动形成了教室的氛围，积极的互动可以强化教师能力，而不断发生的纪律问题、冷漠、低成就感及学生间的口头或身体攻击，是造成教师产生消极态度的原因，也容易导致教师产生心理问题。处理在教室里制造混乱的学生，是教师压力的主要来源。两种学生行为易导致教师出现心理困扰：一是学生不尊重教师；二是学生的注意力不集中，学习或考试失败。

（2）自主与做决策。每个人都渴望控制自己的工作和生活，并做相应的决定。参与组织的决策过程，对于保持教师的士气、动力、自尊和工作满足感来说是至关重要的因素。教师们喜欢做决策，并将其应用到自己的行动中，他们会为此负责。在以往的教育实践中，教师在学校政策和制度的制定上几乎没有发言权，基本上是从上到下传达指示，从校长到主管部门主任再到教师。实际上，大部分教师都希望在学校决策上发表一些意见，如果没有机会，他们就会把时间用在抱怨上，使学校里产生严重的消极思想。教师会认为没人理会他教学努力的价值，会很沮丧。

（3）公平感是指相对受益的比较。人们的相对受益率和心理生活质量是一种正比关系：即相对受益比率高则心理生活质量好，相对受益比率低则心理生活质量差。在一起工作的人相互尊重，是一个团体稳定的基础，信任、公开和尊重是一个公正的工作岗位的关键因素，缺少公平是工作量分配不公的标志，是行政人员偏心的表现。缺少公平，表现的是对教师的不尊重，破坏了学校中的集体感。当教师感到在分配工作和报酬方面缺乏公平时，他们会表现出嫉妒、竞争和报复心理。

（4）努力与回报之间的差距。教师们是为内在的和外在的报酬而工作，教师期望自己的工作能够得到工资报酬、威信、地位、与同事合作时的满足感。虽然刚开始工作时，大部分教师并未期待获取巨大的财富，但他们确实期望得到内在的回报和一份合理的工资。不幸的是，教师仍然属于低工资、低收入阶层，低工资易造成低自尊的感觉。当教师们得不到合理的收入时，教师本人和他的工作就被降低了价值，这样就有了兼职获得额外收入的需要。不合理的收入是教师心理倦怠的普遍原因。

2.学校领导与管理

在准备从事教师这一职业之时，教师们已准备好要与不同的人打交道，包括学生、家长、同事和校长。大部分教师具备适应各种领导风格的能力。当前，许多学校表面上看有严格的管理制度、通畅的沟通渠道，似乎一切都在有序运行，但实际上，真正碰到问题时，就会暴露出压抑、无序、混乱及缺乏领导支持的现实。上述学校领导方面的问题，会在一定程度上影响到教师的心理生活。

影响教师心理健康的因素不是单一的，有着多方面、复杂的原因。针对社会、工作、家庭和教师自身的因素，单纯的指责、抱怨不是解决问题的方法，需要去面对并采取有效的方法予以调节和完善。特别是有意识地提高面对困难的挑战能力，因为对同样的工作要求，不同的教师会产生不同的反应，有的教师会将其看作是对自己的威胁，而有的教师会将其看作是对自己的挑战。视其为挑战的教师，会激发起完成工作的热情，而视其为威胁的教师，却感觉非常有压力，直至出现心理健康问题。因此，个人对事件重要性的认识，决定了一个人面对困难时的反应，一个教师对事物重要性的认知能力以及承受压力的能力，决定了他对心理问题的防御能力。

3.过重的内外压力

影响教师心理生活质量的直接原因是过重的内外压力。

（1）工作要求过高。今天的学校，对教师的要求可谓层出不穷，当教师们承受着太多的要求，却只有太少的时间以及太少的资源去完成工作时，就意味着他们承担了超负荷的工作。虽然有时会考虑到工作量的问题，可是对工作质量的过分要求也是超负荷工作的表现。其结果是教师完成工作变得非常困难，以致无法满意地完成工作。

（2）角色冲突。作为教师，要同时满足差生、优等生和普通学生的学习需要，不同学生的学习成绩应当是不同的，但家长和校长却对所有学生均提出了高分的期望，这种期望高分的压力会使教师挣扎在角色冲突之中。角色冲突将出现在两种或更多压力形式的冲撞中，服从一种压力，就要面对和服从其他压力。

（三）"大"环境：社会因素的影响

社会环境因素包括很多方面，而自然环境、居住环境、家庭环境、社会环境、社会经济、社会人口、社会文化、生活事件等则是影响人心理生活质量的重要因素。一是良好的家庭教育，能够使孩子在和谐的环境中成长，感受信任、尊重、理解带给孩子的幸福体验，从而提升个体的心理生活质量[23]。二是工作环境影响人的心理生活质量。个人在工作中身心获得的满足感与成就感、良好的人际关系；工作升迁、各项福利、工作条件、工作保障、工作安全度和社会地位中体验到个人价值的实现和自我成功，上述因素均对其心理生活质量产生不同程度的影响。其中，人际关系对其发展产生重大影响，人们非常重视自己是否拥有良好和谐的人际关系，人际关系和谐时，其心情舒畅，心理生活质量高。三是舒适的居住条件提升人的心理生活质量。对教师心理生活质量影响较大的社会因素主要有：

1.自然环境因素

自然环境因素指来自于自然界或具有自然性质的对个体心理发生影响的方面。对个体心理来说，自然环境因素主要有两个方面，一是胎儿在母体内的生物环境，二是人出生以后的地理环境。从对个体发生作用的顺序来说，母体环境是人的第一环境，地理环境是人的第二环境，社会环境则是人的第三环境。

2.家庭生活环境与早期经历

家庭生活环境在个体心理发生、发展中起着决定性作用。家庭生活环境，包括家庭的经济状况、教育条件、教育方式、家庭成员间的心理气氛等均会对个体产生影响，特别是对心理生活质量产生影响。例如，家庭成员间的关系与气氛对教师个体的心理生活有直接的影响。在人生旅途中，许许多多的"第一"都是在家庭环境中经历的。父母影响是家庭环境中最主要的因素，儿童具有很强的"模仿性"，父母的言谈举止、交际往来、处事态度、文化职业、生活习惯等等都是儿童最初主要的自发学习（模仿）的内容。因此，父母的榜样作用是家庭环境中的第一位要素。

3.社会环境因素

（1）环境变迁。教学与生活环境的变化会增加他们适应新环境的困难。对新环境的适应包括对自己地位变化的适应，这是学校生活适应过程中应特别注意的问题。入职后，各地方人才聚在一起，势必使大部分新教师失去"先进"地位，而成为"较差"或"一般"的成员。这种地位变化越强烈，他们适应起来就越困难。实际上，这种地位的变化包括很多方面，如教学业绩、交往能力、组织能力等。使得几乎每个新教师都面临一个重新评价自己与他人，重新确立对自己看法的过程，这个过程会持续很长时间，而且容易出各种各样的问题，从而影响同事之间正常的交往和学习。

（2）重要丧失。在教师群体中，经常出现的丧失主要有三个方面，即重要的人际关系的丧失，荣誉的丧失，以及自尊的丧失等。无论是什么样的丧失，都会在一定程度上影响到每一位教师的自尊心，并且严重时会使他们在情感和生活上产生严重的障碍。当然人即使遭遇重要的丧失，也会很快重新调整过来，这并不等于说所有经历丧失的人都可以很快从丧失中解放出自己，有些严重的又不能自拔的人甚至会出现自杀等问题。

（3）社会刺激。与教育相比较，社会环境指的是自发潜移默化地对心理发生影响的一切社会条件。除了接受教育以外，学校内部的环境对学生心理发展的影响作用是不可忽视的。在社会环境中，诸如社会经济状况、文化氛围、风俗习惯等都对个体发生着这样或那样的影响。在社会环境中，社会团体的构成、风气、团体在社会中的地位以及个人在团体中的地位等等，都直接影响着个体心理的发展。

（4）社会价值观和民族文化心态。人们的社会价值观念，民族文化心态，都会从正反两方面影响国民的心理生活质量。如果国民在一个社会中普遍具有进取价值观和忧患意识，就会不断进取，敢于承担风险，竞争意识强，奉献精神足。那么，国民对社会变革的心理生活质量就好。

（5）国民的现代性程度。从社会心理学的角度看，人的现代性主要是指现代人应具有的心理特征。现代人或人的现代性主要应具备以下特征：开放心态，目标与热情，信念与参与，独立与尊重，重视观念更新和自身发展。现代人的上述心理特征一经形成，通过社会生活的检验和强化就会积淀为较稳定的心理素质，进而对人们的心理生活产生重要的影响。可以认为，从某种意义上说，提高国民的心理生活质量，关键是提高人的现代性水平。

4.社会经济

经济的发展为人类生存和发展奠定了物质基础，社会物质条件已成为影响心理生活质量的基础因素[18]。低收入水平会致使人缺乏生活安全感，贫富差距过大使人形成"社会迁怒"，低生活保障使人产生生存恐慌。真正地关注以医疗保障和生活保障为核心的"民生问题"，是提高人民生活水平的核心问题，解决这个问题就是让人民生存在没有顾虑的社会中，生活得幸福和安定，从而真正提升人心理生活质量，但解决低生活保障问题与一个国家发达水平息息相关。所以，人们对"国强民富"的期盼也是一种美好的心理感受。

5.社会人口与心理生活质量

一个国家人口质量关乎国家发展的速度，关系生活质量提升的能力。因此，人口因素对人心理产生的影响是巨大的，对人心理生活质量的影响是明显的。研究表明，不同年龄阶段的人心理生活质量不同[24]，性别差异导致心理生活质量的差异[25-27]，教育程度高低影响人的心理生活质量[28]，健康状况是人心理生活质量的预测指标[29]。

6.社会文化

大量事实表明，社会文化影响人的心理与行为，同样也会影响人的心理生活质量[30]。因此，不同文化背景下，中西方人感受到的心理生活质量并不相同。一是不同的文化中个体心理生活质量存在差异，在不同文化中的个体在诸如生活满意感、情感体验、社会取向、价值观、判断准则等方面存在差异；二是社会文化变迁影响人的心理生活质量，社会文化变迁下个体心理生活质量也随之发生变化；三是社会文化融合影响人的心理生活质量，能否适应和接受不同的文化是影响其心理生活质量的重要因素。

第二节　中小学教师心理生活质量现状

一、问题提出

中小学教师的心理生活质量好与坏，直接影响他们的心理健康水平和对教学工作的满意度，进而影响教学质量与工作效率。为此，关注中小学教师心理健康应回归到关注其生命质量和心理生活质量。"心理生活质量（Quality of Mental Life）即心理发展、完善及成长过程中外部感受和内在体验的水平，包括客观心理生活质量和主观心理生活质量，是生命质量、幸福体验、心理健康、价值判断和心理成长等多方面因素的统一，其研究的是外在条件对内在体验的影响，更主要的是研究人的内在心理体验"[1][31]。人的心理生活有高质量和低质量之分，人的心理生活质量的提升与心理的完善和意识的拓展有关[12]。对于心理生活质量好坏的衡量标准，国内许多学者指出，心理生活质量不仅仅指内心有无矛盾冲突，而且还指个人内心世界的拓展和境界的升华。随着社会进步，社会更多关注的是提升大众的心理生活质量[32]。近年来，国内已有不少研究报道了某些特殊人群的生活质量状况，但未见有关中小学教师心理生活质量研究的报道。本研究旨在探讨广东省中小学教师心理生活质量的现状与特点，为提升中小学教师心理生活质量提供帮助[33]。

二、研究方法

（一）研究对象

本研究抽取1350名广东中小学、幼儿教师作为研究对象，共收回有效问卷1288份，有效回收率为95.41%。其中，男教师475人，女教师813人；35岁以下教师572人，36～45岁教师629人，46岁以上教师87人；教龄5年以下者193人，6～10年者244人，10～20年者591人，20年以上者260人；幼儿园教师550人，小学教师485人，中学教师253人；大专学历者653人，本科及以上学历者635人；城镇学校教师357人，乡村学校教师931人；年级组长及以上教师114人，普通教师1174人；已婚者1127人，未婚者161人。

（二）研究工具

采用焦岚编制的"心理生活质量评价问卷"[1]，共有40个条目，5个因子，分别为价值判断、心理健康、生命质量、幸福体验和心理成长。其中，心理健康因子的所有条目，包括6、8、10、11、16、19、23、28、30、31和36均要进行反向计分。五个分量表的内部一致性信度系数分别为0.83、0.90、0.84、0.83、0.85，均在0.80以上，而总量表的 α 系数为0.91。问卷采取Likert五点计分，从"1"到"5"表示"非常符合"到"非常不符合"，得分越高表示心理生活质量越差。

（三）施测过程与数据处理

以学校和培训班为单位进行团体施测，问卷填写均采用无记名方式，要求调查对象做自行完成调查问卷内容，数据采用SPSS22.0分析。

三、结果与分析

（一）中小学教师心理生活质量的描述统计

对中小学教师心理生活质量现状从整体上采用描述统计，统计的内容包括该总分及所有维度，其中均值等于总均值除以题目数。结果如表1-1所示。按照得分由低到高，可以把5个维度进行排序如下：价值判断、心理成长、生命质量、幸福体验、心理健康。心理生活质量总分的均值为2.22。

表1-1　中小学教师心理生活质量的描述统计表（$N=1288$）

内容	心理生活质量总分	心理健康	生命质量	幸福体验	心理成长	价值判断
均值	2.22	2.52	2.37	2.39	2.36	1.88
标准差	0.534	0.763	0.667	0.743	0.663	0.649

（二）中小学教师心理生活质量在人口学变量上的差异

1.中小学教师心理生活质量的性别差异

通过独立样本t检验，检验中小学教师心理生活质量是否存在性别差异，见表1-2（不具有显著因子未列入表格中，下同）。表1-2说明，不同性别中小学教师心理生活质量在幸福体验、心理成长、价值判断因子等具有显著差异（$p<0.05$），且女性分数低于男性，说明女教师的心理生活质量状况比男教师要好。

表1-2　比较中小学教师心理生活质量在性别上的差异（$M \pm SD$）

	男（$n=475$）	女（$n=813$）	t
心理生活质量总分	92.71 ± 23.447	86.41 ± 18.960	4.990***
幸福体验	10.14 ± 3.119	9.20 ± 2.826	5.405***
心理成长	7.35 ± 2.116	6.91 ± 1.894	3.668***
价值判断	32.51 ± 11.743	28.71 ± 9.227	6.053***

注：* 表示$p<0.05$，**表示$p<0.01$，***表示$p<0.001$，下同。

2.中小学教师心理生活质量的年龄差异

通过单因素方差分析，比较不同年龄中小学教师心理生活质量上的差异，如表1-3所示。由表1-3得出，不同年龄中小学教师在心理健康、生命质量、幸福体验和心理成长因子上具有显著性差异（$p<0.05$），进一步的多重检验显示，在心理健康、生命质量、幸福体验和心理成长上，36～46岁教师得分低于35岁以下教师得分，说明与35岁以下年轻教师相比，36～46岁教师拥有更积极、更高质量的主观幸福体验。

表1-3　比较中小学教师心理生活质量在不同年龄上的差异（$M \pm SD$）

	年龄（岁）	$M \pm SD$	F	多重检验
心理健康	35岁以下	28.39 ± 8.242	3.168*	36～45岁<35岁以下
	36岁～45岁	27.18 ± 8.389		
	46岁以上	27.93 ± 9.169		
生命质量	35岁以下	14.62 ± 4.073	5.406**	36～45岁<35岁以下
	36岁～45岁	13.87 ± 3.820		
	46岁以上	14.39 ± 4.561		
幸福体验	35岁以下	9.91 ± 2.939	8.266***	36～45岁<35岁以下
	36岁～45岁	9.22 ± 2.904		
	46岁以上	9.4.8 ± 3.392		
心理成长	35岁以下	7.35 ± 1.950	11.286***	36～45岁<35岁以下
	35岁～45岁	6.81 ± 1.980		
	46岁以上	7.17 ± 2.064		

3.中小学教师心理生活质量的教龄差异

通过单因素方差分析，比较不同年龄中小学教师心理生活质量上的教龄差异，如表1-4所示。由表1-4得出，不同年龄中小学教师在幸福体验和心理成长因子上具有显著性差异（$p<0.05$），进一步多重检验显示，在幸福体验和心理成长上，20年以上阶段教龄的教师得分显著低于1-5年和6-10年教龄教师，说明20年以上教龄的老教师幸福感体验和心理成长比10年以下教龄的年轻教师积极体验感更高。

表1-4 比较中小学教师心理生活质量在不同教龄上的差异（$M \pm SD$）

	教龄（年）	$M \pm SD$	F	多重检验
幸福体验	1～5年 6～10年 10～20年 >20年	10.16 ± 2.908 9.83 ± 2.749 9.41 ± 3.038 9.13 ± 2.985	5.629**	10～20年<1～5年 20年以上<1～5年 20年以上<6～10年
心理成长	1～5年 6～10年 10～20年 >20年	7.25 ± 1.747 7.36 ± 2.081 7.03 ± 1.961 6.77 ± 2.091	4.294*	20年以上<1～5年 20年以上<6～10年 10～20年<6～10年

4.中小学教师心理生活质量的任教年级差异

通过单因素方差分析，比较不同年龄中小学教师心理生活质量上的任教年级差异，如表1-5所示。由表1-5得出，不同年龄中小学教师在心理生活质量、心理健康、幸福体验、价值判断和心理成长因子上具有显著性差异（$p<0.05$）。进一步的多重检验显示，心理生活质量总分及各维度从小到大排序为：幼儿园、小学、中学，说明幼儿教师的心理生活质量水平最高。

表1-5 比较中小学教师心理生活质量在任教年级上的差异（$M \pm SD$）

	任教年级	$M \pm SD$	F	多重检验
心理生活质量总分	幼儿园 小学 中学	26.98 ± 7.960 27.47 ± 8.431 30.05 ± 8.858	15.496***	幼儿园<小学<中学
心理健康	幼儿园 小学 中学	39.02 ± 7.960 38.53 ± 8.431 35.95 ± 8.858	12.264***	幼儿园<中学 小学<中学
生命质量	幼儿园 小学 中学	13.98 ± 3.685 14.16 ± 4.223 14.96 ± 4.150	5.479**	幼儿园<中学 小学<中学
幸福体验	幼儿园 小学 中学	8.98 ± 2.758 9.69 ± 3.009 10.49 ± 3.084	23.916***	幼儿园<小学<中学

	任教年级	$M \pm SD$	F	多重检验
价值判断	幼儿园 小学 中学	27.87 ± 8.237 30.35 ± 11.582 34.52 ± 10.720	37.768***	幼儿园<小学<中学
心理成长	幼儿园 小学 中学	6.97 ± 1.827 6.96 ± 2.095 7.52 ± 2.060	7.965***	幼儿园<小学<中学

5.中小学教师心理生活质量的学历状况差异

通过独立样本t检验，检验中小学教师心理生活质量是否具有学历状况差异，结果见表1-6。由表1-6可知，大专学历教师与本科学历教师在心理生活质量总分、心理健康和价值判断上具有显著性差异（$p<0.05$），且本科学历教师得分低于大专学历教师得分，说明本科及以上学历教师的心理生活质量水平高于大专学历教师。

表1-6　中小学教师心理生活质量的学历状况差异（M ± SD）

	大专（n=653）	本科及以上（n=635）	t
心理生活质量总分	90.74 ± 20.926	86.68 ± 20.774	3.495***
心理健康	28.35 ± 8.458	27.17 ± 8.291	-2.516*
价值判断	31.55 ± 10.857	28.63 ± 9.667	5.097***

6.中小学教师心理生活质量的工作单位差异

通过独立样本t检验，检验中小学教师心理生活质量的是否具有工作单位上差异，结果见表1-7所示。由表1-7可知，城镇教师与农村教师在心理生活质量总分、生命质量、心理成长、价值判断因子上具有显著性差异（$p<0.05$），且城镇教师得分低于农村教师得分，城镇教师的心理生活质量水平高于农村教师。

表1-7　比较中小学教师心理生活质量的工作单位差异（$M \pm SD$）

	城镇（n=357）	农村（n=931）	t
心理生活质量总分	86.37 ± 20.487	89.64 ± 21.054	−2.518*
生命质量	13.75 ± 4.100	14.43 ± 3.948	−2.751**
心理成长	6.83 ± 2.111	7.17 ± 1.933	−2.701**
价值判断	28.99 ± 10.137	30.54 ± 10.454	−2.410*

7. 中小学教师心理生活质量的职务差异

通过独立样本t检验，检验中小学教师心理生活质量是否具有职务上差异，结果见表1-8所示。由表1-8可知，普通教师与年级组长及以上教师在心理生活质量总分、心理健康、生命质量、心理成长因子上具有显著性差异（$p<0.05$）。其中年级组长及以上教师得分低于普通教师得分，说明与普通教师相比，年级组长及以上教师的心理生活质量水平较好。

表1-8 比较中小学教师心理生活质量的职务差异（$M \pm SD$）

	年级组长及以上（n=114）	普通教师（n=1174）	t
心理生活质量总分	83.69 ± 23.11	89.22 ± 20.66	−2.699[**]
心理健康	25.70 ± 8.944	27.97 ± 8.314	2.759[**]
生命质量	13.02 ± 4.165	14.36 ± 3.966	−3.429[**]
心理成长	6.50 ± 2.071	7.13 ± 1.972	−3.234[**]

8. 中小学教师心理生活质量的婚姻状况差异

通过独立样本t检验，检验中小学教师心理生活质量是否具有婚姻状况差异，结果见表1-9。由表1-9可知，已婚与未婚教师在生活质量、幸福体验因子上具有显著性差异（$p<0.05$），且已婚教师得分皆低于未婚教师，说明与未婚教师相比，已婚教师的生活质量和幸福体验感更高。

表1-9 比较中小学教师心理生活质量的婚姻状况差异（$M \pm SD$）

	已婚（n=1127）	未婚（n=161）	Cohen's d	t
生活质量	14.14 ± 3.996	14.94 ± 3.972	0.202	−2.395[*]
幸福体验	9.47 ± 2.983	10.04 ± 2.845	0.192	−2.279[*]

四、讨论

（一）中小学教师心理生活质量的现状

研究表明，中小学教师心理生活质量处于中等偏上水平，其中，价值判断均分最低，心理健康均分最高。心理健康是指能够理解人类的基本心理，并保持认知和行为协调统一，个体与社会环境相适应。这表明由于他们不同的社会经验，心理健康状况不同，他们的生活质量也会受到影响。社会调查显示，教师存在的心理健康问题有：学生难管教，教师工资较低，升学压力重等。教师心理健康状态往往影响教师解决问题的能力[34]，这些问题可能是导致心理健康状况较差的原因。正如阿德勒所说[35]，一个心理健康的人勇于面对问题、追求卓越，从而形成健康的生活方式。

（二）中小学教师心理生活质量的特点

1.中小学教师心理生活质量的性别差异分析

研究表明，不同性别的中小学教师心理生活质量在幸福体验、心理成长、价值判断因子等方面具有显著差异，且女性教师皆低于男性教师。说明女教师在认知、情感、态度、需要比较方面优于男性教师。

在教学工作中，女性教师比男性教师有更加细腻的情感，面对压力更勇于表达自己的情绪，能积极适应变化的教学环境；在面对工作压力时，女性教师产生更多正向情感和积极态度，比男性表现出更加成熟的教学风格，得到更好的心理生活质量。产生我国性别心理生活质量差异的原因可能是由性别的歧视导致的。在我国，男性需要承受来自社会更高的期望，在社会上承担更多的责任；与女性相比，男性有更好的教育、更高的就业率和收入，他们内心也承载着较多的压力，这种"占有优势的不平等"反而使男性产生较低的情感体验，这也许是女性比男性对生活有更高质量的幸福体验的根源[36]。

2.中小学教师心理生活质量的年龄差异分析

研究表明，不同年龄中小学教师在幸福体验和心理成长因子上具有显著性差异，在心理健康、生命质量、幸福体验和心理成长上，36～46岁教师得分低于35岁以下教师得分，说明3～46岁教师比35岁以下的教师感受到更高质量的积极情感。36～46岁教师正值壮年时期，个人已有一定的经济基础，家庭和事业已趋于稳定。36～46岁的教师大多已进入骨干教师的队伍中，教学经验非常丰富，与刚踏入教师岗位没多久的年轻教师相比，他们对自己更有明确的前景和规划，拥有更加丰富的工作经验，这些优势都能帮助中青年教师顺利完成教学工作，有效地开展教学活动。所以，36～46岁农村教师较35岁以下的年轻教师心理生活质量水平更高。

3.中小学教师心理生活质量的教龄差异分析

研究表明，在幸福体验和心理成长上，20年以上阶段教龄的教师显著低于1～5年和6～10年教龄教师，说明20年以上阶段教龄的教师比1～5年和6～10年的教师的心理生活质量水平更高。1～5年教龄的教师刚刚踏上教师岗位，如今社会对年轻教师的学历、专业素养等要求越来越高，在工作能力方面需要年轻教师不断学习和实践来提高自己的核心竞争力；在个人定位方面需要对自己做好准确的定位，由于缺乏社会经验的原因，往往容易迷失方向；6～10年教龄的教师正处于职位上升阶段，迫切需要来自组织的支持以突破阻碍自身发展的瓶颈，易产生教师职业倦怠等，综上原因这就导致他们的心理生活质量低于20年以上阶段教龄的教师。相比较而言，20年以上阶段教龄的教师正处于成熟阶段，个人能力教学工作经验非常成熟，教学基础扎实，压力相对较小，能更好地应对来自教学和学生方面的问题，能帮助年轻教师在教学岗位上更好地成长，自我价值感和归属感上升，教师更感受到更高质量的积极情感。

4.中小学教师心理生活质量的任教年级差异分析

研究表明，心理生活质量总分及各维度从小到大排序为：幼儿园、小学、中学。幼儿园教师的心理生活质量水平最高，而中学教师的心理生活质量水平最低。

幼儿教师的心理生活质量水平之所以更高的原因，一是从教学要求来看，幼儿教师的工作虽然比较零碎，但氛围比较单纯，教学目标以孩子的身心启蒙发展为主，问题和矛盾相对较少。而中学教师在升学压力下，繁重多样的科目常要面对高标准、高水平、高额度的教学要求，学生正处于埃里克森自我同一性的发展阶段，经常要面临解决学生青春期带来的问题，使中学教师的工作任务更繁重，正因为如此中学教师积极体验感较低；二是从工作环境来看，中学教师长期面对的是繁琐、机械的工作，教师的职业幸福感较低；而幼儿教师的工作相对较为宽松，更利于教师实现个人自我价值。教师的自我实现来源于在工作中获得自己及他人的认可和尊重，一个人若要追求和获得高质量的心理生活质量体验就必须努力实现自我价值。这是推动教师积极投入工作的动力源泉，当这种需要达成时就能体验到积极情感[37]。

5.中小学教师心理生活质量的学历状况差异分析

通过对中小学教师心理生活质量的学历状况差异比较发现，在心理生活质量总分、心理健康和价值判断上本科学历教师的心理生活质量水平高于大专学历教师。有研究表明，教师心理的积极体验和幸福感会随着学历增加而上升，当前大学生就业形势严峻越来越多人群加入专升本、考研大军等学历提升队伍中，教师岗位的竞争非常激烈，这可能与我国目前中小学教师招聘、评职称、工资收入等方面越来越注重学历有关[38]。与专科教师相比，本科及以上教师有明显的竞争优势，知识储备更加丰富，能够获得更多自我提升的机会，而专科教师在社会高期待的影响下，教师工作压力上升，容易产生职业倦怠感，从而影响教师的心理生活质量水平。

6.中小学教师心理生活质量的工作单位差异分析

研究表明城镇教师与农村教师在心理生活质量总分、生命质量、心理成长、价值判断因子上具有显著性差异，且城镇教师得分低于农村教师得分，城镇教师的心理生活质量水平高于农村教师。城镇教师与农村教师相比，虽然城镇教师教学压力更大，例如在大城市中，学生的考试成绩与升学率往往会直接与老师的经济挂钩[39]。但是城镇基础设施更加完善，城镇教师待遇更好，教师培训机会更多，面对更多的工作压力时，城镇教师的心理承受能力较强；在日新月异的信息化时代，农村教师受到经济发展、人才发展限制，受到个人专业能力发展限制，难以应对社会带来的新挑战，教师容易缺乏自信心，产生消极的情绪，对教学热情衰减，从而教学工作的动力不充足，渐渐地对教学工作只是被动应付完成。这可能是不同工作单位下教师心理生活质量产生差异的重要原因所在[40]。

7.中小学教师心理生活质量的职务差异分析

调查显示，普通教师与年级组长及以上教师在心理生活质量总分、心理健康、生命质量、心理成长因子上具有显著性差异，与普通教师相比，年级组长及以上教师的心理生活质量水平较好。一方面从能力上看来，年级组长及以上教师教学经验更加丰富，管理能力更胜一筹。在其面对繁重的教学任务时，教师能更好地运用自身丰富的教育经验，应对新的教学问题和困难，体现良好心理素质。[41]另外从个人发展来看，教师获得高的职位代表对教师自身教学能力的积极反馈和肯定，关系到教师个人切身利益。人的一生追求的目标就是不断发展和超越自己，高职务的教师在职业发展上能获得更直接的自我反馈和直接肯定。与普通教师相比，担任年级组长或以上职务的教师的自我认可感强，有助于提高他们的心理生活质量水平[42]。

8.中小学教师心理生活质量的婚姻状况差异分析

通过对婚姻差异比较发现，已婚与未婚教师在生活质量、幸福体验因子上具有显著性差异，且已婚教师得分皆低于未婚教师，说明与未婚教师相比，已婚教师的生活质量和幸福体验感更高。已婚教师在教育孩子的成长上会有更强烈的体验感和同理心，与未婚教师相比会有更大的成就感和责任，另外，已婚教师对自己孩子的养育会给教师带来更多来自孩子宝贵的教养经验，这又与教师的工作相辅相成，相互促进，从而导致有子女的教师的心理生活质量水平优于未婚教师[43]。

五、结论

1. 中小学教师心理生活质量总体状况处于中等偏上水平；

2. 中小学教师心理生活质量在性别、年龄、教龄、任教年级、学历、工作单位、职务和婚姻状况上存在显著性差异。

第三节　中小学班主任心理生活质量现状

一、问题提出

自20世纪50年代以来，不同研究者在社会学、经济学、生态学、文化学等不同视域下对生活质量进行研究，普遍认为生活质量是一种复杂的体验，既是主观与客观的统一，又是物质与精神的统一。我国学者焦岚在心理学视域下对生活质量进行研究，认为心理生活质量是以心理学中的认知、情感、态度、需要、价值等维度审视人生活的幸福体验、心理健康、价值判断、生命质量和心理成长等方面的体验水平和感受程度，是主观心理体验和客观心理感受的统一[31]。目前，我国关于心理生活质量的研究寥寥无几[1]，且暂无关于班主任的心理生活质量的研究。提高班主任的心理生活质量不仅有助于班主任更好地开展教学教育工作，而且有助于培养出身心健康的学生[44]。因此，研究中小幼班主任的心理生活质量具有一定的现实意义。

二、研究方法

（一）研究对象

本研究选取广东省中小学、幼儿园班主任为被试者，共发放问卷350份，回收有效问卷325份，有效回收率为92.86%。其中，男班主任95人，女230人；已婚259人，未婚66人；城镇学校220人，乡镇学校105人；35岁以下153人，36～45岁156人，46岁以上16人；教龄1～5年68人，6～10年64人，11～20年131人；任教年级幼儿园96人，小学85人，初中82人，高中62人；大专学历96人，本科学历219人，其他10人。

（二）研究工具

采用焦岚编制的"心理生活质量评价问卷"[1]，共有40个条目，5个因子，分别为价值判断、心理健康、生命质量、幸福体验和心理成长。其中，心理健康因子的所有条目，包括6、8、10、11、16、19、23、28、30、31和36均要进行反向计分。五个分量表的内部一致性信度系数分别为 0.83、0.90、0.84、0.83、0.85，均在 0.80 以上，而总量表的 α 系数为 0.91。问卷采取Likert五点计分，从"1"到"5"表示"非常符合"到"非常不符合"，得分越高表示心理生活质量越差。

（三）实测过程

以省培项目培训班为单位进行团体测试。问卷填写均采取无记名方式，要求调查对象自行完成调查问卷内容。数据采用SPSS22.0分析。

（四）共同方法偏差的控制与检验

本研究均采用自我报告法收集数据，结果可能受到共同方法偏差的影响。采用Harman单因子检验，结果表明，共有27个因子特征根大于1，最大因子方差解释的变异为17.58%，小于 40% 的临界标准，因此不存在严重的共同方法偏差。

三、结果与分析

（一）中小学班主任心理生活质量的描述统计

对中小学班主任心理生活质量状况采用描述统计分析，统计的内容包括心理生活质量总分及所有维度，结果见表1-10。按得分由高到低，将5个维度进行排序后发现：心理健康得分最高（均值＝2.34），价值判断得分最低（均值＝1.63），心理生活质量总分的得分为2.09±0.42。

表1-10 中小学班主任心理生活质量的描述统计（*n*=325）

	心理生活质量总分	心理健康	心理成长	幸福体验	生命质量	价值判断
均值	2.09	2.34	2.20	2.18	2.11	1.63
标准差	0.42	0.72	0.56	0.67	0.52	0.39

（二）中小学班主任心理生活质量的差异检验

1.中小学班主任心理生活质量在不同年龄上的差异

分别以心理生活质量得分及其各因子得分为因变量，年龄为自变量，进行单因素方差分析，并计算效应量η^2，结果如表1-11。

表1-11 比较中小学班主任心理生活质量在不同年龄上的差异（$M \pm SD$）

	年龄	$M \pm SD$	F	η^2	多重检验
质量总分	35岁以下（*n*=153）	2.15±0.43	3.865*	0.023	35岁以下>36~45岁
	36~45岁（*n*=156）	2.05±0.39			35岁以下>46岁以上
	46岁以上（*n*=16）	1.92±0.54			
生命质量	35岁以下	2.15±0.54	3.159*	0.019	35岁以下>46岁以上
	36~45岁	2.11±0.49			36~45岁>46岁以上
	46岁以上	1.81±0.59			
心理成长	35岁以下	2.29±0.53	5.149**	0.031	35岁以下>36~45岁
	36~45岁	2.13±0.56			35岁以下>46岁以上
	46岁以上	1.94±0.75			

注："质量总分"指心理生活质量总分,下同。*表示$p<0.05$, **表示$p<0.01$, ***表示$p<0.001$,下同。

表1-12结果显示，不同年龄中小学班主任在心理生活质量总分、生命质量、心理成长等因子上具有实际意义的显著性差异（$p<0.05$；$\eta^2>0.01$）。进一步多重比较分析发现，在心理生活质量总分上，35岁以下班主任得分均显著高于36~45岁和46岁以上的班主任；在生命质量因子上，35岁以下班主任得分均显著高于46岁以上班主任；在心理成长因子上，35岁以下班主任得分显著高于36~45岁和46岁以上的班主任。

2.不同教龄中小学班主任心理生活质量的差异

分别以心理生活质量得分及其各因子得分为因变量，教龄为自变量，进行单因素方差分析，并计算效应量η^2，结果如表1-13。表1-13结果显示，不同教龄中小学班主任在心理生活质量总分、价值判断、心理成长等因子上具有实际意义的显著性差异（$p<0.05$；$\eta^2>0.01$）。进一步多重比较分析发现，在心理生活质量总分上，教龄为1~5年、6~10年和11~20年的班主任得分均显著高于教龄为20年以上班主任；在价值判断因子上，教龄为6~10年和11~20年的班主任得分显著高于教龄20年以上的班主任；在心理成长因子上，教龄1~5年和6~10年的班主任得分显著高于教龄20年以上的班主任。

表1-13 比较中小学班主任心理生活质量在不同教龄上的差异（$M \pm SD$）

	教龄	$M \pm SD$	F	η^2	多重检验
质量总分	1~5年（n=68）	2.14 ± 0.44	3.637*	0.033	1~5年>20年以上
	6~10年（n=64）	2.19 ± 0.43			6~10年>20年以上
	11~20年（n=131）	2.08 ± 0.40			11~20年>20年以上
	20年以上（n=62）	1.96 ± 0.42			
价值判断	1~5年	1.62 ± 0.41	3.818*	0.034	6~10年>20年以上
	6~10年	1.74 ± 0.44			11~20年>20年以上
	11~20年	1.64 ± 0.38			
	20年以上	1.51 ± 0.33			
心理成长	1~5年	2.28 ± 0.56	4.343**	0.039	1~5年>20年以上
	6~10年	2.35 ± 0.52			6~10年>20年以上
	11~20年	2.16 ± 0.51			
	20年以上	2.03 ± 0.66			

3.不同任教年级中小学班主任心理生活质量的差异

分别以心理生活质量得分及其各因子得分为因变量，任教年级为自变量，进行单因素方差分析，并计算效应量η^2，结果如表1-14。表1-14结果显示，不同任教年级的中小学班主任在心理生活质量总分、价值判断、幸福体验等因子上具有实际意义的显著性差异（$p<0.05$；$\eta^2>0.01$）。进一步多重比较分析发现，在心理生活质量总分上，高中班主任得分显著高于幼儿园和小学的班主任；在价值判断因子上，高中班主任得分均显著高于幼儿园、小学和初中班主任；在幸福体验因子上，高中班主任得分显著高于幼儿园和小学的班主任。

表1-14 比较中小学班主任心理生活质量在不同任教年级上的差异（$M \pm SD$）

	年级	$M \pm SD$	F	η^2	多重检验
质量总分	幼儿园（$n=96$）	2.03 ± 0.45	3.085[*]	0.028	高中>幼儿园
	小学（$n=85$）	2.05 ± 0.37			高中>小学
	初中（$n=82$）	2.11 ± 0.43			
	高中（$n=62$）	2.22 ± 0.41			
价值判断	幼儿园（$n=96$）	1.60 ± 0.45	3.798[*]	0.034	高中>幼儿园
	小学（$n=85$）	1.57 ± 0.34			高中>小学
	初中（$n=82$）	1.61 ± 0.35			高中>初中
	高中（$n=62$）	1.78 ± 0.38			
幸福体验	幼儿园	2.13 ± 0.69	3.030[*]	0.028	高中>幼儿园
	小学	2.06 ± 0.66			高中>小学
	初中	2.21 ± 0.65			
	高中	2.39 ± 0.67			

四、讨论

（一）中小学班主任心理生活质量的现状

研究结果显示心理生活质量的总均分为2.09，说明中小学班主任心理生活质量水平偏高，其中心理健康得分最高（均值＝2.34），价值判断得分最低（均值＝1.63）。这说明班主任的基本心理活动的过程内容完整、协调一致，能较好地适应社会，与社会保持同步，并且其价值体验与价值认同得到了实现。

（二）中小学班主任心理生活质量的特点

1.中小学班主任心理生活质量在不同年龄上的差异

研究发现，不同年龄的中小学班主任在心理生活质量总分、生命质量、心理成长等因子上存在显著性差异。在生命质量因子上，35岁以下班主任得分均显著高于46岁以上班主任，这与王益民的研究结果不一致[45]；在心理成长因子上，35岁以下班主任得分显著高于36～45岁班主任。这可能是因为相对年轻的老师更加追求成就需要的满足，渴求实现自身的价值，得到社会的认可，但是现实的工作却使其感受不到太多的价值。

2.中小学班主任心理生活质量在不同教龄上的差异

研究发现，教龄较低的中小学班主任在心理生活质量总分、价值判断、心理成长等因子得分显著高于教龄较高的。这与郑岚[46]的研究结果相一致。这可能是由于教龄较低的班主任对工作抱有较高的期望，然而在实践中缺少成熟的教学经验，感到差距，因此，相较于教龄高的班主任，教龄低的班主任的心理生活质量水平较差。根据卡茨的教师成长过程阶段理论[47]，教龄较低的班主任处于求生存阶段，他们的心理成长是伴随角色转变而产生的[48]，因此适应了新角色之后的班主任的心理生活质量水平会随着教龄的增加而有所提高。

3.中小学班主任心理生活质量在不同任教年级上的差异

研究发现，在价值判断因子上，高中班主任得分均显著高于幼儿园、小学和初中班主任；幸福体验因子上，高中班主任得分显著高于幼儿园和小学的班主任。这与王黎华等[49]的研究结果相一致，这可能是由于高中繁重的升学压力，使高中班主任感到较大的工作压力，相比较于幼儿园、小学和初中班主任，他们较少体验到自我价值的满足和幸福感。

五、结论

（一）中小学班主任心理生活质量总体状况较好，主要受价值判断和心理成长因素影响；

（二）中小学班主任心理生活质量在年龄、教龄、任教年级方面具有实际意义上的显著差异（Cohen's $d > 0.2$ 或 $\eta^2 > 0.01$）。

参考文献

[1]焦岚.心理生活质量研究——基于大学生心理生活质量的调查分析[D].长春:吉林大学博士学位论文,2012.

[2]黄春丽,张大为.心理生活质量的基本内涵[J].思想政治教育研究,2014(3):124-126.

[3]Galbraith JK & CrookA.The AfluentSociety.Houghton Mifi inBoston, 1958.

[4]吴明霞.30 年来西方关于主观幸福感的理论发展 [J].心理学动态,2000(4):23-28.

[5]Szalai, lexander.1980.The meaning of comparativer esear chonthe quality of life.In The quality of life: Comparative studies.Alexander Szalai and Fran km.Andrews, eds.London: Sage.

[6]Campbell, A., Converse, P.E., &Rodgers, W.L.(1976).Thequalityofamericanlife: perceptions, evaluations, andsatis factions.AmericanJournal ofSociology, 6(6), 694.

[7]Liu, B.C.(1983).Variationsineconomicqualityoflifeindicatorsintheu&a.: aninter state observation overtime.MathematicalSocialSciences, 5(1), 107-120.

[8]葛鲁嘉.新心性心理学宣言: 中国本土心理学原创性理论建构 [M].北京: 人民出版社, 2008: 252, 257.

[9]葛鲁嘉.关于心理生活基本性质和内涵的理解[J].湖南师范大学教育科学学报, 2005(9): 100.

[10]景卫丽, 晋丹.心理生活解读[J].法制与社会, 2009(12): 371-372.

[11]周宁.心理生活的主体性与独特性——个人建构理论的启示[J].楚雄师专学报, 2002(4): 96-99.

[12]葛鲁嘉.心理学视野中的心理生活的建构与拓展[J].社会科学战线, 2008(1): 44.

[13]苗元江, 余嘉元.幸福感: 生活质量研究的新视角[J].新视角, 2003(4): 50-52.

[14]余翠军.论当代大学生生命质量及其提升[J].思想政治教育研究, 2011(6): 109-112.

[15]葛鲁嘉.中国本土传统心理学的内省方式及其现代启示 [J].吉林大学社会学学报, 1997(6): 25-30.

[16]舒浪.主观生活质量研究综述[J].群文天地, 2011(6): 247-248.

[17]刘晓明, 孙文影.教师心理健康教育[M].北京: 中国轻工业出版社, 2008.

[18]李景春: 论心理发展的制约因素[J].燕山大学学报(哲社版), 2000(1):67-72.

[19]Diener E, Suh E, Oishi S.Recent findings on subjective well-being[J].Indian Journal of Clinical Psychology.1997, 24(1): 25-41.

[20]黄立清, 邢占军.国外有关主观幸福感影响因素的研究[J].国外社会科学, 2005(3): 30.

[21]谭雪晴.高师贫困生自我效能感与主观幸福感的特点及关系研究[J].中国健康心理学杂志, 2008, 16(3): 253-255.

[22]苗元江.影响幸福感的诸因素[J].社会阅览，2004（4）：22.

[23]胡洁，姬天舒，冯风莲.父母教养方式与大学生总体幸福感的相关研究[J].健康心理学，2002，10（1）：16-17.

[24]严标宾，郑雪，邱林.大学生的主观幸福感的跨文化研究：来自48个国家和地区的调查报告[J].心理科学，2003，26（5）：851-855.

[25]Wood JV.What is social comparison and how should we study it? [J].Personalitv and Social Psychology Bulletin, 1996, 22: 520-537.

[26]Fujita F. An investigation of the relation between extraversion, neuroticism, positive affect, and negative affect[J].Unpublished masters thesis, University of Illinois at Urbana-Champign, 1991:114-192.

[27]郑雪，严标宾，邱林.广州大学生主观幸福感研究[J].心理学探新，2001，21（4）：46-50.

[28]中国教育与人力资源问题报告课题组.从人口大国迈向人力资源强国[M].北京：高等教育出版社，2003：25-28.

[29]苗元江.心理学视野中的幸福：幸福感理论与测评研究[D].南京:南京师范大学博士学位论文，2003：57.

[30]Eunkook M, Self, the Hyphen between Culture and Subjective Well-Being.In Ed Diener, Eunkook M, Suh.Culture and subjective Well-Being[M]. London: Cambridge Massachusetts Press, 2000：63—86.

[31]焦岚，郭秀艳.社会关怀提升大学生心理生活质量[J].教育研究，2014（6）：117-122.

[32]葛鲁嘉.当代社会人的心理生活的质量与提升[J].长白学刊，2007（06）：30-34.

[33]吴敏茹，林媚，张旭东.中小幼班主任工作压力对心理生活质量的影响：主观幸福感的中介作用[J].中国健康心理学杂志，2020-04-28，网络首发.

[34]杨东升.关于教师心理健康问题现状的调查报告[J].卫生职业教育，2013（12）：89-91.

[35]A.阿德勒.自卑与超越[M].作家出版社，1986.

[36]邢强,唐志文,胡新霞.中小学教师工作压力源及应对方式的关系研究[J].中国特殊教育，2014（6）：84-90.

[37]柏丽华.高校教师心理健康问题及对策探究[J].教育教学论坛，2012（23）:23-

25.

[38]杨颖,鲁小周.幼儿教师的生活质量与职业倦怠[J].中国心理卫生杂志, 2014 (4)：298-301.

[39]张海芹.中小学骨干教师职业压力心理弹性对心理健康的影响[J].中国学校卫生, 2010(8)：941-942.

[40]高山冰.河北省中等职业学校教师生活质量调查研究[J].当代职业教育, 2012 (5)：72-74+49.

[41]谢敏芳, 李黎.女教师生活质量与应对方式的关系研究——以绍兴地区为例[J]. 教育研究与实验, 2010(1)：88-91.

[42]刘贤敏, 李学翠, 曹艳杰.幼儿教师心理资本与工作生活质量关系研究[J].基础教育研究, 2015(23)：76-78.

[43]郑晓芳.中小学教师职业压力对职业倦怠和工作满意感的影响研究[D].长春：吉林大学硕士学位论文, 2013.

[44]麻彦坤, 蒋光艳, 刘秀清.班主任情绪智力对初中生情绪智力的影响:直接效应还是间接效应[J].心理科学, 2016, 39(5)：1151-1156.

[45]王益民, 孙利华, 王玉, 等.兰州市中学教师生命质量影响因素分析[J].中国学校卫生, 2014, 35(3)：462-464.

[46]郑岚, 邓成飞, 李森.城镇化进程中乡村小学教师精神生活现状调查研究——基于四川省C市的实证分析[J].海南师范大学学报(社会科学版), 2017, 30 (1)：110-118.

[47]D.C.Berliner.The Development of Expertise in Pedagogy, American Association of College for Teacher Education.New Orleans, la., February17, 1997.

[48]牛雅琼, 赵惠娟, 唐建强, 等.初任教师心理成长的现状、成因与应对策略[J].中小学心理健康教育, 2017(10)：68-70.

[49]王黎华, 徐长江, 祝玉芳.中小学教师工作生活质量现状调查——以江西省为例[J].教育测量与评价(理论版), 2012(1)：28-31.

第二章　农村教师心理生活质量现状研究

为进一步了解中小学教师心理生活质量现状，本章以农村教师为例，探讨农村教师主观幸福感、积极心理品质的现状与特点，旨在探讨中小学教师心理生活质量，为提升中小学教师心理生活质量提供帮助。

第一节　农村教师心理生活质量现状与特点

为了解农村教师心理生活质量现状，探索工作压力对心理生活质量的影响，考察心理弹性的中介作用，采用"心理生活质量评价问卷""中小学教师工作压力问卷"和"教师心理弹性问卷"，对广东省内931名农村中小学、幼儿园教师进行问卷调查。结果发现：（1）农村教师的心理生活质量状况良好；（2）农村教师心理生活质量在性别、婚姻状况、学历、职务、年龄、教龄和任教年级上具有实际意义的显著差异（$d > 0.2$ 或 $\eta^2 > 0.01$）。

一、引言

国内外关于生活质量的探讨源远流长，成果丰硕，而对心理生活质量（quality of mental life）的探索则尚未形成体系。心理生活质量这一概念与生活质量是既联系又区别的，在一定前提下两者可以互相转化。迄今为止，学者对于生活质量的定义尚未统一，主要从客观物质生活、主观心理体验、客观物质生活和主观心理体验相结合等三个角度提出了许多不同的观点[1-2]。依据世界卫生组织的规定,本书第一章将生活质量理解为与生理健康、心理状况、社会关系、个人信仰、独立程度和环境的显著特征相关的一个内涵丰富的概念[3]，是集个体的身体、心理、社会、精神因素为一体的客观状态和主观感受。我国学者葛鲁嘉提出，心理生活是一种生成意义活动，即个体是主动的生成创造者，而非心理被动的承载者[4]。通过分析心理生活的真实本性、自主建构与现实拓展，他认为心理生活主导人的生活,故而应成为心理学钻研的中心内容，心理生活质量也理应是社会生活质量的焦点[5]。基于国内外已有研究，学者焦岚综合社会学、生物学、文化学、经济学和心理学等五大范畴的知识，在心理学的视角下构建起心理生活质量的理论基础，并且由此界定它。心理生活质量是个体从认知、情感、态度、需要、价值等方面来审视人的客观和主观生活质量所获得的认识与看法，包含了个体的心理健康、幸福体验、生命质量、心理成长和价值判断等5个维度，是主观感受与客观体验的相同，据此编制了国内首份《心理生活质量评价问卷》[6]。随后，焦岚通过理论探析，提出社会关注可提升大学生心理生活质量，由此能够有效地提高大学生心理健康程度[7]。郭翰菁等人则以新生代农民工作为研究对象，发现新生代农民工抗挫折能力受到心理生活质量的影响，后者能够正向预测前者。就目前而言，尚未有针对农村教师心理生活质量的实证研究[8]。

二、研究方法

（一）研究对象

本研究选取广东农村中小学、幼儿园教师为被试者，共发放问卷976份，回收有效问卷931份，有效回收率为95.39%。其中，男教师372人，女教师559人；幼儿园教师457人，小学教师256人，中学教师218人；年龄35岁以下428人，年龄35~45岁423人，年龄46岁以上80人；教龄5年以下138人，教龄6~10年209人，教龄10~20年398人，教龄20年以上191人；大专学历教师456人，本科学历教师475人；已婚教师809人，未婚教师122人；年级组长及以上教师67人，普通教师864人[8]。

（二）研究工具

采用焦岚编制的"心理生活质量评价问卷"[6]，共有40个条目，5个因子，分别为价值判断、心理健康、生命质量、幸福体验和心理成长。其中，心理健康因子的所有条目，包括6、8、10、11、16、19、23、28、30、31和36均要进行反向计分。五个分量表的内部一致性信度系数分别为0.83、0.90、0.84、0.83、0.85，均在0.80以上，而总量表的α系数为0.91。问卷采取Likert五点计分，从"1"到"5"表示"非常符合"到"非常不符合"，得分越高表示心理生活质量越差。

三、结果与分析

（一）农村教师心理生活质量的描述统计

对农村教师心理生活质量状况采用描述统计分析，统计的内容包括心理生活质量总分及所有维度。结果见表2-1。按得分由高到低，将5个维度进行排序后发现：价值判断得分最高（均值＝4.09），心理健康得分最低（均值＝3.47），心理生活质量总分的得分为150.35±21.054。

表2-1　农村教师心理生活质量的描述统计

内容	极小值	极大值	总均值	标准差	均值
心理健康	11.00	55.00	38.13	8.215	3.47
生命质量	6.00	30.00	21.57	3.947	3.60
幸福体验	4.00	20.00	14.36	2.971	3.59
心理成长	5.00	15.00	10.83	1.932	3.61
价值判断	17.00	80.00	65.44	10.459	4.09
心理生活质量总分	57	200	150.35	21.054	3.76

（二）农村教师心理生活质量在人口学变量上的差异检验

1.农村教师心理生活质量的性别差异

分别以心理生活质量得分及其各因子得分为因变量，性别为自变量，进行独立样本t检验，并计算效果量指标d值[9]。结果如表2-2（差异不显著的因子不列入表中，以下皆同）。表2-2说明，农村女教师在幸福体验、价值判断与心理生活质量得分皆高于农村男教师，且具有实际意义的显著差异（$d>0.2$）。

表2-2　比较农村教师心理生活质量在性别上的差异（$M\pm SD$）

因变量	男	女	t	Cohen's d
心理生活质量总分	3.67±0.581	3.82±0.477	−4.298***	0.300
幸福体验	3.45±0.791	3.69±0.693	−4.683***	0.322
价值判断	3.95±0.725	4.18±0.583	−5.193***	0.361

注：* 表示$p<0.05$,** 表示$p<0.01$,*** 表示$p<0.001$,下同。

2.农村教师心理生活质量的婚姻状况差异

分别以心理生活质量得分及其各因子得分为因变量，婚姻状况为自变量，进行独立样本t检验，并计算效果量指标d值。结果见表2-3。由表2-3可知，已婚农村教师在生命质量和幸福体验上的得分均高于未婚农村教师，且存在实际的显著差异（$d>0.2$）。

表2-3　比较农村教师心理生活质量在婚姻状况上的差异（$M\pm SD$）

因变量	已婚	未婚	t	Cohen's d
生命质量	3.61 ± 0.652	3.48 ± 0.687	2.137^*	0.208
幸福体验	3.61 ± 0.745	3.46 ± 0.720	2.138^*	0.208

3.农村教师心理生活质量的学历差异

分别以心理生活质量得分及其各因子得分为因变量，学历为自变量，进行独立样本t检验，并计算效果量指标d值。结果见表2-4。由表2-4可知，在价值判断维度和心理健康维度上，本科学历的农村教师的得分要高于大专学历的，且具有实际的显著不同（$d>0.2$）。

表2-4　比较农村教师心理生活质量在学历上的差异（$M\pm SD$）

因变量	大专	本科	t	Cohen's d
心理健康	3.38 ± 0.736	3.55 ± 0.749	-3.299^{**}	0.217
价值判断	3.98 ± 0.680	4.19 ± 0.610	-5.004^{***}	0.327

4.农村教师心理生活质量的职务差异

分别以心理生活质量得分及其各因子得分为因变量，职务为自变量，进行独立样本t检验，并计算效果量指标d值。结果见表2-5。由表2-5可知，在心理健康维度和心理成长维度上，年级组长及以上的农村教师得分要高于普通农村教师的，且具有实际的显著差异（$d>0.2$）。

表2-5　比较农村教师心理生活质量在职务上的差异（$M\pm SD$）

因变量	年级组长及以上	普通教师	t	Cohen's d
心理健康	3.70 ± 0.750	3.45 ± 0.744	2.700^{**}	0.343
心理成长	3.78 ± 0.712	3.60 ± 0.637	2.175^*	0.276

5.农村教师心理生活质量的年龄差异

分别以心理生活质量得分及其各因子得分为因变量，不同年龄为自变量，作单因素方差分析，并计算效果量η^2指标值。表2-6说明，农村教师在幸福体验和心理成长维度上具有实际显著的年龄差异（$\eta^2>0.01$）。进一步多重比较分析发现，在幸福体验和心理成长上，35岁以下的农村教师得分显著低于36～45岁的农村教师得分。

表2-6　比较农村教师心理生活质量在不同年龄上的差异（$M \pm SD$）

	年龄	$M \pm SD$	F	事后多重比较	η^2
幸福体验	35岁以下	3.50 ± 0.720	5.662**	36～45岁>35岁以下	0.012
	36～45岁	3.67 ± 0.741			
	46岁以上	3.64 ± 0.826			
心理成长	35岁以下	3.52 ± 0.629	7.477**	36～45岁>35岁以下	0.016
	36～45岁	3.69 ± 0.651			
	46岁以上	3.64 ± 0.638			

6.农村教师心理生活质量的教龄差异

分别以心理生活质量得分及其各因子得分为因变量，不同教龄为自变量，进行单因素方差分析，并计算效果量η^2指标值。表2-7说明，农村教师在幸福体验维度上具有实际显著的教龄差异（$\eta^2>0.01$）。进一步多重比较分析发现，在幸福体验上，10～20年和20年以上教龄的农村教师得分显著高于1～5年教龄农村教师的得分。

表2-7　比较农村教师心理生活质量在不同教龄上的差异（$M \pm SD$）

	教龄	$M \pm SD$	F	事后多重比较	η^2
幸福体验	1～5年	3.42 ± 0.749	3.868**	10～20年>1～5年	0.012
	6-10年	3.55 ± 0.667		20年以上>1～5年	
	10～20年	3.63 ± 0.765			
	>20年	3.67 ± 0.754			

7.农村教师心理生活质量的任教年级差异

分别以心理生活质量得分及其各因子得分为因变量，任教年级为自变量，进行单因素方差分析，并计算效果量η^2指标值。表2-8说明，农村教师在心理生活质量总分及其5个维度上具有实际显著的任教年级差异（$\eta^2>0.01$）。进一步多重比较分析发现，在幸福体验、价值判断和心理生活质量总分上，小学与中学农村教师得分显著低于幼儿园的，而小学农村教师得分又显著高于中学的；在心理健康、生命质量和心理成长方面，幼儿园与小学农村教师的得分显著高于中学的。

表2-8　比较农村教师心理生活质量在不同任教年级上的差异（$M \pm SD$）

	任教年级	$M \pm SD$	F	事后多重比较	η^2
心理生活 质量总分	幼儿园	3.86 ± 0.453	33.658***	小学<幼儿园	
	小学	3.77 ± 0.563		中学<幼儿园	0.032
	中学	3.52 ± 0.551		中学<小学	
心理健康	幼儿园	3.54 ± 0.724	17.532***	中学<幼儿园	
	小学	3.56 ± 0.720		中学<小学	0.036
	中学	3.21 ± 0.770			
生命质量	幼儿园	3.65 ± 0.622	6.001**	中学<幼儿园	
	小学	3.61 ± 0.684		中学<小学	0.013
	中学	3.46 ± 0.684			
幸福体验	幼儿园	3.75 ± 0.689	24.252***	小学<幼儿园	
	小学	3.52 ± 0.735		中学<幼儿园	0.050
	中学	3.35 ± 0.784		中学<小学	
心理成长	幼儿园	3.65 ± 0.599	8.470***	中学<幼儿园	
	小学	3.66 ± 0.679		中学<小学	0.018
	中学	3.46 ± 0.672			
价值判断	幼儿园	4.24 ± 0.535	33.859***	小学<幼儿园	
	小学	4.06 ± 0.747		中学<幼儿园	0.068
	中学	3.81 ± 0.671		中学<小学	

四、讨论

（一）农村教师心理生活质量总体状况分析

研究结果表明，心理生活质量总均分为3.76，表明农村教师心理生活质量水平为中等偏上程度。其中，价值判断得分最高（均值＝4.09），心理健康得分最低（均值＝3.47），说明价值判断在农村教师心理生活质量中意义重大。从态度形成的观点来分析：凯尔曼曾指出态度形成分为三个阶段：服从、同化和内化。具体而言，行为向精神转化，首先从顺从或者服从开始，经过不断强化，进入同化的价值观甚至内化的信念阶段，形成精神内容中十分稳固的部分，从而反作用于人的态度和行为。选择农村中小学、幼儿园教师作为职业时，他们可能迫于生计而表现顺从，也可能一开始便认同"要走在国家最需要的教育前线上"，甘愿为农村教育事业奉献自己的力量。不管哪一种，经过长期扎根于农村开展教育教学活动，农村教师的态度逐渐转换，最终演变为稳定的价值观，即由外而内地形成了"教师是太阳底下最光辉的职业"等为教育事业燃烧自己，照亮学生的价值信念。因此，在评价自己的职业生活时，成就感、受尊重和社会认可等积极体验则会更多。这可能是价值判断得分最高的原因之一。有研究发现，城镇教师对于工作生活质量满意程度要比农村教师的高[10]。相比于城镇中小学教师，农村教师的生存条件更为艰苦，担子更重，来自各个方面的压力使得农村教师身心健康出现隐忧。

（二）农村教师心理生活质量差异分析

1.农村教师心理生活质量的性别差异分析

研究表明，农村女教师在幸福体验、价值判断与心理生活质量得分皆高于农村男教师。这与沈飘[11]等人的研究结果类似。可能的原因是：从进化的角度来看，女性比男性更加注重与他人的关联，重视人际关系和友谊[12]，从而可能发展更好的人际关系。再者，中国人的幸福感往往看重人际关系与集体的和谐[13]，也即于中国人而言，良好的人际关系有助于提升个人的主观幸福感。基于以上分析，农村女教师的幸福体验较之于农村男教师的更高，也就不难理解了。

2.已婚与未婚农村教师心理生活质量的差异分析

结果表明，已婚农村教师在生命质量和幸福体验上的得分均高于未婚农村教师。这与陈美荣[14]的研究结果是一致的。积极心理学的相关研究早已说明，婚姻可以提升个体的主观幸福感。一项关于幼儿教师主观幸福感的调查研究显示，已婚教师的社会支持要比未婚教师的更好[15]。当已婚教师在遭遇到工作中的压力、困难、挫折时，家庭这一重要的社会支持作为其释放压力的强大后盾，能够有效及时地为其提供心理资源以应对职业压力源。因此，相比于缺乏家庭温暖和支持的未婚教师，已婚教师的个人幸福感和应对困难的能力都更胜一筹。

3.农村教师心理生活质量的学历差异分析

研究表明，在价值判断维度和心理健康维度上，本科学历的农村教师得分高于大专学历的。可能的原因是：本科学历比专科学历显然要高，而在重视学历的社会环境下，与本科出身的教师共事的专科教师可能会进行一种向上比较，因此在心理上形成学历劣势感，从而引发出消极的认知或者归因方式。具体而言，这种向上比较可能会令大专文化程度的教师认为"我之所以来到农村当教师，是因为我的学历无法支撑我到城镇就业"。当发现理想我和现实我的差距较大时，内心产生的自卑[16]、无价值感、对未来生活感到恐惧迷茫等消极情绪都会阻碍他们的心理健康。也正是大专教师的自卑感，让他们在作出价值评判的时候，体验也更为消极与悲观。

4.农村教师心理生活质量的职务差异分析

结果表明，在心理健康维度和心理成长维度上，年级组长及以上的农村教师得分高于普通农村教师。可能的原因有：对于同一年龄段的教师而言，年级组长以上的农村教师资历深，级别高，成就感和承受压力能力也比普通教师强。他们怀抱对未来的信心且能够为自己当前明确清晰的职业目标不懈努力。而同样从事教育教学工作几年但仍然处于普通教师级别的群体，其教学效能感不高，久而久之可能会出现较深的职业倦怠情绪体验。已有研究表明，教师职业倦怠与教师生活质量呈现负相关关系[17]，这也就是说，如果教师的职业倦怠感越深，其生活质量也可能随之而下降。这或许是年级组长以上级别的农村教师的心理健康程度要比普通级别农村教师高的原因之一。

5.农村教师心理生活质量的年龄差异分析

研究表明，农村教师在幸福体验和心理成长维度上具有实际显著的年龄差异。在幸福体验和心理成长上，35岁以下的农村教师得分显著低于36～45岁的农村教师。有研究显示，年轻一辈的教师，其情绪疲惫程度更为严重[18]，也即更易于生发职业倦怠的消极情绪，从而使其对生活的满意程度有所下降。一方面，年轻农村教师初来乍到，面对许多难以预测的困难，解决实际问题的能力有待提高；而另一方面，投身农村教育事业的年轻教师，一般怀揣着满腔的热情，准备在农村基础教育领域开创一片新天地，但是在教育理想和教育现实的碰撞中，他们可能会遭受"理想很丰满，现实很骨感"的深刻体验。理想我与现实我之间的距离若无法缩短，就会使得年轻教师出现焦虑紧张等负面情绪。因此，他们比资历丰富的年老教师更容易产生巨大的心理落差，其幸福感将大打折扣，需要一段较长的心理适应期来调整、修复和平衡。

6.农村教师心理生活质量的教龄差异分析

结果表明，农村教师在幸福体验维度上具有实际显著的教龄差异。在幸福体验上，10～20年和20年以上教龄的农村教师得分显著高于1～5年教龄农村教师的得分。这说明，具有10年以上教龄的教师，其幸福感较之于其他教龄阶段的教师更强。这与邱宇翔[19]等人的研究相似。出现这种状况可能的原因是：第一，对于教龄低的教师，意味着教学经验不够丰富、经济收入较低、工作处于上升发展的阶段、竞争激烈、成就感较少等，这无疑会给低教龄的新老师带来许多挑战乃至压力，使得他们难以感受到生活和工作的愉快。第二，张西超[20]等人的研究发现，高教龄教师的心理韧性强于低教龄教师，小学教师的心理资本越高，预示其主观幸福感也越高。

7.农村教师心理生活质量的任教年级差异分析

研究表明，不同任教年级的农村教师在心理生活质量总分及其5个维度上具有实际显著差异。在幸福体验、价值判断和心理生活质量总分上，小学与中学农村教师得分显著低于幼儿园的，而小学农村教师得分又明显高于中学的；在心理健康、生命质量和心理成长方面，中学的农村教师的得分显著低于幼儿园与小学的。这说明：不同任教年级农村教师心理生活质量的高低排序为：幼儿园为首、小学次之、中学最后。这与范会勇[21]、沈飘[11]等的研究结果类同，与王黎华[10]的研究结果有出入。出现这种情况可能的原因是：不同任教年级具有以下几点差异：第一，工作任务不同。幼儿园教师的教学任务多以活动、游戏为主，内容简单有趣，工作难度和压力不大，在与小朋友互动的过程中教师更容易寓教于乐，因此幸福体验感高。相比于小学和中学，教师的任务与幼儿园截然不同：学业成绩带来的升学压力使得教学成为教师肩头的重任。此外，素质教育背景下提倡既要发展学生的思维，更要注重培养学生积极的情感态度价值观，这就令教师的工作形式变得更为复杂多样，也更具有挑战性。第二，学生特点不同。幼儿园是小朋友从家庭到学校的第一次转变，幼儿园教师相当于他们的启蒙老师，这可能会令他们体验到比中小学教师更多的职业价值感。相反，"初二"一般被视为个人心理发展的第二个叛逆期，因此，相比于管理一群正处于自我意识飞速发展和独立意识强烈的初中生，与单纯稚嫩的学生相处，所使用的教育手段和方法可能更为省心简单，教育效果呈现明显，教师收获的成就感更高，体验到的幸福感和价值感相应地有所上升。

五、结论

1. 农村教师的心理生活质量状况良好；

2. 农村教师心理生活质量在性别、婚姻状况、学历、职务、年龄、教龄和任教年级上具有实际意义的显著差异（$d>0.2$或$\eta^2>0.01$）。

第二节　农村教师主观幸福感现状与特点

主观幸福感（Subjective Well-Being，简称SWB）是衡量个体心理状态与生活质量的重要因素，它包括生活满意程度、积极情绪体验与消极情绪体验等因素，具有主观性、整体性和稳定性特点，是个体对自身生活评价的具体化。教师的主观幸福感一般指教师在教育教学过程中得到的一种精神满足，是从追求理想到实现理想过程中的一种情感体验。在现实生活中，教师的总体幸福感并不高，这不但消解教师的工作热情，降低其工作效率，而且阻碍教育质量的提高，对学生健康人格的形成也产生消极的影响。因此，教师的心理健康状况与生活质量引起人们的关注。教师心理素质的好坏，不仅影响到教师本人的发展，还会对学生的发展产生重要影响，特别是对处于心理发展关键期的幼儿、青少年学生影响更大。

一、问题提出

作为我国教育系统重要组成部分的农村教育，对促进农村经济、社会发展具有奠基意义；要发展农村教育、办好农村学校，关键在于农村教师能否在工作岗位上发挥最大的功能。正因为如此，广大教师尤其是农村教师的心理健康状况和主观幸福感已经引起广泛关注[22]。有研究表明，农村教师的心理健康水平显著低于全国成人常模和城市教师水平[23]；教师的主观幸福感与心理健康水平和生活质量关系密切，会影响教师的教学质量和教学效果[24]。在已有的关于农村教师心理健康的研究成果中，作为标志性指标的主观幸福感的研究却少之又少。所谓主观幸福感是指人们对幸福的体验与感受，带有主观色彩[25]，人们幸福指数的高低取决于其对事情的主观性评价。教师的主观幸福感是教师生活质量高低的重要标志[26]。为此，研究和培养农村教师的主观幸福感有利于教师提高农村教师心理健康水平，有利于提升教育教学活动的质量，从而有利于农村整体教育质量的提高，促进农村教育的发展。本研究从积极心理学角度出发，选取主观幸福感作为调查研究的内容，探讨农村教师主观幸福感的现状与特点，旨在帮助广大农村教师愉快地工作、幸福地生活。

二、研究方法

（一）研究对象

采用问卷调查法对700名广东农村中小学、幼儿园教师进行调查，回收有效问卷651份，有效回收率为93%。其中，男教师200人，女教师451人；35岁以下教师360人，36～45岁教师244人，46岁以上教师47人；教龄1～5年教师157人、6～10年教师144人、11～20年教师239人、20年以上教师111人；幼儿园教师93人，小学教师261人，中学教师297人；未婚教师143人，已婚无小孩教师44人，已婚有小孩教师464人；大专学历教师189人，本科学历教师436人，其他教师26人；年级组长及以上职务教师138人，普通教师431人，其他教师82人。

（二）研究工具

采用段建华修订的总体幸福感量表（中国版）[27]。共18个条目，六个因子，分别是"对健康的担心"（如你是否因为疾病、身体的不适、疼痛或对患病的恐惧而烦恼），"精力"（如你睡醒之后是否感到头脑清晰和精力充沛），"对生活的满足与兴趣"（如你每天的生活中是否充满了让你感兴趣的事情），"忧郁或愉快的心境"（如你是否感到沮丧和忧郁），"对情感和行为的控制"（如你是否情绪稳定并能把握住自己）以及"松弛与紧张"（如你是否感到焦虑、担心或不安）。量表总体、各因子的得分越高，表明幸福感越强。本量表单项得分与总分的相关系数在0.48和0.78之间，分量表与总量表的相关系数在0.56和0.88之间，内部一致性系数：男性为0.91、女性为0.95；重测内部一致性系数为0.85。

以每一期农村教师培训班为单位进行团体施测，采用SPSS18.0进行数据统计分析。

三、结果与分析

（一）农村教师主观幸福感的总体状况分析

对农村教师的主观幸福感现状从整体上进行描述统计，结果表明：农村教师（女教师占69.28%）主观幸福感的总体得分为74.42±11.69，处于中等偏上水平（国内常模得分：男性为75分，女性为71分）。结果见表2-9所示。

表2-9　农村中小学教师主观幸福感的总体水平

	均值	标准差	最大值	最小值
主观幸福感总分	74.72	11.692	110	30

将农村教师主观幸福感各因子的条目得分加总后，取其均值，进行分析比较。农村教师主观幸福感各因子（降序排列）情况如表2-10所示："忧郁或愉快的心境"均分最高（$M=5.07\pm1.15$）、"对生活的满足与兴趣"均分最低（$M=3.49\pm0.63$）。按照得分高低，农村教师主观幸福感各因子排在第2至第5位的依次为：精力（$M=4.33\pm1.07$）、对情感和行为的控制（$M=4.15\pm0.65$）、松弛和紧张（$M=3.85\pm0.918$）、对健康的担心（$M=3.68\pm1.17$）。

表2-10　农村中小学教师主观幸福感各因子描述统计

因子	M	SD
忧郁或愉快的心境	5.07	1.147
精力	4.33	1.071
对情感和行为的控制	4.15	0.645
松弛与紧张	3.85	0.918
对健康的担心	3.68	1.171
对生活的满足与兴趣	3.49	0.631

（二）农村教师主观幸福感在人口学变量上的差异情况分析

1.农村教师主观幸福感在年龄上的差异情况

将农村教师年龄划分为35岁以下、36～45岁、46岁以上三个阶段，再将其主观幸福感的各因子的条目得分加总后，做单因素方差分析，结果如表2-11所示：在主观幸福感总分上，不同年龄农村教师存在非常显著差异（$p<0.01$）。做进一步多重检验，表明在主观幸福感总分上，35岁以下农

村教师得分（74.28±11.68）和36～45岁农村教师得分（76.56±11.14）均显著高于46岁以上农村教师得分（68.39±12.35），36～45岁农村教师得分（76.56±11.14）极其显著高于35岁以下农村教师得分（74.28±11.68），$F=10.304$，$p<0.001$。

表2-11 农村中小学教师主观幸福感的年龄比较（$M \pm SD$）

	年龄	$M \pm SD$	F	多重检验
主观幸福感总分	35岁以下	74.28 ± 11.68	10.304***	35岁以下＞46岁以上
	36～45岁	76.56 ± 11.14		36～45岁＞35岁以下
	46岁以上	68.39 ± 12.35		36～45岁＞46岁以上
精力	35岁以下	17.14 ± 4.15	11.894*	35岁以下＞46岁以上
	36～45岁	18.06 ± 4.14		36～45岁＞35岁以下
	46岁以上	15.83 ± 5.02		36～45岁＞46岁以上
心情忧郁或快乐	35岁以下	15.12 ± 3.31	10.297*	35岁以下＞46岁以上
	36～45岁	15.67 ± 3.46		36～45岁＞46岁以上
	46岁以上	13.22 ± 3.69		
对情感和行为控制	35岁以下	12.14 ± 2.01	16.984*	36～45岁＞35岁以下
	36～45岁	13.01 ± 1.73		36～45岁＞46岁以上
	46岁以上	12.02 ± 1.69		

注：*表示$p<0.05$，**表示$p<0.01$，***表示$p<0.001$，下同

2.农村教师主观幸福感在教龄上的差异情况

将农村教师教龄划分为工作时间在1～5年、6～10年、11～20年和20年以上四个部分，经过单因素方差分析后，对不同教龄农村教师主观幸福感总分进行比较，结果如表2-12所示：在主观幸福感总体上，不同教龄农村教师不存在显著差异（$p>0.05$）。进一步多重比较检验显示，在精力上，11～20年教龄的教师得分显著高于教龄为6～10年和20年以上教师的得分，在对情感和行为控制上，11年以上教龄的教师的得分显著高于10年以下教龄的教师得分。

表2-12　农村中小学教师主观幸福感在不同教龄上的比较

	教龄	$M \pm SD$	F	多重检验
精力	1~5年	17.35 ± 3.96	2.892[*]	11~20年>20年以上
	6~10年	16.94 ± 4.52		11~20年>6~10年
	11~20年	17.87 ± 4.02		
	20年以上	16.56 ± 4.81		
对情感和行为控制	1~5年	12.16 ± 2.05	5.576[**]	11~20年>1~5年
	6~10年	12.09 ± 1.96		11~20年>6~10年
	11~20年	12.74 ± 1.86		20年以上>1~5年
	20年以上	12.75 ± 1.77		20年以上>6~10年

3.农村教师主观幸福感在任教学段上的差异情况

经过单因素方差分析，比较农村幼儿园、小学、中学教师主观幸福感在主观幸福感总分上的差异，在主观幸福感总体上，不同任教学段农村教师存在非常显著的差异（$p<0.01$）。进一步进行多重比较检验，结果如表2-13所示：在主观幸福感总体上，农村幼儿园教师得分（77.69 ± 11.57）非常显著地高于农村中学教师得分（73.49 ± 11.42），$F=4.814$，$p<0.01$。

表2-13　不同任教学段上农村中小学教师主观幸福感的比较

	任教学段	$M \pm SD$	F	多重检验
主观幸福感总分	幼儿园	77.69 ± 11.57	4.814[**]	幼儿园>中学
	小学	75.07 ± 11.87		
	中学	73.49 ± 11.42		
精力	幼儿园	19.72 ± 4.47	7.006[**]	幼儿园>小学
	小学	17.36 ± 4.17		幼儿园>中学
	中学	16.84 ± 4.24		
心情忧郁或愉快	幼儿园	15.99 ± 3.68	4.773[**]	幼儿园>中学
	小学	15.36 ± 3.36		
	中学	14.80 ± 3.42		

4.农村教师主观幸福感在婚姻状态上的差异情况

经单因素方差分析，比较已婚有小孩、已婚无小孩、未婚教师在主观幸福感总分上的差异，结果如表2-14所示：在主观幸福感总体上，不同婚姻状态的农村教师不存在显著差异（$p>0.05$）。

表2-14 不同婚姻状态农村中小学教师主观幸福感的比较

	婚姻状况	M ± SD	F	多重检验
精力	未婚	16.94 ± 3.91	3.191*	已婚有小孩＞已婚无小孩
	已婚无小孩	16.05 ± 4.11		
	已婚有小孩	17.55 ± 4.39		
对情感和行为控制	未婚	11.92 ± 1.98	7.992*	已婚有小孩＞未婚
	已婚无小孩	12.30 ± 1.67		
	已婚有小孩	12.64 ± 1.92		

5.在学历水平上，农村教师主观幸福感的差异情况

通过单因素方差分析，比较学历为大学专科、大学本科教师在主观幸福感总体上的差异，结果如表2-15所示：在主观幸福感总体上，不同学历农村教师存在显著差异（$p<0.05$）。进一步多重比较检验结果显示，农村教师在主观幸福感总体上，大专学历教师得分（76.60 ± 11.99）显著高于本科学历教师得分（73.83 ± 11.50），$F=3.911$，$p<0.05$。

表2-15 不同学历水平农村中小学教师主观幸福感的比较

	学历	M ± SD	F	多重检验
主观幸福感总分	大学专科	76.60 ± 11.99	3.911*	大学专科＞大学本科
	大学本科	73.83 ± 11.50		
	其他	76.00 ± 11.52		
精力	大学专科	17.94 ± 4.49	4.058*	大学专科＞大学本科
	大学本科	16.98 ± 4.13		
	其他	18.31 ± 4.81		
心情忧郁或愉快	大学专科	15.85 ± 3.51	5.270*	大学专科＞大学本科
	大学本科	14.89 ± 3.39		
	其他	15.54 ± 3.29		

6.农村教师主观幸福感在不同职务上的差异情况

将农村教师职务分为年级组长及以上、普通教师、其他教师三个等级。对担任不同职务的农村教师的主观幸福感进行单因素方差检验，结果如表2-16所示：担任不同职务的农村教师在主观幸福感总体上存在显著差异（$p<0.05$）。进一步多重比较发现，在农村教师主观幸福感总体上，担任年级组长及以上职务教师的得分（76.11 ± 11.02）显著高于普通教师的得分

（ 72.09 ± 11.05 ）， $F=3.080$ ， $p<0.05$ 。

表2-16　不同职务的农村中小学教师主观幸福感的比较

	职务	$M \pm SD$	F	多重检验
主观幸福感总分	年级组长及以上 普通教师 班主任	76.11 ± 11.02 74.78 ± 11.96 72.09 ± 11.05	3.080*	年级组长及以上＞班主任
精力	年级组长及以上 普通教师 班主任	18.10 ± 4.17 17.19 ± 4.29 16.62 ± 4.32	3.594*	年级组长及以上＞班主任 年级组长及以上＞普通教师
心情忧郁或愉快	年级组长及以上 普通教师 班主任	15.70 ± 3.18 15.17 ± 3.46 14.49 ± 3.68	3.224*	年级组长及以上＞班主任

四、讨论

（一）农村教师主观幸福感的总体状况分析

本研究表明：农村教师主观幸福感处于中等偏上水平，"忧郁或愉快的心境"均分最高、"对生活的满足与兴趣"均分最低（ $M=3.49 \pm 0.63$ ）。这与任正盼、李郭保等人的研究结果相一致[28][29]。有研究表明，主观幸福感水平与地区发展程度是具有相关性的[30]。本研究对象大多来自广东省内欠发达的农村地区，学校教学条件相对较差，设施不够完备、对教育不够重视、进修学习机会少，导致农村教师"对生活的满足与兴趣"因子均分最低。同时，主观幸福感没有固定的标准，因为每个人对幸福的理解不同，所以，面对同样可能产生幸福感的事件，会产生不同的体验。在农村，教师职业依旧受人们尊重，有一定的社会地位，收入基本能满足生活需要，所以农村教师主观幸福感总体水平相对较高，"忧郁或愉快的心境"均分最高[22]。

（二）农村教师主观幸福感在人口学变量上的差异情况分析

本研究表明，36～45岁农村教师主观幸福感总体得分显著高于35岁以下和46岁以上的农村教师得分，这与黄婷的研究结果相一致[31]。36～45岁农村教师处于人生的壮年期，精力充沛，对工作充满期待和激情。身处在此年龄段的教师，通常已建立起属于自己的核心家庭，情感生活稳定。另外，处于这个年龄段的教师，既没有刚入职的迷惘，也没有即将退休的担忧，大多数已成为学校的骨干教师，已拥有丰富的工作经验。这些都有利于他们顺利、有效开展教学活动，提高了他们的晋升空间。所以，36~45岁农村教师较其他年龄段教师在生活、工作上能感受到更多的幸福感[22]。

在主观幸福感总体上，不同教龄农村教师不存在显著差异，说明农村教师的教龄长短并不影响其主观幸福感，无论处于"不成熟度阶段""初步成熟阶段"，或者是"比较成熟阶段"和"高成熟度阶段"，农村教师的教龄与其主观幸福感无显著关系[32]。这可能与其职业特点、所处环境、生活条件等相同有关。

在主观幸福感总体上，农村幼儿园教师得分显著高于农村中学教师得分，幼儿园教师职业的特点有工作自由度大、教育对象单纯可爱，工作难度小，没有升学压力等等；经常面对活泼好动的小孩子，幼儿园教师也表现出旺盛的精力。而中学教师工作量大，学校管理严格，面对处于"心理断乳期"的学生，教育工作难开展；升学压力又大，教师体验到更多的是辛苦、劳累、疲惫。所以，中学教师工作压力相对较大，多有不愉快的情绪，幸福体验较少[22]。

在主观幸福感总体上，不同婚姻状态的农村教师不存在显著差异，说明农村教师是否结婚、是否有小孩对其主观幸福感无明显影响。农村教师在主观幸福感总体上，大专学历教师得分显著高于本科学历教师得分，这与黄婷的结果相一致[31]。农村教师主观幸福感与教师学历间相关显著，学历较低的教师，主观幸福感水平较高，学历较高的教师，主观幸福感水平较低。这原因可能是，学历较高的教师对自身投放了更多的金钱和精力，对自身的期望值较高，导致其主观幸福感水平较低。而大专学历教师对自身投入相对较少，对经济收入、职位、职称方面的期望值较低，所以会相对满足现状，会感受到更多幸福体验[22]。

在农村教师主观幸福感总体上，担任年级组长及以上职务教师的得分显著高于普通教师的得分，这与李佳的结果一致[33]。高职务是对教师教学能力、教学质量和效果的认可，直接关系到教师许多的切身利益。人们一生中都有不断发展自己、完善自己的愿望，职务越高的教师在职业发展上自我实现的需要得到满足，实现了自我价值。因而，与普通教师相比，担任年级组长或以上的教师对职业的认可感有助于增强他们的主观幸福感[22]。

五、结论

1. 农村教师主观幸福感总体处于中等偏上水平，其中，忧郁或愉快的心境均分最高，对生活的满足与兴趣均分最低；

2. 农村教师主观幸福感总体在年龄、教龄、任教学段、学历水平、职务方面存在显著差异；

3. 农村教师主观幸福感总体在婚姻状态方面不存在显著差异。

第三节 农村教师积极心理品质现状与特点

一、问题提出

在影响教师心理健康水平的诸多因素中，积极心理品质是至关重要的因素之一[34]。积极心理品质是积极心理学的核心成分，指个体持久的、积极乐观的情感体验和态度，包括幸福感、满意感等，是人类的高级潜能[35]。Sheldon & Laura King认为，积极心理学是致力于研究人的优势和幸福的一门科学[36]，用积极的内容和方式塑造充满希望的健康心灵。Seligman认为，积极心理品质是可以塑造和培养的[37]，从积极心理学的角度出发，分析教师积极心理品质对提升教师职业幸福感的重要作用，对如何在实践中培养教师积极心理品质提出对策[38]。随着心理健康教育研究的不断深入，有关教师心理健康教育的研究较多，而涉及中小学教师、职教教师、高校教师积极心理品质的研究较少[39]，对于农村中小学、幼儿园教师积极心理品质的调查研究寥寥无几。因此，本研究试图弥补上述之不足。

二、研究方法

（一）研究对象

本研究采用问卷调查法对700名农村中小学、幼儿园教师进行调查，回收有效问卷651份，有效回收率为93%。其中，男教师200人，女教师451人；35岁以下教师360人，36～45岁教师244人，46岁以上教师47人；教龄1～5年教师157人、6～10年教师144人、11～20年教师239人、20年以上教师111人；幼儿园教师93人，小学教师261人，中学教师297人；未婚教师143人，已婚无小孩教师44人，已婚有小孩教师464人；大专学历教师189人，本科学历教师436人，其他教师26人；年级组长及以上职务教师138人，普通教师431人，其他教师82人[34]。

（二）研究工具

依据Martin E.P.Seligman的相关理论，张旭东等人编制了"积极心理品质问卷"[40]。该问卷共有52个条目，包括智慧、勇气、人性、公正、节制和超越等六大维度。Cronbach'α系数在0.656～0.922之间，每个项目从"很不符合"到"很符合"，按1～5级评定。

（三）施测过程和数据处理

本研究采用匿名方式进行集体测试，要求调查对象做出独立的、不受任何影响的自我评定。采用SPSS18.0统计软件包进行分析。

三、结果与分析

（一）农村教师积极心理品质的描述统计

对农村教师积极心理品质现状从整体上进行描述统计，结果表明，农村教师的积极心理品质的总体均分为3.74、标准差为0.439；最大值为5，最小值为1。结果如表2-17所示。

表2-17　农村中小学教师积极心理品质的总体水平

	均值	标准差	最大值	最小值
积极心理品质总分	3.74	0.439	5	1

各维度（降序排列）具体情况如表2-18所示：勇气维度（M=3.88）均分最高，智慧维度（M=3.58）均分最低；按照得分高低，农村教师积极心理品质的6大维度依次为勇气（3.88±0.596）、公正（3.83±0.555）、节制（3.82±0.562）、人性（3.69±0.54）、超越（3.64±0.639）、智慧（3.58±0.515）。

表2-18　农村中小学教师积极心理品质各维度描述统计

	勇气	公正	节制	人性	超越	智慧
M	3.88	3.83	3.82	3.69	3.64	3.58
SD	0.596	0.555	0.562	0.54	0.639	0.515

（二）农村教师积极心理品质在人口学变量上的差异检验

1.农村教师积极心理品质的性别差异

通过独立样本t检验，比较农村教师积极心理品质的性别差异，结果显示，农村男女教师在积极心理品质总体上不存在显著差异；但在勇气维度上存在显著差异（$p<0.05$），且女教师得分（$3.92±0.600$）明显高于男教师得分（$3.80±0.580$），$t=-2.332$。

2.农村教师积极心理品质的年龄差异

将农村教师年龄划分为35岁以下、36～45岁、46岁以上三个阶段。通过单因素方差分析，比较不同年龄教师积极心理品质总分差异。结果如表2-19所示（不具有显著差异的因子未列入表中，下同），不同年龄农村教师积极心理品质总体存在非常显著差异。进一步多重检验显示，在积极心理品质总体、勇气因子、人性因子和节制因子上，36～45岁教师得分均显著高于35岁以下和46岁以上教师。

表2-19　农村中小学教师积极心理品质在不同年龄上的比较

	年龄	$M±SD$	F	多重检验
积极心理品质总分	35岁以下	3.70±0.417	6.042**	36～45岁>35岁以下 36～45岁>46岁以上
	36～45岁	3.82±0.439		
	46岁以上	3.65±0.549		
勇气	35岁以下	3.81±0.601	7.535**	36～45岁>35岁以下 36～45岁>46岁以上
	36～45岁	4.00±0.560		
	46岁以上	3.81±0.662		
人性	35岁以下	3.61±0.519	11.470***	36～45岁>35岁以下 36～45岁>46岁以上
	36～45岁	3.82±0.521		
	46岁以上	3.61±0.673		
节制	35岁以下	3.75±0.520	8.573***	36～45岁>35岁以下 36～45岁>46岁以上
	36～45岁	3.94±0.585		
	46岁以上	3.73±0.663		

3.农村教师积极心理品质的教龄差异

将农村教师教龄划分为1～5年、6～10年、11～20年、20年以上四个阶段，通过单因素方差分析，比较不同教龄农村教师总分及各维度上的差异，结果见表2-20所示，不同教龄教师在积极心理品质总分上存在显著差异。进一步多重比较检验显示，在积极心理品质总分、勇气因子、人性因子和节制因子上，11～20年以上教龄教师得分显著高于1～5年和6～10年教龄教师；在勇气因子、人性因子和节制因子上，20年以上教龄的教师得分显著高于1～5年、6～10年教龄的教师[34]。

表2-20 农村教师积极心理品质的教龄差异

	教龄	$M \pm SD$	F	多重检验
积极心理品质总分	1～5年	3.70 ± 0.421	2.944*	11～20年>1～5年
	6～10年	3.68 ± 0.427		11～20年>6～10年
	11～20年	3.80 ± 0.439		
	20年以上	3.76 ± 0.469		
勇气	1～5年	3.80 ± 0.551	4.432**	11～20年>1～5年
	6～10年	3.79 ± 0.666		11～20年>6～10年
	11～20年	3.95 ± 0.574		20年以上>1～5年
	20年以上	3.98 ± 0.584		20年以上>6～10年
人性	1～5年	3.62 ± 0.541	5.753***	11～20年>1～5年
	6～10年	3.58 ± 0.517		11～20年>6～10年
	11～20年	3.79 ± 0.524		20年以上>6～10年
	20年以上	3.72 ± 0.568		
节制	1～5年	3.75 ± 0.529	4.246**	11～20年>1～5年
	6～10年	3.72 ± 0.539		11～20年>6～10年
	11～20年	3.89 ± 0.576		20年以上>1～5年
	20年以上	3.90 ± 0.583		20年以上>6～10年

4.农村教师积极心理品质的任教学段差异

通过单因素方差分析，比较幼儿园、小学、中学教师在积极心理品质总分上的差异，结果如表2-21所示，不同任教学段农村教师在积极心理品质总分、勇气因子、人性因子、公正因子和超越因子上存在显著差异。进一步多重比较检验结果显示，在总分、勇气和超越上，幼儿园教师的得分均显著高于小学、中学教师；在人性和公正上，幼儿园教师的得分显著高于中学教师；在勇气上，小学教师的得分显著高于中学教师。

表2-21 农村中小学教师积极心理品质在不同任教学段上的比较

	任教学段	$M \pm SD$	F	多重检验
积极心理 品质总分	幼儿园 小学 中学	3.88 ± 0.383 3.74 ± 0.448 3.70 ± 0.441	5.992**	幼儿园＞小学 幼儿园＞中学
勇气	幼儿园 小学 中学	4.11 ± 0.613 3.90 ± 0.590 3.80 ± 0.578	10.340***	幼儿园＞小学 幼儿园＞中学 小学＞中学
人性	幼儿园 小学 中学	3.80 ± 0.520 3.71 ± 0.547 3.64 ± 0.537	3.177*	幼儿园＞中学
公正	幼儿园 小学 中学	3.94 ± 0.519 3.86 ± 0.545 3.77 ± 0.570	3.519*	幼儿园＞中学
超越	幼儿园 小学 中学	3.84 ± 0.513 3.62 ± 0.656 3.60 ± 0.649	5.665**	幼儿园＞小学 幼儿园＞中学

5.农村教师积极心理品质的婚姻状态差异

通过单因素方差分析，比较已婚有小孩教师、已婚无小孩教师、未婚教师在积极心理品质总分上的差异，结果见表2-22所示，不同婚姻状态的教师在积极心理品质总分、勇气因子、人性因子、公正因子和节制因子上存在显著差异。进一步多重比较检验显示，在人性和节制上，已婚有小孩教师的得分显著高于其他教师；在总分和公正上，已婚有小孩教师的得分显著高于已婚无小孩的教师；在勇气上，已婚有小孩教师的得分显著高于未婚教师。

表2-22 不同婚姻状态农村中小学教师积极心理品质的比较

	婚姻状态	$M \pm SD$	F	多重检验
积极心理 品质总分	未婚 已婚无小孩 已婚有小孩	3.70 ± 0.392 3.61 ± 0.435 3.77 ± 0.451	3.606*	已婚有小孩＞已婚无小孩
勇气	未婚 已婚无小孩 已婚有小孩	3.80 ± 0.536 3.75 ± 0.555 3.92 ± 0.614	3.797*	已婚有小孩＞未婚

	婚姻状态	$M \pm SD$	F	多重检验
人性	未婚	3.60 ± 0.502	4.600^{**}	已婚有小孩＞未婚 已婚有小孩＞已婚无小孩
	已婚无小孩	3.57 ± 0.544		
	已婚有小孩	3.73 ± 0.547		
公正	未婚	3.78 ± 0.541	4.034^{*}	已婚有小孩＞已婚无小孩
	已婚无小孩	3.64 ± 0.634		
	已婚有小孩	3.86 ± 0.548		
节制	未婚	3.74 ± 0.486	7.954^{***}	已婚有小孩＞未婚 已婚有小孩＞已婚无小孩
	已婚无小孩	3.56 ± 0.467		
	已婚有小孩	3.87 ± 0.584		

6.农村教师积极心理品质的职务差异

将农村教师职务分为年级组长及以上、班主任和普通教师。对担任不同职务的教师进行单因素方差检验，结果见表2-23所示，担任不同职务的教师在积极心理品质总分、智慧因子、勇气因子、人性因子、公正因子和节制因子上存在极其显著差异。进一步多重比较发现，在积极心理品质总分、智慧因子、勇气因子、人性因子、公正因子和节制因子上，担任年级组长及以上职务的教师得分显著高于班主任和普通教师，普通教师的得分显著高于班主任的得分。

表2-23　不同职务的农村中小学教师积极心理品质的比较

	职务	$M \pm SD$	F	多重检验
积极心理品质总分	年级组长及以上	3.88 ± 0.472	11.406^{***}	年级组长及以上＞班主任 年级组长及以上＞普通教师 普通教师＞班主任
	普通教师	3.72 ± 0.401		
	班主任	3.61 ± 0.517		
智慧	年级组长及以上	3.73 ± 0.491	8.736^{***}	年级组长及以上＞班主任 年级组长及以上＞普通教师
	普通教师	3.55 ± 0.496		
	班主任	3.46 ± 0.601		
勇气	年级组长及以上	4.04 ± 0.597	8.107^{***}	年级组长及以上＞班主任 年级组长及以上＞普通教师 普通教师＞班主任
	普通教师	3.87 ± 0.585		
	班主任	3.71 ± 0.606		
人性	年级组长及以上	3.80 ± 0.575	5.485^{**}	年级组长及以上＞班主任 年级组长及以上＞普通教师 普通教师＞班主任
	普通教师	3.68 ± 0.517		
	班主任	3.55 ± 0.571		

	职务	$M \pm SD$	F	多重检验
公正	年级组长及以上 普通教师 班主任	4.05 ± 0.550 3.79 ± 0.514 3.66 ± 0.662	16.802***	年级组长及以上＞班主任 年级组长及以上＞普通教师 普通教师＞班主任
节制	年级组长及以上 普通教师 班主任	3.93 ± 0.574 3.80 ± 5.36 3.72 ± 0.651	3.808*	年级组长及以上＞班主任 年级组长及以上＞普通教师

四、讨论

（一）农村教师积极心理品质的状况分析

农村教师的积极心理品质均分达到3.74，处于中等偏上水平。各维度按照得分高低依次为勇气、公正、节制、人性、超越、智慧。这与张冲的研究结果一致[39]。勇气得分最高，包括三个因子，真诚、勇敢和坚持。农村教师是教师中的特殊群体，在生活环境不佳、教学资源不足、教学设施设备落后等一系列不利因素并存的情况下，农村教师选择并坚持在农村地区任教，需要拥有较大的勇气才能坚持下来。另外，农村教师在农村地区任教时间一般较长，在这一过程中缺少进修、培训的机会，还要面对不爱学习的农村孩子，故而智慧因素得分最低[34]。

（二）农村教师积极心理品质在人口学变量上的差异分析

1.农村教师积极心理品质的性别差异

研究发现，农村男女教师在积极心理品质总体上有显著差异，且女教师的得分明显高于男教师，这与梁建芹的研究结果相同[41]。在传统的"男主外，女主内"观念影响下，男性所承担的压力和责任比女性要大。而农村的工作环境、工资待遇相对较低，并不能满足男教师自身的需求，因此男性教师对农村中小学教师职业的认可度和归属感相对较低。只有对职业充满热情和归属，才能更好地面对工作任务和挑战，易于养成积极的心理品质。相对于男教师，农村女教师对于本职工作的认可度较高，易于适应简单而繁重的工作任务，养成勇敢这一积极的心理品质。

2.农村教师积极心理品质的年龄差异

研究发现，36～45岁农村教师的积极心理品质总体水平较其他年龄段的农村教师高。一方面可能因为36～45岁这年龄段的农村教师，与35岁以下青年教师相比成熟许多，与45岁以上中老年教师相比更有冲劲。处于此年龄段的农村教师，通常已建立起稳定的家庭，晋升职称的工作压力也减少了，经济负担有所减轻[42]，因此，他们能更投入地工作。另一方面，36～45岁农村教师大多数已成为学校的骨干教师，已拥有丰富的工作经验，有利于他们顺利、有效开展教学活动，提高了他们的晋升空间，所以他们的积极心理品质水平比较高[34]。

3.农村教师积极心理品质的教龄差异

结果显示，11～20年教龄的教师得分明显高于1～5年、6～10年教龄的教师。美国学者卡曼将教师的专业成长大致分为四个阶段[32]，低成熟度教师（相当于从教第一个五年的教师）、较不成熟教师（相当于从教第二个五年的教师）、比较成熟教师（相当于从教第三个五年的教师）、高成熟度教师（相当于从教十五年以上）。而1～5年教龄段的教师处于低成熟阶段，是形成正确的教育思想，良好的心理素质的关键期。教学经验不足、定位不清、问题解决能力欠缺都是普遍低成熟教师的问题。青年教师还处于成长、发展的阶段，相较起成熟的教师工作表现不稳定。11～20年教龄的教师属于比较成熟阶段迈向高成熟的阶段。在多年的工作中，教师在教育实践中已基本形成了自己的特色和教育风格，工作成熟度与心理成熟度相对较高，成就动机强，成功的体验多。所以11～20年教龄的教师比10年以下教龄的教师会表现出更多的积极心理品质[34]。

4.农村教师积极心理品质在任教学段上的差异

在积极心理品质总分上，农村幼儿园教师的得分均显著高于中小学教师。这与邹非的研究结果一致[43]。一方面可能是幼儿园教师的主要工作为照顾幼儿和安排幼儿活动，工作量和工作难度较小。而中小学生学习任务繁重，存在升学压力，而升学率的高低不仅关系到教师个人的利益，更关系到学校的生存，因此社会、学校、家长对教师的期望和要求也相对较高。另一方面，中小学校对教师也具有一定的考核制度，但这些考核制度并不完善。有研究表明，在贫困山区学校，对于教师个性化特质的评价是无法用数字加以量化的[44]，合理的评价手段使教师承受着较大的焦虑和压力。中小学教师较幼儿园教师需面对更多的考核制度，这也将降低他们的积极心理品质水平[34]。

5.农村教师积极心理品质的婚姻状态差异

在积极心理品质总分和公正上，已婚有小孩教师的得分显著高于已婚无小孩的教师；可以看出已婚有小孩的教师的积极心理品质水平较其他婚姻状况的教师要高。这表明婚姻对于教师具有积极作用。袁萌等人的研究发现[45]，已婚人群总体健康状况最好，提示婚姻对健康有益。所以，已建立婚姻的教师能得到有效的社会支持，从而减低生活的压力，配偶给予他们在情感、经济上的支持。此外，家庭和睦能使人充满信心对待生活和工作，提高积极心理品质[34]。

6.农村教师积极心理品质的职务差异

结果显示，在积极心理品质总分上，担任年级组长及以上的教师得分显著高于普通教师和班主任。在积极心理品质总分上，普通教师的得分显著高于班主任的得分。这与时运人的研究结果一致[46]。职称的高低能够部分体现了教师工作能力，教学质量和效果，这直接关系教师许多切身利益，对教师的工作积极性有很大的影响。人的一生都有不断发展自己、完善自己的愿望，职务越高的教师在职业发展上自我实现的需要得到满足，实现了自我价值。因而相对于班主任和普通教师而言，年级组长及以上职务的教师在工作中产生的焦虑体验较少、压力感也较小，成就感和丰富的教学经验有助于提升他们的积极心理品质。相对于普通教师而言，班主任承担着更多的工作压力。班主任既要管理班级的各项事务、组织学生开展各项活动，还要进行电访、家访、召开家长会等一系列工作。这些繁重的工作都大大增加了班主任的压力感，故此普通教师相较班主任表现出更多的积极心理品质[34]。

五、结论

1. 农村教师积极心理品质总体处于中等偏上水平，勇气维度水平最高，智慧维度水平最低；

2. 农村教师积极心理品质在年龄、教龄、任教学段、婚姻状况、职务方面存在显著差异。

参考文献

[1]Angus Campbell.The Quality of American Life:Perceptions,Evaluations, and Satisfactions[M].Russell Sage Foundation, 1976.

[2]卢淑华, 韦鲁英.生活质量主客观指标作用机制研究[J].中国社会科学, 1992 （1）: 14.

[3]WHO.The development of the WHO quality of life assessment instrument[M]. Geneva, 1993.

[4]葛鲁嘉.心理生活论纲——关于心理学研究对象的另类考察[J].陕西师范大学学报（哲学社会科学版）, 2005（2）: 112-117.

[5]葛鲁嘉.心理学视野中的心理生活的建构与拓展[J].社会科学战线, 2008（1）: 44.

[6]焦岚.心理生活质量研究——基于大学生心理生活质量的调查分析[D].长春: 吉林大学博士学位论文, 2012.

[7]焦岚, 郭秀艳.社会关怀提升大学生心理生活质量[J].教育研究, 2014（6）: 117-122.

[8]蔡慧思, 张旭东.农村教师工作压力对心理生活质量的影响: 心理弹性的中介作用[J].教育导刊, 2020（6）: 45-51.

[9]温忠麟, 范息涛, 叶宝娟等.从效应量应有的性质看中介效应量的合理性[J].心理学报, 2016（4）: 435-443.

[10]王黎华, 徐长江, 祝玉芳.中小学教师工作生活质量现状调查——以江西省为例[J].教育测量与评价（理论版）, 2012（1）: 28-31.

[11]沈飘, 张建人, 周柏任.小学教师与中学教师幸福感的比较[J].中国健康心理学杂志, 2016（4）: 514-518.

[12]叶浩生.女性心理学的进化与后现代女性心理学的产生[J].心理与行为研究, 2004（2）: 405-410+429.

[13]曾红, 郭斯萍."乐"——中国人的主观幸福感与传统文化中的幸福观[J].心理学报, 2012（7）: 986-994.

[14]陈美荣, 曾晓青.农村中小学教师主观幸福感调查研究[J].江西教育学院学报, 2011（6）: 175-180.

[15]鲁小周, 杨颖.幼儿教师社会支持与主观幸福感[J].中国健康心理学杂志, 2014（6）: 860-862.

[16]李艺敏,孔克勤.社会比较视野下的自卑观[J].河南大学学报(社会科学版),2011(1):152-156.

[17]吴素梅,史意娟.广西中小学教师职业倦怠及其与生活质量相关因素的关系[J].广西师范大学学报(哲学社会科学版),2012(6):133-138.

[18]宋珊珊,李秀红,静进,等.中小学教师职业倦怠现况及其与生存质量的关系[J].中国学校卫生,2012(12):1509-1511.

[19]邱宇翔,李秀红,静进,等.广东南海九江镇中小学教师生存质量影响因素分析[J].中国学校卫生,2012(5):608-609.

[20]张西超,胡婧,宋继东等.小学教师心理资本与主观幸福感的关系:职业压力的中介作 用[J].心理发展与教育,2014(2):200-207.

[21]范会勇,李晶晶,赵曼璐等.幼儿园教师的心理健康:对基于SCL-90量表研究的元分析[J].心理科学进展,2016(1):9-20.

[22]张旭东,黎嘉嫩,欧嘉雯.农村教师主观幸福感现状的调查研究[J].中小学教师培训,2017(2):72-74.

[23]李丽敏.我国教师主观幸福感影响因素研究述评[J].北京教育学院学报:自然科学版,2009(1):28-31.

[24]杨宏飞,吴清萍.小学教师主观幸福感与心理健康的相关研究[J].中国行为医学科学,2002(3):316-317.

[25]郑雪.积极心理学[M].北京:北京师范大学出版社,2014:18.

[26]王丽君.关注农村教师的心理健康[J].河南教育学院学报(哲学社会科学版),2008(1):10-13.

[27]段建华.总体幸福感量表在我国大学生中的试用结果与分析[J].中国临床心理学杂志,1996(1):56-57.

[28]任正盼,刘云.小学教师主观幸福感及其影响因素[J].中国健康心理学杂志,2015(6):853-857.

[29]李郭保.农村初中教师职业幸福感的调查研究[D].上海:华东师范大学硕士学位论文,2007.

[30]邢占军.我国居民幸福感总体处于较高水平[N].中国社会科学报,2015-01-09-A08.

[31]黄婷.农村小学教师主观幸福感研究[D].武汉:武汉理工大学硕士学位论文,2013.

[32]钟景凯.卡曼的领导生命周期理论在校本培训中的应用[J].新课程研究（教师教育），2007（6）：10-11.

[33]李佳.小学教师职业幸福感的现状及其影响因素[D].天津：天津师范大学硕士学位论文，2012.

[34]张世晶，欧嘉雯，张旭东.农村教师积极心理品质现状的实证分析[J].中小学教师培训，2016（5）：4-12.

[35]刘翔平.积极心理学（第二版）[M].北京：中国人民大学出版社，2018.

[36]Sheldon & Laura King.Why Positive Psychology Is Necessary[J].American Psychologist, 2001（3）：216-217.

[37]Seligman, MEP, Csikszentmihalyi M. Positive psychology: An introduction. American Psychologist, 2000, 55: 5-14.

[38]余欣欣，李山.积极心理品质：教师职业幸福感的基石[J].广西师范大学学报（哲学社会科学版），2012（2）：88-95.

[39]张冲. 中职教师积极心理品质现状调查研究[J].中国特殊教育，2012（10）:84-89.

[40]张旭东，蔡慧思，刘远君.大学生积极心理品质状况调查报告[M].武汉大学出版社，2017.

[41]梁建芹. 小学班主任积极心理品质培养对策研究[D].鲁东大学，2012.

[42]刘晓明，孙蔚雯. 农村中小学教师工作压力源的访谈研究:个人与职业发展压力[J].江苏教育学院学报（社会科学），2011（01）:12-14.

[43]邹非.中学教师的积极心理品质研究[D].重庆：重庆师范大学硕士学位论文，2015.

[44]李孝川. 农村贫困山区教师压力的原因分析和缓解策略[J].中国教师，2009（08）:19-21.

[45]袁萌,王宁,袁冬莹,倪红梅,赵春妮,郑湘瑞,何裕民. 不同婚姻状况对健康状态的影响研究[J].中华中医药学刊，2011（07）:1535-1537.

[46]时运，李玉华.近十年来国内教师积极心理品质的研究述评[J].现代教育科学，2014（12）:49-51.

第三章　中小学教师心理生活质量的
影响机制研究

国内外关于中小学教师心理生活质量影响机制的研究寥寥无几，本章采用问卷调查法探讨中小学教师心理生活质量的影响机制。内容包括：第一，中小学教师工作压力对心理生活质量的影响机制；第二，中小学教师职业倦怠对心理生活质量的影响机制；第三，农村教师应对方式对心理生活质量的影响机制。

第一节　中小学教师工作压力对心理生活质量影响机制

为了解中小学教师心理生活质量的现状，探讨心理弹性与自尊在工作压力对心理生活质量影响的中介作用机制，本研究采用"中小学教师工作压力问卷""心理生活质量问卷"以及"教师心理弹性问卷""自尊量表"对广东省663名中小学教师实施调查[1]。

一、引言

在基础教育全面改革的背景下，社会对教师提出越来越高的要求，各种教育教学改革给中小学老师带来普遍的职业危机和生存挑战，教师心理状况不容小觑。因此，关于教师的心理生活质量的研究应成为关注热点。

心理生活是新心性心理学的研究对象，心理生活质量是揭示人生活质量的根本途径[2-3]。焦岚从心理学视域下，将生活质量所要求实现的心理学目标和结果作为心理生活质量的主要内容，主要包括生命质量、幸福体验、心理健康、价值判断和心理成长等因素[4]。因此，要从社会生活的全部心理活动体验研究心理生活质量。李文涛等人比较了残疾人与正常群体的心理生活质量，发现残疾人的生活满意度低于正常人，但在主观幸福感上无差异[5]。郭翰菁等人探讨了农民工心理生活质量与抗挫折心理能力的关系，发现良好的心理生活质量有助于提高抗挫折心理能力[5]。焦岚从心理生活质量的基本内涵、理论基础、影响因素对大学生的心理生活质量做了调查和研究，并提出相应建议与对策[6]。纵观已有研究，目前我国关于心理生活质量的研究很少，且研究对象分散，国外的研究更是寥寥无几。容中逵把教师的存在价值分为工具价值与本体价值，认为我国传统师道过于强调教师的工具价值，而忽略了自身价值的实现并部分丧失了个体的幸福，因此呼吁应该关注教师生命质量[7]。而生命质量和生活质量的不同在于前者追求能力提高，后者追求发展提高，因此，提高生命质量是提高生活质量的前提[8]。有学者指出，工作压力从内在成就和外在成就两方面影响心理生活质量[6]。由此可知，工作压力与心理生活质量密切相关，可以从教师工作压力状况角度出发研究教师的心理生活质量。

教师工作压力的研究在一般职业压力研究的基础上发展而来。1977年，Kyriacou 和 Sutclife在《教育评论》杂志上首次提出教师工作压力的概念，把教师工作压力定义为由教师在教育教学活动中引起的紧张、生气、沮丧、焦虑等消极情绪体验[9]。Moracco指出，当教师的自尊与幸福受到威胁时，教师个体的身心失去平衡状态[10]。Litt认为当教师个体无法解决这些威胁，就会产生不愉快的情绪体验与困惑[11]。此后学者对工作压力的定义也是在此基础上进行补充和完善，强调教师在压力情景下的负面反应。基于教师工作压力的相关研究，国内外研究成果也颇为丰硕。张建人发现，中小学教师工作压力与工作满意度呈显著负相关，而且对工作满意度有显著的负向预测作用[12]。姚振东等人研究指出，中小学教师的工作压力是影响职业幸福感的重要因素，工作压力还通过工作满意度间接影响其职业幸福感水平[13]。在社会转型时期，教师生活和工作压力是教师的心理资本水平降低的原因，而心理资本是提升教师工作投入、促进个体积极发展的内在力量[14-15]。由此可见，教师压力会带来不同的主观体验和客观感受，对心理生活质量产生一定影响。从以往研究中可以看出，研究者将关注点放在教师工作压力对身心健康和职业状态的影响上，但对教师的心理生活质量关注较少，且目前尚未有关于探讨教师工作压力与心理生活质量关系的研究。

积极学心理学视域下对心理弹性的研究成为学术界关注的热点。Oswald在探讨影响教师的因素时首次提出"教师心理弹性"这一概念，将教师心理弹性看成教师克服自身弱点和环境压力、在面对危险情境时能迅速恢复和保持良好状态的能力[16]。通过回顾文献发现，国内外学者多从综述梳理、现状调查、影响因素方面对教师心理弹性进行研究。彭文波研究发现，我国中小学教师心理弹性处于中等以上水平[17]。在探究心理弹性的影响因素方面，国内外研究更加关注教师身心与职业问题。Hjemdal认为，心理弹性高的人很少受到压力的困扰，即使有压力也能尽快摆脱压力的负面影响，心理健康水平较高[18]。林晓娇研究发现，大学教师工作压力与心理弹性呈显著负相关，心理弹性可以有效改善教学压力[19]。缪佩君研究发现，提高幼儿教师的心理弹性，能有效预防职业倦怠问题和降低职业倦怠水平[20]。Cohn等人认为积极情绪预示着心理弹性和生活能力的提高，面对压力源时，高心理弹性个体比低心理弹性个体更能体验到积极情绪并从中摆脱日常痛苦感[21]。由此可知，心理弹性作为应对压力的一种保护性因素，能维护心理健康，提高生活满意度。那么心理弹性是否能通过工作压力作用于心理生活质量，对教师心理生活产生正面影响是一个值得探讨的问题。

机能主义心理学奠基者James最早提出自尊的概念。中西方学者一致认为自尊是在对自身价值进行判断基础上产生的情感体验[22]。虽然学术界有众多对自尊的理论研究，但对于自尊的定义仍处于探索阶段，总体来说，自尊容纳了态度与情感因素。已有实证研究发现，Rhodewalt认为，由于个体在一般情况下不用为维持其水平而付出努力，因此拥有稳定且积极的自尊体验能够带来健康的心理状态[23]。Baumeister等人认为，高自尊有两类好处：增强主动性和愉悦感。高自尊的人在问题面前表现得更乐观，更容易改变现状，而低自尊是个人的根源，从而导致社会问题和功能障碍[24]。另外，高自尊个体追求高的生活目标，并善于从生活目标中进行思考，以达成预定目标[25]。Elaine在研究职业教师压力与个体内在素质之间的关系时发现教师自尊也是重要的压力来源[26]。夏慧铃等人研究表明，压力性生活事件作为环境因素会对自尊产生重要影响[27]。因此，自尊作为一种心理资源，一种有重要心理功能的人格特质，个体可能通过自尊作用于心理生活质量，以此缓解工作压力带来的负面影响。

迄今为止，尚未有关于工作压力、心理生活质量、心理弹性、自尊之间关系的探讨，也缺少中小学教师作为对象的研究。为此，本研究对中小学教师的心理生活质量的现状进行分析，提出链式中介模型假设，考察心理弹性和自尊在工作压力与心理生活质量的中介作用，旨在对中小学教师心理生活质量的内部作用机制进行深入探究，为缓解中小学教师工作压力，提高其心理生活质量提供依据。

二、研究方法

（一）研究对象

本研究采取随机抽样的方法，选取广东省中小学738名教师为被试者实施问卷调查，共回收有效问卷663份，问卷的有效回收率为89.83%。其中，男教师282人，女教师381人；年龄在35岁以下326人，36~45岁319人，46岁以上18人；教龄在1~5年130人，6~10年108人，10~20年331人，大于20年94人；在小学任教458人，在中学任教205人；已婚556人，未婚107人；学历为大专的教师319人，学历为本科的教师344人；工作单位为城镇学校256人，乡村学校417人；职务为年级组长以上88人，普通教师575人。

（二）研究工具

1.中小学教师工作压力问卷

采用石林等人编制的"中小学教师职业压力源量表"[28]，由36道题目组成，包括8个维度：教育教学改革、工作特征、职业发展、身心特征、学生、学校管理、家庭和社会问题。经检验，问卷的Alpha系数为0.945，表明量表的内部信度相对较高，可以信赖。

2.心理生活质量评价问卷

采用焦岚编制的"心理生活质量评价问卷"[18]，共有40个条目，5个因子，分别为价值判断、心理健康、生命质量、幸福体验和心理成长。其中，心理健康因子的所有条目，包括6、8、10、11、16、19、23、28、30、31和36均要进行反向计分。五个分量表的内部一致性信度系数分别为0.83、0.90、0.84、0.83、0.85，均在0.80以上，而总量表的α系数为0.91。问卷采取Likert五点计分，从"1"到"5"表示"非常符合"到"非常不符合"，得分越高表示心理生活质量越差。

3.教师心理弹性问卷

采用自编的"教师心理弹性问卷",该问卷共41个题目,包含10个维度,即自我效能感、朋友支持、目标明确、调适能力、家庭支持、交往能力、同理心、情绪稳定性、归因能力、解决问题能力。问卷的克伦巴赫 α 系数为0.900,采用Likert五点计分法,1表示很不符合,以此类推,5表示很符合,得分越高表明心理弹性水平越高。

4.自尊量表

采用Rosenberg编制的自尊量表[29],该量表共有10个题目,1、2、4、6、7题采用正向计分,3、5、8、9、10题采用反向计分,采用4点计分,1表示非常不同意,以此类推,4表示非常同意,得分越高表明自尊水平越高。

(三)共同方法偏差检验

由于本研究均采用教师自我报告的方式收集数据,结果可能存在共同方法偏差的问题。采用Harman所倡导的单因素共同方法偏差检验法[30],将所有变量放在一起同时进行共同方法偏差检验,结果显示,按照特征根大于1的标准,未旋转的因素分析共析出了24个因子,第一个因子只解释了总方差变异的16.87%,小于40%。因此,本研究不存在严重的共同方法偏差问题。

(四)施测过程与数据处理

本研究对中小学教师进行团体问卷调查收集数据,并使用SPSS21.0统计软件包和Hayes编制的Process宏程序插件进行数据处理与分析。

三、结果与分析

(一)相关分析

1.中小学教师工作压力与心理弹性的相关分析

表3-1表明,除教育教学改革、学校管理、家庭和社会外,工作压力总分及其他因子与心理弹性总分、归因能力、解决问题能力存在显著的负相关关系。除教育教学改革、家庭和社会外,工作压力与交往能力、情绪稳定性存在显著的负相关关系。

表3-1 工作压力与心理弹性的相关分析

	工作压力总分	教育教学改革	学生	学校管理	工作特征	职业发展	身心特征	家庭	社会
心理弹性总分	-0.10*	-0.02	-0.13**	-0.06	-0.10*	-0.10**	-0.12**	-0.01	0.00
自我效能感	0.01	0.01	-0.01	0.02	-0.02	0.04	-0.01	0.06	0.04
朋友支持	-0.07	-0.04	-0.07	-0.07	-0.08*	-0.06	-0.03	-0.04	-0.02
目标明确	-0.06	0.04	-0.05	-0.04	-0.09*	-0.06	-0.07	-0.02	-0.03
调适能力	-0.05	0.01	-0.07	-0.01	-0.07	-0.07	-0.13**	0.02	0.07
家庭支持	-0.06	0.01	-0.10*	-0.04	-0.04	-0.10**	-0.08	-0.01	0.02
交往能力	-0.13**	-0.05	-0.19***	-0.10**	-0.11**	-0.13**	-0.08*	0.03	-0.06
同情心	0.01	0.05	-0.01	0.02	0.00	-0.06	-0.09*	0.02	0.10**
情绪稳定性	-0.13**	-0.07	-0.16***	-0.10*	-0.08	-0.11**	-0.16***	-0.01	-0.04
归因能力	-0.10**	-0.05	-0.14***	-0.05	-0.10**	-0.09*	-0.12**	-0.04	-0.01
解决问题能力	-0.13**	-0.07	-0.15***	-0.07	-0.09*	-0.15***	-0.15***	-0.06	-0.05

2.中小学教师工作压力与心理生活质量的相关分析

表3-2表明，除价值判断、心理成长外，心理生活质量总分及其他因子与工作压力总分呈正相关关系。除价值判断、生命质量、心理成长外，心理生活质量总分及其他因子与学校管理、工作特征、家庭呈显著的负相关关系。心理生活质量总分与职业发展、身心特征呈显著的负相关。

表3-2 工作压力与心理生活质量的相关分析

	心理生活质量总分	价值判断	心理健康	生命质量	幸福体验	心理成长
工作压力总分	-0.17***	-0.04	-0.25***	-0.10**	-0.18***	-0.07
教育教学改革	-0.12**	-0.08	-0.14***	-0.09*	-0.07	-0.04
学生	-0.12**	-0.01	-0.16***	-0.13**	-0.16***	-0.09*
学校管理	-0.11**	-0.01	-0.18***	-0.04	-0.13**	-0.04
工作特征	-0.16***	-0.05	-0.25***	-0.06	-0.16***	-0.02
职业发展	-0.21***	-0.09*	-0.26***	-0.16***	-0.16***	-0.14***
身心特征	-0.24***	-0.11**	-0.33***	-0.13**	-0.15***	-0.13**
家庭	-0.10*	-0.06	-0.11**	-0.01	-0.13**	-0.02
社会	0.00	0.10*	-0.09*	-0.01	-0.11**	0.04

3.中小学教师工作压力与自尊的相关分析

表3-3表明，除学校管理、家庭和社会外，中小学教师的工作压力总分及其他因子与自尊之间呈显著的负相关关系。

表3-3 工作压力与自尊的相关分析

	工作压力总分	教育教学改革	学生	学校管理	工作特征	职业发展	身心特征	家庭	社会
自尊	-0.10*	-0.12**	-0.09*	-0.04	-0.11***	-0.13**	-0.16***	-0.03	0.05

4.中小学教师心理弹性与心理生活质量的相关分析

表3-4显示，中小学教师的心理弹性总分及其各个因子与心理生活质量总分及其各个因子与之间呈显著的正相关关系。

表3-4 心理弹性与心理生活质量的相关分析

	心理生活质量总分	价值判断	心理健康	生命质量	幸福体验	心理成长
心理弹性总分	0.56***	0.37***	0.45***	0.48***	0.41***	0.44***
自我效能感	0.33***	0.23***	0.27***	0.27***	0.18***	0.26***
朋友支持	0.32***	0.25***	0.23***	0.23***	0.26***	0.23***
目标明确	0.42***	0.32***	0.33***	0.34***	0.28***	0.33***
调适能力	0.50***	0.35***	0.42***	0.40***	0.34***	0.39***
家庭支持	0.32***	0.19***	0.28***	0.26***	0.33***	0.23***
交往能力	0.32***	0.12***	0.30***	0.39***	0.26***	0.27***
同情心	0.47***	0.42***	0.28***	0.39***	0.29***	0.40***
情绪稳定性	0.36***	0.17***	0.33***	0.34***	0.30***	0.33***
归因能力	0.44***	0.31***	0.35***	0.37***	0.32***	0.33***
解决问题能力	0.50***	0.33***	0.38***	0.46***	0.37***	0.43***

5.中小学教师心理弹性与自尊的相关分析

表3-5表明，中小学教师的心理弹性总分及其各个因子与自尊之间存在显著的正相关。

表3-5　心理弹性与自尊的相关关系

	心理弹性总分	自我效能感	朋友支持	目标明确	调适能力	家庭支持	交往能力	同情心	情绪稳定性	归因能力	解决问题能力
自尊	0.49***	0.36***	0.26***	0.34***	0.42***	0.27***	0.29***	0.39***	0.31***	0.40**	0.43***

6.中小学教师心理生活质量与自尊的相关分析

表3-6表明，中小学教师的心理生活质量总分及其各个因子与自尊之间存在显著的正相关。

表3-6　心理生活质量与自尊的相关关系

	心理生活质量总分	价值判断	心理健康	生命质量	幸福体验	心理成长
自尊	0.69***	0.50***	0.60***	0.51***	0.4***	0.47***

（二）回归分析

1.中小学教师工作压力对心理生活质量的影响分析

以心理生活质量总分为因变量，工作压力及其各因子为预测变量，作逐步回归分析，以探究工作压力对心理生活质量的预测力，结果见表3-7。表3-7表明，中小学教师工作压力的身心特征、社会和职业发展因子进入回归方程，可有效解释7.8%的变异量，其中，身心特征和职业发展显著负向预测心理生活质量，社会显著正向预测心理生活质量。

表3-7　中小学教师心理生活质量总分（Y）对工作压力（X）的逐步回归分析

因变量	预测变量	R	R^2	调整R^2	F	B	β	t
心理生活质量总分	方程模型	0.29	0.08	0.08	19.59***	4.06		42.94***
	身心特征					−0.12	−0.20	−4.15***
	社会					0.09	0.15	3.48**
	职业发展					−0.10	−0.15	−2.94**

2.中小学教师心理弹性对心理生活质量的影响分析

以心理生活质量总分为因变量，心理弹性及其各因子为预测变量，作逐步回归分析，以探究心理弹性对心理生活质量的预测力，结果见表3-8。表3-8表明，中小学教师心理弹性的同情心、解决问题能力、调适能力和目标明确因子进入回归方程，可有效解释35.3%的变异量，其中，四者均显著正向预测心理生活质量。

表3-8 中小学教师心理生活质量总分（Y）对心理弹性（X）的逐步回归分析

因变量	预测变量	R	R²	调整R²	F	B	β	t
心理生活质量总分	方程模型	0.60	0.36	0.35	91.24***	1.61		13.88***
	同情心					0.15	0.204	5.21***
	解决问题能力					0.17	0.22	5.56***
	调适能力					0.14	0.18	4.02***
	目标明确					0.10	0.14	3.57***

3.中小学教师自尊对心理生活质量的影响分析

以心理生活质量总分为因变量，自尊为预测变量，作逐步回归分析，以探究自尊对心理生活质量的预测力，结果见表3-9。表3-9表明，中小学教师自尊可有效解释47%的变异量，且显著正向预测心理生活质量。

表3-9 中小学教师心理生活质量总分（Y）对自尊（X）的回归分析

因变量	预测变量	R	R²	调整R²	F	B	β	t
心理生活质量总分	方程模型	0.69	0.47	0.470	588.32***	0.03		0.17***
	自尊					0.96	0.69	24.26***

4.中小学教师工作压力对心理弹性的影响分析

以心理弹性总分为因变量，工作压力及其各因子为预测变量，作逐步回归分析，以探究工作压力对心理弹性的预测力，结果见表3-10。表3-10表明，中小学教师工作压力的学生和社会因子进入回归方程，可有效解释2.3%的变异量，且两者均能正向显著预测心理弹性。

表3-10 中小学教师心理弹性总分（Y）对工作压力（X）的逐步回归分析

因变量	预测变量	R	R²	调整R²	F	B	β	t
心理弹性总分	方程模型	0.16	0.03	0.02	8.75***	3.82		40.27***
	学生					−0.12	−0.20	−4.18***
	社会					0.07	0.12	2.46**

5.中小学教师工作压力对自尊的影响分析

以自尊为因变量，工作压力及其各因子为预测变量，作逐步回归分析，以探究工作压力对自尊的预测力，结果见表3-11。表3-11表明，中小学教师工作压力的身心特征和社会因子进入回归方程，可有效解释4.3%的变异量，其中，身心特征和教育教学改革显著负向预测心理弹性，社会显著正向预测心理弹性。

表3-11 中小学教师自尊（Y）对工作压力（X）的逐步回归分析

因变量	预测变量	R	R^2	调整R^2	F	B	β	t
自尊	方程模型	0.22	0.05	0.04	10.91***	3.99		57.87***
	身心特征					−0.07	−0.17	−3.83***
	社会					0.07	0.15	3.62***
	教育教学改革					−0.04	−0.10	−2.16*

6.中小学教师心理弹性对自尊的影响分析

以自尊为因变量，心理弹性及其各因子为预测变量，作逐步回归分析，以探究心理弹性对自尊的预测力，结果见表3-12。表3-12表明，中小学教师心理弹性的解决问题能力和、同情心、自我效能感和调适能力因子进入回归方程，可有效解释26.9%的变异量，且四者均能正向显著预测自尊。

表3-12 中小学教师自尊（Y）对心理弹性（X）的逐步回归分析

因变量	预测变量	R	R^2	调整R^2	F	B	β	t
自尊	方程模型	0.52	0.27	0.26	60.41***	2.54		28.16***
	解决问题能力					0.11	0.21	4.76***
	同情心					0.08	0.14	3.45**
	自我效能感					0.09	0.17	4.39***
	调适能力					0.08	0.15	3.46**

（三）中介模型分析

工作压力、自尊、心理弹性以及心理生活质量两两之间均存在显著相关，这符合进一步对心理弹性和自尊进行中介效应分析的统计学要求[31]。本研究采用Hayes[32]编制的PROCESS程序中的Model6（链式中介模型）对心理弹性与自尊作进一步的中介效应检验，采用偏差校正的百分位Bootstrap方法，从容量为663的原始数据中，有效回放地抽取5000次。

表3-13所示，总效应值为0.133，95%的置信区间为[−0.191，−0.075]，不包括0，证明总效应显著。直接效应为0.070，95%的置信区间为[−0.111，−0.030]，不包括0，证明直接效应显著。简单效应为−0.021，95%的置信区间为[−0.042，−0.003]，不包括0，证明简单效应显著。链式中介效应为−0.020，95%的置信区间为[−0.037，−0.002]，不包括0，证明链式中介效应显著。表明

心理弹性与自尊在中小教师工作压力与心理生活质量中起局部中介作用。

表3-13　总效应、直接效应及中介效应分解表（bootstrap=5000）

	效应值	Bootstrap 标准误	Boot CI 下限	Boot CI 上限
总效应	-0.133	0.030	-0.191	-0.075
直接效应	-0.070	0.020	-0.111	-0.030
链式中介效应	-0.020	0.009	-0.037	-0.002
间接效应1	-0.021	0.010	-0.042	-0.003
间接效应2	-0.022	0.014	-0.051	0.005

注：Bootstrap标准误差指借助偏差矫正的百分位Bootstrap法估计的效应的标准误差，Boot CI下限和Boot CI上限分别为95%置信区间的下限和95%置信区间的上限。

对模型中的回归方程进行参数估计，如表3-14所示，工作压力对心理弹性的负向预估作用显著（$\beta=-0.07$，$t=-2.53$，$p<0.05$），心理弹性对自尊的正向预测作用显著（$\beta=0.36$，$t=14.14$，$p<0.001$），心理弹性能显著正向预测心理生活质量（$\beta=0.29$，$t=9.37$，$p<0.001$），自尊能够显著正向预测心理生活质量（$\beta=0.75$，$t=17.85$，$p<0.001$），工作压力能够显著预测负心理生活质量（$\beta=-0.07$，$t=-3.44$，$p<0.001$）中介模型如图3-1所示。

表3-14　模型变量关系的回归分析

回归模型		拟合指标			回归系数显著性	
结果变量	预测变量	R	R^2	F	β	t
心理弹性	工作压力	0.10	0.01	6.41[*]	-0.07	-2.53[*]
自尊	心理弹性	0.49	0.24	104.22[***]	0.36	14.14[***]
心理生活质量	心理弹性	0.74	0.54	260.86[***]	0.29	9.37[***]
	自尊				0.75	17.85[***]
	工作压力				-0.07	-3.44[***]

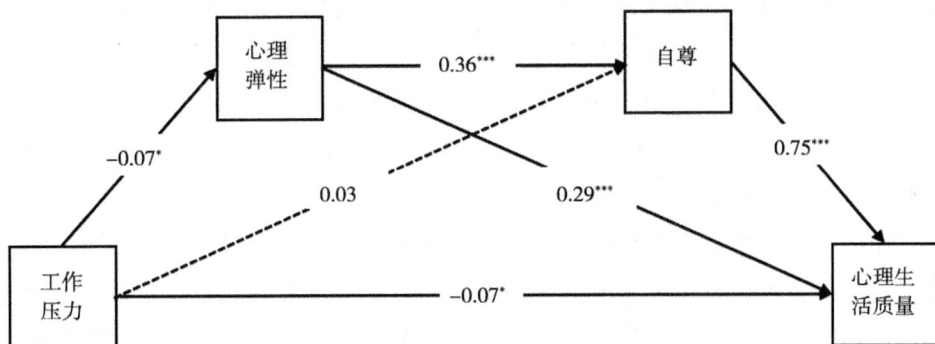

图3-1　心理弹性与自尊在工作压力和心理生活质量的影响间的中介模型

四、讨论

（一）相关分析

1.中小学教师工作压力与心理弹性的关系

研究结果表明，心理弹性与教育教学改革、学校管理、家庭和社会因子与相关不密切，原因可能是以上因子是一种客观存在因素，对个体的情感影响较小。而心理弹性总分与工作压力总分负相关显著。这与潘霭明等人的研究一致，农村教师心理弹性与工作压力存在极其显著的负相关关系[33]。其中心理弹性的交往能力、情绪稳定性、归因能力和解决问题能力与工作压力的学生工作特征、职业发展和身心特征存在负相关关系，即教师的能力与情绪等内在因素对工作压力有较大影响，如果没有处理好教师的工作压力，会进一步导致教师心理压力增加，出现一系列心理问题。学生工作是教师工作的重点，这是由教师工作特征决定的。对于学生来说，如果教师的心理弹性不够强，产生较大的工作压力，学生会怀疑教师是否能产生有效教学，不利于学生成绩的提高，同时，教师也会在压力下对自我能力是否提高不信任，进而导致对职业生涯发展产生困惑。另外，交往能力、情绪稳定性因子与学校管理呈显著的负相关。原因可能是教师工作是复杂的，不能单纯地用教师工作时间或教师教学质量进行衡量，这需要学校管理者对教师的工作性质加以理解，与教师保持情感的融合，在工作安排与人际关系上找到恰当的结合点，促进教职工友好交往。

2.中小学教师工作压力与心理生活质量的关系

研究结果表明，工作压力总分与心理生活质量总分呈显著的负相关，这与李媛媛的研究有相似之处,高中教师工作压力越大,心理生活质量越差[34]。其中,工作压力与心理健康和幸福体验因子负相关显著。其原因可能是,压力本身就能对个体产生不愉快的情感体验,一定程度的压力固然能转化为动力,但大量研究表明压力的消极作用大于积极作用。教师的工作压力不仅来自于教师对自己的素质要求,更多来自于外界对自己的评价,在社会转型期间,很多教师难以适应教育教学改革的要求,自身素质水平易与外界评判产生心理冲突,因此不利于其心理健康和幸福体验。另外,职业发展和身心特征与心理生活质量总分及其各因子呈显著负相关,说明教师的个体因素、个体因素与外在成分的联系影响心理生活质量。根据马斯洛的需要层次理论,个体最高层次的实现在于实现个人人生价值,而教师在社会实践活动中满足自身专业发展等自我需要的现实效应是教师人生自我价值的本质[35]。由此可知,教师对职业生涯的追求是其实现自我价值的重要因素,身体健康,积极乐观的教师更容易在职业生涯中获得长久的发展。因此,教师工作压力与心理生活质量密切相关,并积极影响心理生活质量。

3.中小学教师工作压力与自尊的关系

研究结果表明,除学校管理、家庭和社会外,中小学教师的工作压力总分及其他因子与自尊之间呈显著的负相关关系。这与刘寒静等人的结论存在差异,外显自尊与工作压力存在显著正相关关系[36]。这种差异可能由研究对象的不同引起的,自尊包括外显自尊和内隐自尊。教师肩负着教书育人的崇高使命,在传统师生关系中,教师处于权威地位,教师不仅是教育者和管理者,而且是社会道德模范代表,新课程改革背景下,各种各样的教育教学改革对教师提出了更高的要求,其权威角色也受到重大挑战,同时面临着众多角色冲突。角色冲突使得教师地位尴尬,话语权丧失,部分教师为保全自己而采取消极应对方式,如通过心理层面的逃避来抗拒外来的责任和压力[37]。众多研究表明,自尊与消极应对方式有显著的负相关关系,低自尊者倾向于采用自责、逃避的消极应对方式[38-40]。因此自尊水平较低教师也对工作压力的感知会更重,更难以承受工作压力。而教师在工作压力下的消极应对容易令其缺乏自信,对其工作能力与职业发展产生消极的判断,导致职业价值感降低,因而自尊水平降低。

4.中小学教师心理弹性与心理生活质量的相关分析

研究结果表明，中小学教师的心理弹性总分及其各个因子与心理生活质量总分及其各个因子与之间呈显著的正相关关系。个体常常面对多个有相互作用的复杂应激源，而不是一个简单的应激源，比如教师在面对学生进行教学时不仅要关注教学质量，也要关注学生心理发展，同时还要承担各种上级压力。在应对逆境的过程中，保护性因素会与多个负性事件的综合影响进行多重相互作用，形成复杂的应对系统。作为一种应对困难的反应，心理弹性是教师在工作与生活时进行有效心理调节的重要因素。韧性发挥作用的过程就是个体的保护性因素与高危情境（如疾病、生活挫折等）相互作用的结果[41]。心理弹性水平较高的教师在面对问题时，会有信心利用自己的技能去完成当下任务，具备良好的自我效能感，同时，社会支持系统也会给予教师一定物质与精神上的帮助，有利于教师产生良好的主观体验和客观感受，尽快在困难面前恢复活力，促进身心健康发展，因此心理生活质量水平越好。

5.中小学教师心理弹性与自尊的关系

研究结果表明，中小学教师的心理弹性总分及其各个因子与自尊之间存在显著的正相关。这与姚若松等人的研究结果相似，老年人的心理弹性与自尊呈显著正相关[42]。虽然老年人与中小学教师有所不同，但以老年人为研究对象可类比为纵向研究的结果，也可以对解释本研究结果提供参考作用。社会支持包括客观的支持和主观的支持，即个体在物质上得到直接援助，在情感上受到尊重、理解和支持[43-44]。若教师能从家庭和朋友群体中受到良好的支持，就能在工作与生活中感受到更多的鼓励与支持，坚定自己的目标并相信自己有能力实现目标，从而促进自我效能感的提升，由此也能体会到更高的自尊水平。有研究发现，教师的心理弹性与归因方式存在正相关，心理弹性的积极层面能积极影响工作成就归因和人际关系归因[45]。另外，众多研究表明归因方式与自尊密切相关，高自尊个体对有益事件归因于外，而对不利事件做出归因于外，低自尊个体则对不利结果做出内在归因[46-47]。作为一种总结归纳能力，归因能力是个体对自我认识的重要体现，具有较高自尊水平的教师，会从各方面对自己的工作成就和人际关系进行归因，总结出一个综合的结果并促进问题解决，体现出灵活的心理弹性水平，而低自尊教师则易产生自卑感，心理弹性水平较弱。

6.中小学教师心理生活质量与自尊的关系

研究结果表明，中小学教师的心理生活质量总分及其各个因子与自尊之间存在显著的正相关。一般来说，高自尊者有以下几个特点：一是自我概念清晰，能够接受自我、尊重自我。高自尊个体对自己具有清晰的、积极的观点，低自尊个体倾向于持有中立的自我概念，并且他们持有的观点容易前后矛盾[48]。这间接说明高自尊者了解知道自己的价值认知与价值追求，有更明确的价值判断。二是把握自己，主宰情绪。低自尊个体比高自尊个体更容易受到焦虑的影响，产生焦虑体验和焦虑行为[49]。良好的情绪是保持身心健康的重要因素，对幸福的感知也需要积极情绪的维持，高自尊水平的教师具有较灵活的思维方式，能有效地应对自己的不良情绪。三是目标明确，活在当下。健康的活着就是测量生命质量的重要指标，以上讨论表明高自尊与心理健康密切相关，心理成熟与心理创造的前提是心理健康，因此，高自尊者也具有较高的心理成长水平。综上所述，高自尊教师更可能拥有高心理生活质量。

（二）回归分析

1.中小学教师工作压力对心理生活质量的影响分析

研究结果表明，中小学教师工作压力的社会因子能显著正向预测心理生活质量，身心特征和职业发展因子能显著负向预测心理生活质量。有研究指出，教师在面临诸如身心特征、职业发展、社会和学生等诱发的压力时，既有成熟型应对方式者的特征又有不成熟性应付方式者的特征[50]。教师在应对社会问题时的力量总是薄弱的，往往只能采取评价来宣泄社会因素对工作带来的影响，处理方式会比较理性和成熟。况且社会问题影响的是整个教师群体，教师个体不会因社会比较有所不同而产生落差感，反而因为大家都遭受这个问题而获得平衡感和内在心理支持，心理生活质量变好。廖传景等人认为，个人的职业发展状况很大程度会影响教师对自身价值的认识、对工作绩效的评价认同和对自我的肯定[51]。因此教师职业发展对人生发展有重要意义，如果在工作中缺乏学习进修的机会，在业务上缺乏有经验教师的指导，在价值评判上得不到领导和学生的认同，长此以往，职业信心受挫，导致教师人生发展受限，生活也会受到很大影响，心理生活质量变差。但随着我国对教育的资金投入不断增加，教师也获得了更多提升自我的机会。有了客观有利因素对教师教学能力的支持，有利于教师提升自我效能感，促进身心健康发展。

2.中小学教师心理弹性对心理生活质量的影响分析

研究结果表明,中小学教师心理弹性的同情心、解决问题能力、调适能力和目标明确因子均能显著正向预测心理生活质量。同情的产生可能来自于我们对当事人遭遇的观察、想象和理解,可能还加入了我们对于自己类似经验的重新唤醒和再体验[52]。可以说,同情本身不是情感,但可以获得他人的情感,增加自己的情感。富有同情心的教师,能在理解学生处境、设身处地为学生着想中丰富自己的内心生活,其心理生活是积极的、满足的。而调适能力与解决问题能力往往相伴而行,拥有良好的心理调试能力能帮助教师在压力和挫折前排解不良情绪,摆脱失败阴影,积极应对问题,促进问题解决,在问题解决后的新情境中重新感知教书育人带来的幸福感、意义感,获得心理成长,因此心理生活质量也较好。

3.中小学教师自尊对心理生活质量的影响分析

研究结果表明,中小学教师自尊能显著正向预测心理生活质量。这与沈甦的研究有相似之处。研究发现,自尊是影响患者心理生活质量的最大因素[53]。虽然研究对象不同,但患者与身体健康者之间仍有相似之处,因此具有讨论意义。患者要承受躯体不适和心理变化带来的双重压力,其心理生活质量也会因社会活动受限和各种心理障碍下降,但身体健康者也会出现或多或少的心理问题,产生心理压力。低自尊水平的教师常常贬低自己,不相信自己能在教学中对学生有多大的正面影响,缺乏责任感,只希望自己不会犯严重的错误,抱着十分保守的态度应对生活的各种事情。另外,低自尊者常常是孤独的和具有防御性的。教师不仅要扮演教育者的角色,还要扮演家长和管理者的角色,这大大增加了教师的工作量,研究指出,低自尊者与社会的联结比较弱,弱化的社会联结使低自尊者对社会规范的适应较差[54]。因此自尊水平低的教师会更容易因工作强度大,工作时间长造成情感疲劳,使职业信心受挫,同时又不愿意接受他人的帮助,不愿意听取他人的批评性建议,用消极的态度对待工作与生活,导致心理生活质量变差。

4.中小学教师工作压力对心理弹性的影响分析

研究结果表明,中小学教师工作压力的学生问题因子能显著负向预测心理弹性,社会问题因子均能显著正向预测心理弹性。心理弹性的挑战模型认为,过低或过高水平的危险性因素均能造成个体的消极发展[55]。即适度的危险性因素对心理弹性有益处。教师在工作中，学生会出现各种问题，例如学习兴趣不高，不认真听讲，不服从教师管教，学生个体差异大等，而教师的任务就是帮助学生提高学业水平，培养综合素质，获得健康成长。教师的工作特性决定了教师更倾向于将这些问题看成是一种职业挑战，只有战胜这些困难，才算完成职业目标，获得职业成就感，因此，因学生问题产生的工作压力越大，越能激发教师斗志，表现出良好的心理弹性。相反，社会某些层面对教师造成的消极影响也是教师工作压力源之一，工资待遇差、社会地位低、家长不配合教师工作等社会因素对教师心理产生影响是长期的，也是教师不能独自解决的，导致教师对这些压力的接受度不高，长此以往，造成心理弹性水平降低。

5.中小学教师工作压力对自尊的影响分析

研究结果表明，中小学教师工作压力的身心特征、社会、教育教学改革因子均能显著负向预测自尊。当前教育改革的其中一个突出特点是教师聘任制改革，岗位聘任易引起教师竞争，竞争是引起教师提高自我能力的动机形式，部分教师在竞争中由于对自我价值期望过高或害怕他人评价而产生压力和紧张情绪，以此来维护其自尊水平，因此身心特征能负向预测自尊。另外，教育教学改革势在必行，这一系列改革最终目的是使教育与时代接轨，培养新时代全面发展的人才以适应时代的发展，使教育更好地为社会主义现代化服务。有研究指出，自尊需要是一种心理需要，即个体需要来自自己和他人的注意、肯定、重视、赞扬，个体不希望自己被忽视、被否定、被轻视、被批评[56]。虽然改革过程并不是一帆风顺的，但教师作为教育改革的直接推动者，受到社会多方面的关注与期待，承担着光荣而艰巨的任务，所以教师在承担着较大的工作压力的同时，其自尊需要也会得到满足。因此，在一定范围内，教师感受到的工作压力越大，自尊水平越高。

6.中小学教师心理弹性对自尊的影响分析

研究结果表明，中小学教师心理弹性的解决问题能力、同情心、自我效能感和调适能力因子均能显著正向预测自尊。研究发现，心理弹性不仅能够使教师妥善应对压力情境，还能激发其强烈的责任感、使命感和自我效能感[57]。自我效能感和自尊都是自我概念的重要组成部分，自我效能感是关于能力的判断，自尊是关于价值的判断。高自我效能感的教师即使在问题情境中遇到挫败也不容易气馁，表现出较好的调适能力，促进问题得到良好解决，从而体验到较高的能力感和价值感，表现出自尊自信的态度，因此解决问题、自我效能感和调试能力能正向预估自尊。Neff认为，自我同情是比自尊更好的一项关于自我的态度[58]。同情心是关注自己与他人时产生的情感，自尊是在与他人相比较并得出评价时形成的，因此自尊是建立在同情的基础上的。由此可见，同情心因子能正向预估自尊。

（三）中介模型分析

本研究旨在探讨中小学教师工作压力与心理生活质量的关系及其内部作用机制。分析模型中的路径系数可以发现，工作压力能直接预测心理生活质量，工作压力对心理弹性的预测作用显著，工作压力对自尊的预测不显著。由此可见，工作压力能直接作用于心理生活质量，又可以通过心理弹性的部分中介作用对心理生活质量产生影响，还可以通过心理弹性和自尊的链式中介作用进一步对心理生活质量产生影响。这一结果解释了心理弹性和自尊在工作压力对心理生活质量的影响间起着重要作用。

首先，工作压力能负向预测心理生活质量。这与研究者们关注到工作压力的负性影响研究一致，如工作压力的增加预示身心健康状况下降、职业倦怠的增加、主观幸福感的降低等。心理生活质量是对客观生活质量和主观生活质量的心理体验，教师在压力下的主观生活质量取决于对客观生活质量的感知与体验。刘东芝的研究指出，教师职业总体呈现出高付出—低回报倾向[59]。长期以来，社会不理解、家长不配合，学生不努力等因素都置教师于艰难的处境中，在这些生存挑战下，教师感到工作超负荷，时间压力大，对其生活的现实状况和水平会产生消极影响。在认知层面上，教师可以将自己的部分工作成败归因于自己的努力与能力，越努力，消耗心理资源则越多，当教师的心理资源不足以支持外界不可抗力因素持续给教师施加的压力时，则感到疲惫、倦怠，成就感和幸福感下降，反过来又影响教师对自身价值的认知怀疑，导致对心理生活的态度消极，心理生活质量下降。

其次，本研究发现，心理弹性在工作压力对心理生活质量的影响上起部分中介作用。这与吴曼等人的研究基本一致，心理弹性在本科护士压力与心理健康之间起中介作用[60]。从物理学角度分析，力的作用是相互的，弹力既是主动力也是被动力，心理弹性也如此。教师在一定压力下，心理弹性作为主动力时对教师心理有支撑作用，促进教师恢复良好的心理状态，积极适应工作，但压力过大或长期处于压力下，心理弹性的被动力大于主动力，逐渐失去弹性，导致教师难以从负性事件中恢复过来，因此可以解释教师的工作压力对心理弹性有负向预测作用。众多研究表明，个体承受的压力越大，心理弹性则会消耗得越多，对个体的心理健康内在保护作用就越弱，心理健康水平就会降低[61]。由此可见，心理弹性是维护身心健康的一种内部资产，具有保护作用。因此，教师在工作压力的直接作用下，心理生活质量会变差，但由于受到心理弹性缓冲作用，工作压力对心理生活质量的负性影响变小，心理生活质量变好。

此外，本研究还发现工作压力能通过心理弹性和自尊的链式中介作用对心理生活质量产生影响。心理弹性正向预测自尊，这与蔡颖的研究结论有相似之处，心理弹性高的个体拥有更高水平的自尊和对现实与未来更加乐观的认知方式[62]。高心理弹性意味着个体能在逆境中迅速回弹，在这一过程中可能会强化已有的心理弹性品质或出现新的心理弹性品质，个体不仅能恢复逆境前的状态，甚至更有活力，促进积极适应，有利于个体提高自我认可，表现出高自我评价和高自我体验，因此自尊水平更高。研究显示，自尊水平越高，心理生活质量越好。林崇德认为，自尊能预示其行为的认知模式，决定个体期望[63]。自尊既属于心理需要范畴，同时也具有情感属性，高自尊的个体有高质量生活的需要，表现出对生活有美好追求，容易在积极追求中体验心理成长，收获幸福。

五、结论

1. 中小学教师工作压力、心理弹性、自尊和心理生活质量总分及部分因子两两间存在显著的相关关系。

2. 工作压力中社会因子、心理弹性中同情心、解决问题能力、调适能力和目标明确因子、自尊能显著正向预测心理生活质量，工作压力中身心特征和职业发展因子均能显著负向预测心理生活质量；工作压力中学生因子能显著负向预测心理弹性，社会因子能显著正向预测心理弹性；工作压力中身心特征、社会、教育教学改革因子均能显著负向预测自尊，心理弹性中解决问题能力、同情心、自我效能感和调适能力因子均能显著正向预测自尊。

3. 心理弹性与自尊在工作压力对中小学教师心理生活质量影响间的链式中介作用成立。

第二节　中小学教师职业倦怠对心理生活质量的影响机制

为了解中小学教师职业倦怠的现状，探讨主观幸福感和人生意义在职业倦怠对心理生活质量影响的中介作用机制，采用"中小学教师职业倦怠问卷""心理生活质量评价问卷""主观幸福感量表"和"人生意义感量表"对广东省581名中小学教师实施调查[64]。

一、问题提出

学界一致认为，职业倦怠最容易发生在助人行业，而教师是首当其冲的高发人群[65]。教师职业倦怠是指教师在工作过程中因工作时间、工作量和工作强度超过正常的限度，以及无视自己的个体需要所引起的生理、认知、情绪情感及行为等方面的损竭状态[66]。Maslach等人[67]编制了职业倦怠的测量工具，包含情绪疲倦、去个人化和少个人成就感三个因子。国内基于教师群体职业倦怠的研究成果颇为丰硕，齐亚静等人的研究表明[68]，工作要求与一定的心理或生理消耗有关，其引发的消极结果如工作倦怠，是影响职业心理健康的因素。也有研究结果发现[69]，中小学教师职业倦怠是工作满意度和身心健康的直接影响因素，职业倦怠是认知幸福感和情绪幸福感负向预测因素[70]。国外从个人、工作和组织层面对职业倦怠做了大量的研究，已有学者提出研究职业倦怠的新概念模型，即通过关注工作参与来减轻职业倦怠[67]。Livne等人的研究发现[71]，定量、精神和情感三种类型的工作要求与员工的倦怠和赋权的心理状态之间有不同关系，心理授权调节了心理需求对职业倦怠的影响；也有研究结果发现[72]，心理资本与职业倦怠呈负相关。由此可见，工作的客观环境和主观环境与职业倦怠密切相关，并能够影响教师自我的心理生活状态。而心理生活质量正是基于客观心理感受和主观心理体验的统一基础上构建的概念，但目前尚未有研究探讨职业倦怠与心理生活质量的关系。已有学者提出，社会性生活质量应聚焦于心理生活质量。但当前国内外关于心理生活质量的定义尚未统一；焦岚提出[18]，心理生活质量是以知情行、态度、需要、价值等因子审视人生活的价值判断、幸福体验、心理健康、生命质量和心理成长等方面的体验水平和感受程度。而黄春丽等人认为[2]，心理生活质量的含义不但涉及实在生活质量，也涉及主观生活质量，既包含对生活质量的感知，也包含对生活质量的体会。由上述可知，心理生活质量既要以物质条件为基础，又包含了对实际生活的生活水平和状态的心理感知。通过文献回顾可以发现，心理生活质量的实证研究仍较为缺乏。有研究表明[5]，社会关心是提升大学生心理生活质量的动力；新生代农民工抗挫折心理能力与心理生活质量相关显著[5]。Mcsweeny等人的研究发现[73]，生活质量的积极影响因素与"积极"心理概念密切相关。Kim等人在一项临床筛查的研究中发现[74]，具有较高强度的精神健康力量和较低痛苦水平的学生报告了更高的生活质量。鉴于此，本文考虑将主观幸福感来作为中介变量研究职业倦怠与心理生活质量的关系。况且，目前还没有研究探讨教师群体的心理生活质量的专著，因此，十分有必要对中小学、幼儿园教师的心理生活质量进行研究。

在生活质量上构建的主观幸福感概念，通常是把它定义为个体所认识到的对自身生活的满意水平[75]。主观幸福感作为一种探索人的心理生活状态的重要指标，早已受到学界的充分关注。我国不少学者从本土化的视角对主观幸福感进行探讨，曾红等人的研究发现[76]，中国人的幸福感重视精神感受，追求理性之乐。靳宇倡基于中国样本的元分析揭示[77]，人生意义与主观幸福感呈显著正相关。也有研究发现[78]，青少年人生意义与主观幸福感呈显著正相关关系，且人生意义能够显著预测主观幸福感。

人生意义（Meaning of life）即生命意义，最早由意义疗法的创立者Frankle（1992）提出[79]。我国学者倪旭东以为[80]，人生意义是人们认识和追寻生命中的目的或目标，主要包括意义存在和意义追求两个因子。已有研究发现[81]，人生意义具有增进身体健康、提升幸福感和生活满意度、引发积极应对方式、修复心理创伤和促进心理成长等作用。Park等人提出[82]，意义取向应对具有发展共情能力及提高利他意识等积极作用。王文超等人的研究也表明，人生意义可缓冲创伤的消极影响[83]。因此，主观幸福感可能通过人生意义而作用于心理生活质量，以此来缓解职业倦怠带来的负面影响。

综上所述，到目前为止，还没有研究探讨职业倦怠对心理生活质量的影响是通过主观幸福感和人生意义起链式中介作用的。换言之，还没有学者将职业倦怠、主观幸福感、人生意义和心理生活质量四者结合起来进行研究，同时，也缺少将中小学、幼儿园教师整个作为对象的研究。为此，本文提出链式中介模型假设，即中小幼教师职业倦怠通过主观幸福感和人生意义作用于心理生活质量，将深入探讨其中的心理机制，为缓解中小幼教师的职业倦怠，提高其心理生活质量提供对策[64]。

二、研究方法

（一）研究对象

本研究选取广东省597名中小学、幼儿园教师作为研究对象，共回收有效问卷581份，有效回收率为97.32%。其中，男教师204人，女教师377人；年龄在35岁以下的有209人，36岁到45岁之间的312人，46岁以上的60人；教龄在1～5年间的有88人，6～10年之间的86人，11～20年之间的244人，20年以上的有163人；幼儿园教师156名，小学教师143人，初中教师175人，高中教师107人；已婚教师493人，未婚教师88人；大专毕业教师144人，本科毕业教师418人，其他学历教师19人；班主任教师330人，非班主任教师251人；城镇教师376人，乡村教师205人。

（二）研究工具

1.中小学教师职业倦怠问卷

本研究采用的是徐富明等人编制的"中小学教师职业倦怠问卷"[84]，共有15个条目，3个因子。问卷采取的是Likert五点计分，从"1"到"5"表示"非常不符合"到"非常符合"。其中，第3、7、8、10、15题需要进行反向计分。得分越高，表示职业倦怠程度越严重。问卷的Cronbach'α系数为0.8345，重测信度为0.8138，校正后的分半信度为0.8656。去个人化、少成就感和情绪疲惫的同质信度分别为0.6099、0.7336与0.7951，重测信度分别为0.6513、0.7306与0.7935。

2.心理生活质量评价问卷

采用焦岚编制的"心理生活质量评价问卷"[6]，共有40个条目，5个因子，分别为价值判断、心理健康、生命质量、幸福体验和心理成长。其中，心理健康因子的所有条目，包括6、8、10、11、16、19、23、28、30、31和36均要进行反向计分。五个分量表的内部一致性信度系数分别为 0.83、0.90、0.84、0.83、0.85，均在 0.80 以上，而总量表的α系数为0.91。问卷采取Likert

五点计分，从"1"到"5"表示"非常符合"到"非常不符合"，得分越高表示心理生活质量越差。

3.主观幸福感量表

采取段建华修订的"主观幸福感量表"[85]，该量表共有18个条目，每个条目有5~7个选择不定，包括松弛和紧张、精力、对生活的满足和兴趣、对健康的担忧、忧郁或愉快的心境、对情感和行为的控制6个因子。其中，第1、3、6、7、9、11、13、15、16为反向计分题。在本文中，量表的内部一致性信度系数为0.836，量表的累积得分越高，表示主观幸福感越强。

4.人生意义感量表

采取Steger等编制的，由王孟成和戴晓阳修订的"人生意义感量表"[86]（The Meaning in Life Questionnaire，MLQ）。该问卷共10个题目，包括人生意义体验和人生意义寻求两个分量表，采取7点计分。其中，条目9属于反向计分，其余条目均为正向计分。两个分量表分别加分，分数越高说明人生意义体验或寻求越高。经过检验，该问卷的内部一致性较高，克隆巴赫α系数为0.811。

（三）数据施测与处理

本研究通过省培项目培训班对中小学、幼儿园教师进行团体施测，并使用SPSS21.0统计软件包和Hayes编制的Process宏程序插件进行数据处理与分析。

（四）共同方法偏差检验

由于本研究均采用教师自陈的方式收集数据，结果可能受到共同方法偏差的影响。采用Harman所倡导的单因素共同方法偏差检验法[84]。将职业倦怠、主观幸福感、人生意义与心理生活质量四个变量放在一起同时进行探索性因素分析，结果发现，按照特征根大于1的标准，未旋转的因素分析共析出了19个因子，第一个因子只解释了总方差变异的20.76%，小于40%。因此，本研究可不考虑由共同方法偏差造成的影响。

三、结果与分析

（一）相关分析

1.中小学教师职业倦怠与人生意义的相关分析

从表3-15结果可知，中小学教师少成就感因子与人生意义总分及其各个因子呈显著正相关，人生意义体验与职业倦怠总分及各因子均相关显著。

表3-15　中小学教师职业倦怠与人生意义的相关分析

	职业倦怠总分	情绪疲惫	少成就感	去个人化
人生意义总分	-0.03	-0.24***	0.42***	-0.15***
人生意义体验	-0.24***	-0.46***	0.46***	-0.24***
人生意义追寻	0.16***	0.05	0.20***	-0.01

2.中小学教师职业倦怠与主观幸福感的相关分析

由表3-16结果可知，除对健康的担忧和忧郁或愉快的心境外，中小学教师主观幸福感总分与职业倦怠总分及其各个因子相关显著。其中，职业倦怠总分、情绪疲惫与去个人化与主观幸福感总分呈显著的负相关关系，而少成就感则与主观幸福感总分呈显著的正相关。

表3-16　中小学教师职业倦怠与主观幸福感的相关分析

	主观幸福感总分	对生活的满足和兴趣	对健康的担忧	精力	忧郁或愉快的心境	对情感和行为的控制	松弛和紧张
职业倦怠总分	-0.38***	-0.22***	-0.09**	-0.31***	-0.36***	-0.20***	-0.35***
情绪疲惫	-0.56***	-0.42***	-0.81	-0.50***	-0.51***	-0.36***	-0.46***
少成就感	0.35***	0.38***	-0.04	0.37***	0.30	0.33***	0.20***
去个人化	-0.19***	-0.18***	0.03	-0.19***	-0.19***	-0.18***	-0.13***

3.中小学教师职业倦怠与心理生活质量的相关分析

由表3-17结果可知，职业倦怠总分与情绪疲惫、去个人化因子均与心理生活质量总分及其各因子呈显著的负相关关系。少成就感与心理生活质量总分及其他因子呈显著的正相关关系。

表3-17　中小学教师职业倦怠与心理生活质量的相关分析

	心理生活质量总分	价值判断	心理健康	生命质量	幸福体验	心理成长
职业倦怠总分	−0.38**	−0.15**	−0.46**	−0.20**	−0.31**	−0.16**
情绪疲惫	−0.59**	−0.29**	−0.61**	−0.38**	−0.48**	−0.33**
少成就感	0.50**	0.38**	0.38**	0.38**	0.34**	0.37**
去个人化	−0.37**	−0.31**	−0.34**	−0.20**	−0.19**	−0.22**

4.中小学教师人生意义与主观幸福感的相关分析

由表3-18结果可知，人生意义总分与主观幸福感总分及其各因子相关显著，除对健康的担忧外，人生意义总分均与主观幸福感总分及其他各个因子呈显著的正相关。

表3-18　中小学教师人生意义与主观幸福感的相关分析

	主观幸福感总分	对生活的满足和兴趣	对健康的担忧	精力	忧郁或愉快的心境	对情感和行为的控制	松弛和紧张
人生意义总分	0.22***	0.28***	−0.13***	0.29***	0.24***	0.15***	0.11**
人生意义体验	0.45***	0.42***	−0.05	0.47***	0.46***	0.34***	0.31***
人生意义追寻	−0.08	0.034	−0.15***	0.01	−0.04	−0.07	0.83***

5.中小学教师人生意义与心理生活质量的相关分析

由表3-19结果可知，人生意义总分与人生意义体验均与心理生活质量总分及其各个因子呈显著的正相关关系。

表3-19　中小学教师人生意义与心理生活质量的相关分析

	心理生活质量总分	价值判断	心理健康	生命质量	幸福体验	心理成长
人生意义总分	0.38**	0.32**	0.26**	0.27**	0.32**	0.31**
人生意义体验	0.56**	0.31**	0.51**	0.40**	0.47**	0.39**
人生意义追寻	0.06	0.18**	−0.07	0.05	0.06	0.10*

6.中小学教师主观幸福感与心理生活质量的相关分析

由表3-20结果可知，除对健康的担忧外，主观幸福感总分及其他因子与心理生活质量总分、心理健康、生命质量、幸福体验和心理成长呈显著的正相关关系。

表3-20　中小学教师主观幸福感与心理生活质量的相关分析

	主观幸福感总分	对生活的满足和兴趣	对健康的担忧	精力	忧郁或愉快的心境	对情感和行为的控制	松弛和紧张
心理生活质量总分	0.54**	0.48**	−0.04	0.51**	0.52**	0.43**	0.38**
价值判断	0.16**	0.23**	−0.12**	0.21**	0.19**	0.18**	0.05
心理健康	0.57**	0.42**	0.03	0.51**	0.55**	0.43**	0.46**

	主观幸福感总分	对生活的满足和兴趣	对健康的担忧	精力	忧郁或愉快的心境	对情感和行为的控制	松弛和紧张
生命质量	0.37**	0.35**	−0.01	0.37**	0.32**	0.33**	0.25**
幸福体验	0.58**	0.56**	−0.02	0.52**	0.56**	0.35**	0.46**
心理成长	0.33**	0.27**	−0.02	0.32**	0.29**	0.33**	0.22**

（二）回归分析

1.中小学教师职业倦怠对心理生活质量的影响分析

以心理生活质量总分为因变量，职业倦怠及其各因子为预估变量，作逐步回归分析。结果如表3-21显示，中小学教师职业倦怠的少成就感和情绪疲惫因子进入回归方程，情绪疲惫显著负向预测心理生活质量总分，少成就感显著正向预测心理生活质量总分。

表3-21　中小学教师心理生活质量总分（Y）对职业倦怠（X）的逐步回归分析

因变量	预测变量	R	R^2	调整 R^2	F	B	β	t
心理生活质量总分	方程模型	0.65	0.42	0.42	209.67***	3.84		32.02***
	情绪疲惫					−0.27	−0.46	−13.07***
	少成就感					0.20	0.30	8.57***

2.中小学教师人生意义对心理生活质量的影响分析

以心理生活质量总分为因变量，人生意义总分和它的各因子为预估变量，作逐步回归分析。结果如表3-22显示，人生意义体验进入回归方程，且能正向预测心理生活质量总分。

表3-22　中小学教师心理生活质量总分（Y）对人生意义（X）的逐步回归分析

因变量	预测变量	R	R^2	调整 R^2	F	B	β	t
心理生活质量总分	方程模型	0.56	0.31	0.31	258.24***	2.87		38.43***
	体验					0.22	0.56	16.07***

3.中小学教师主观幸福感对心理生活质量的影响分析

以心理生活质量总分为因变量，主观幸福感总分及各因子为预估变量，作逐步回归分析。如表3-23所示，主观幸福感总分、对健康的担忧、松弛和紧张和对生活的满足和兴趣先后进入回归方程。其中，主观幸福感总分显著正向预测心理生活质量，对生活的满足和兴趣能够显著正向预测心理生活质量总分，松弛和紧张以及对健康的担忧显著负向预测心理生活质量总分。

表3-23　中小学教师心理生活质量总分（Y）对主观幸福感（X）的逐步回归分析

因变量	预测变量	R	R²	调整R²	F	B	β	t
心理生活质量总分	方程模型	0.60	0.37	0.36	82.81***	2.60		28.06***
	主观幸福感总分					0.45	0.74	9.50***
	对健康的担忧					−0.07	−0.23	−6.16***
	松弛和紧张					−0.11	−0.25	−3.97***
	对生活的满足和兴趣					0.06	0.11	2.36*

4.中小学教师职业倦怠对主观幸福感的影响分析

以主观幸福感总分作因变量，职业倦怠总分和它的各因子为预估变量，作逐步回归分析。结果如表3-24所示，职业倦怠的三个因子均纳入回归方程。其中，情绪疲惫显著负向预估主观幸福感总分，少成就感和去个人化显著正向预估主观幸福感总分。

表3-24　中小学教师主观幸福感总分（Y）对职业倦怠（X）的逐步回归分析

因变量	预测变量	R	R²	调整R²	F	B	β	t
主观幸福感总分	方程模型	0.58	0.34	0.33	98.01***	4.59		19.99***
	情绪疲惫					−0.54	−0.54	−13.55***
	少成就感					0.19	0.17	4.42***
	去个人化					0.15	0.13	3.30**

5.中小学教师职业倦怠对人生意义的影响分析

以人生意义总分作因变量，职业倦怠总分和它的各因子为预测变量，作逐步回归分析，结果如表3-25所示，职业倦怠中的情绪疲惫和少成就感因子先后进入回归方程。其中，情绪疲惫显著负向预测人生意义总分，少成就感显著正向预测人生意义总分。

表3-25 中小学教师人生意义总分（Y）对职业倦怠（X）的逐步回归分析

因变量	预测变量	R	R^2	调整R^2	F	B	β	t
人生意义总分	方程模型	0.43	0.18	0.18	42.84***	3.14		9.81***
	情绪疲惫					−0.13	−0.10	−2.28*
	少成就感					0.55	0.40	9.25***

6.中小学教师主观幸福感对人生意义的影响分析

以人生意义总分作因变量，主观幸福感总分及其各因子为预估变量，作逐步回归分析。结果如表3-26所示，主观幸福感中对生活的满足和兴趣、对健康的担忧、精力、松弛和紧张先后进入回归方程。其中，对生活的满足和兴趣、精力能够显著正向预测人生意义总分，对健康的担忧、松弛和紧张能够显著负向预测人生意义总分。

表3-26 中小学教师人生意义总分（Y）对主观幸福感（X）的逐步回归分析

因变量	预测变量	R	R^2	调整R^2	F	B	β	t
人生意义总分	方程模型	0.36	0.13	0.12	14.62***	4.03		16.64***
	对生活的满足和兴趣					0.19	0.18	3.61***
	对健康的担忧					−0.08	−0.13	−3.17***
	精力松弛和紧张					0.19	0.21	3.37**
						−0.12	−0.14	−2.53*

（三）中介模型分析

采用Hayes（2013）[32]编制的PROCESS程序中的Model6（链式中介模型）来检验主观幸福感与人生意义在中小幼教师职业倦怠与心理生活质量关系中的中介效应，使用了偏差校正的百分位Bootstrap方式，抽样2000次。如表3-27所示，总效应值为−0.453，95%的置信区间为[−0.543，−0.363]，不包括0，证明总效应显著。直接效应为−0.269，95%的置信区间为[−0.350，−0.188]，不包括0，证明直接效应显著。间接效应1为−0.174，95%的置信区间为[−0.232，−0.120]。链式中介效应为−0.031，95%的置信区间为[−0.053，−0.018]，不包括0，证明链式中介效应显著。表明主观幸福感与人生意义在职业倦怠与心理生活质量中起局部中介作用。

表3-27　总效应、直接效应及中介效应分解表（bootstrap=2000）

	效应值	Bootstrap 标准误	Boot CI 下限	Boot CI 上限
总效应	−0.453	0.046	−0.543	−0.363
直接效应	−0.269	0.041	−0.350	−0.188
间接效应1	−0.174	0.029	−0.232	−0.120
链式中介效应	−0.031	0.008	−0.053	−0.018

注：Bootstrap标准误差指借助偏差矫正的百分位Bootstrap法估计的效应的标准误差，Boot CI 下限和Boot CI上限分别为95%置信区间的下限和95%置信区间的上限。

使用偏差校正的百分位Bootstrap方法来确定中介效应，还需要对模型中的回归方程的参数作估计。结果如表3-28所示，职业倦怠对主观幸福感的负向预测作用显著（β=-0.75，t=−9.79，$p<0.001$），主观幸福感对人生意义的正向预测作用显著（β=0.30，t=5.50，$p<0.001$），职业倦怠能够显著负向预测心理生活质量（β=−0.27，t=−6.51，$p<0.001$），人生意义能够显著正向预测心理生活质量（β=0.14，t=8.77，$p<0.001$），主观幸福感能够正向预测心理生活质量（β=0.23，t=10.91，$p<0.001$）中介模型图如图3-1所示。

表3-28　模型变量关系的回归分析

回归模型		拟合指标			回归系数显著性	
结果变量	预测变量	R	R^2	F	β	t
主观幸福感	职业倦怠	0.38	0.14	95.70	−0.75	−9.79***
人生意义	主观幸福感	0.22	0.05	15.36	0.30	5.50***
心理生活质量	人生意义	0.64	0.40	130.38	0.14	8.77***
	职业倦怠				−0.27	−6.51***
	主观幸福感				0.23	10.91***

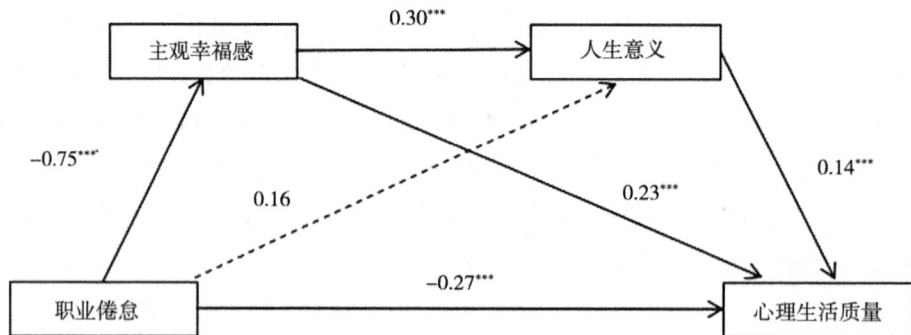

图3-1　主观幸福感与人生意义在职业倦怠对心理生活质量的影响间的中介模型

四、讨论

（一）相关分析

1.中小学教师职业倦怠与人生意义的关系

研究结果表明，中小学教师少成就感因子与人生意义总分及其各个因子呈显著正相关，人生意义体验与职业倦怠总分及各因子均相关显著。这与叶和旭等人[87]的研究结果有相同之处，生命意义寻求水平与成就感、去人格化存在显著相关，生命意义存在水平与职业倦怠三因子均存在显著相关。倪旭东提出[80]，生命意义追寻是指个体主动增加对意义和目标的理解和寻求，以及对生命意义的扩展，属于动机因子。而生命意义存在则是指个体理解人生的内涵、并且了解到自己在人生中的目的和任务，属于认知因子。职业倦怠的产生，必然会对职业的发展造成一定的阻碍，自然引发中小学教师对职业生涯的思索，进而引发对人生的目标、生命的意义的思考，属于认知层面的唤醒。因此，职业倦怠总分及各因子与人生意义体验相关显著。而如果中小学教师在职业中的成就感有所缺乏，那么，这既会激发教师对人生意义的思索，也会激发其动机，使其奋起追寻人生的意义。

2.中小学教师职业倦怠与主观幸福感的关系

研究结果表明，除对健康的担忧和忧郁或愉快的心境外，中小学教师主观幸福感与职业倦怠总分及其各个因子相关显著。其中，职业倦怠总分、情绪疲惫与去个人化与主观幸福感呈显著的负相关，而少成就感则与主观幸福感呈显著的正相关。这与曾玲娟等人的研究结论相似[88]，主观幸福感与职业倦怠呈显著负相关，职业倦怠水平越高，显然，中小学教师对自己的职业满意程度越低，在工作中体验到的负性情绪较多，而主观幸福感是基于自己的标准对生活作出的一种合意度的评价。那么，高程度的职业倦怠必定会导致低水平的主观幸福感，相反，浅程度的职业倦怠则会体会到较高水平的幸福感。值得关注的是，研究表明，少成就感因子与主观幸福感呈显著的正相关。这与杨玲等人[89]以中小学教师为对象的研究结果相反，主观幸福感与职业倦怠总分及其三因子均呈显著负相关。这可能是因为本研究也将幼儿教师纳入研究范围，由于幼儿教育更加注重的是教师的人格特质的适配性，而对教师的能力要求相对要低一些。同时，幼儿教师与家长的交往更加频繁，工作常得到家长的积极配合，社会支持基础坚实。因此，即使在工作中的成就感较低，也因得到了人际关系良好互动而弥补了这方面的不足，进而也有较高水平的幸福体验。

3.中小学教师职业倦怠与心理生活质量的关系

研究结果表明，职业倦怠总分与情绪疲惫、去个人化因子均与心理生活质量总分及其各因子呈显著的负相关关系。这与胡春梅等人的研究结果类似[90]，幼儿教师情绪劳动通过职业倦怠间接影响生存质量，职业倦怠与生存质量负相关显著。心理生活质量既包含主观体验，也有其客观物质基础。生存质量指向的就是客观物质基础，一旦中小学教师出现职业倦怠，对通过职业追求更加美好的生活的动机降低，对工作的主动行为减退，将会阻碍创造更舒适的生存环境，进而影响生存质量，并逐步影响心理生活质量。而侯广艳的研究表明[91]，教师职业倦怠会导致教师在业务上不思进取，生活质量下降，在人际关系上出现退缩、疏离的行为，情绪上充满攻击性。这些由倦怠引发的因素也会导致心理生活质量的下降。

4.中小学教师人生意义与主观幸福感的关系

研究结果表明，人生意义总分与主观幸福感及其各因子相关显著，除对健康的担忧外，人生意义总分与主观幸福感总分既其他各个因子呈显著的正相关关系。这与张敏的研究结果相似[92]，大学生生命意义的两个因子，即生命意义体验、生命意义追寻都能够正向预测主观幸福感。由于学生的学习环境与教师的工作环境在客观层面上相似。因此，基于大学生的研究也有可能适用于中小学教师群体。靳宇倡等人[77]的研究结果也揭示了同样的结论，生命意义与主观幸福感呈显著的正相关关系。由此可推测，对人生的目的、目标和使命的充分认识，以及对人生意义扩张的追寻，会让人感受到自己存在的重要性，以及促进人们对自己的生存价值的认可，进而产生幸福的体验。

5.中小学教师人生意义与心理生活质量的关系

研究结果表明，人生意义总分与人生意义体验均与心理生活质量总分及其各个因子呈显著的正相关关系。这与邹兵等人[93]的研究结果类似，农村留守老年人生活质量与生命意义感相关显著。张荣伟的研究也表明，人生意义具有增进心理健康、提升幸福感、引发积极应对方式和促进人际和谐等作用[81]，因此，中小学教师对人生意义的认知水平越高，心理生活质量水平越高。另外，人生意义的提出者Frankl所创立的意义治疗理论蕴含着寻找人生意义的理论模型，这个模型认为[79]，人类具有自我超越、对生命的终极意义抱有信念、行为的意义定向、意志自由、发现意义的可能性的能力。在人生意义追寻的过程中会带来人生意义的体验和人生意义的扩展，因此带来了更多的道德感、同情心和幸福感。心理生活质量中的价值判断、幸福体验、生命质量和心理成长都与上述紧密相关。所以，高水平的人生意义预示着高质量的心理生活。

6.中小学教师主观幸福感与心理生活质量的关系

研究结果表明，除对健康的担忧外，主观幸福感总分及其他因子与心理生活质量总分、心理健康、生命质量、幸福体验和心理成长呈显著的正相关关系。佩罗德·孔塞桑等人的研究提出[94]，幸福的标准不再是传统的以物质收入为单一标准，而是包括了更广泛的社会、环境和人权因素，且以快乐指数作为衡量幸福的标准也有其局限性。因此，当中小学教师总体幸福感良好，不仅预示着其物质生活环境的稳定，也意味着他们的心理环境会更加优良，心理生活质量更高。禹玉兰等人的研究揭示[95]，幸福感与生命质量表现出共同的发展趋势，都试图囊括心理层面的自我实现、社会价值和社会贡献等最高层次的心理需求。由此可见，生命质量与幸福感紧密相关。而韩力争等人[96]基于贫苦大学生的研究也揭示，团辅后贫苦大学生的主观幸福感有明显的提高。由于教育处境的客观相似，以学生为研究对象的结论也可在一定程度上解释教师的情况。所以，心理生活质量越高，主观幸福感的程度也就越高。

（二）回归分析

1.中小学教师职业倦怠对心理生活质量的影响分析

研究结果表明，中小学教师职业倦怠的情绪疲惫显著负向预测心理生活质量，少成就感显著正向预测心理生活质量。这与杨颖等人[97]的研究结论相同，情绪疲惫可负向预测幼儿教师的生活质量。而Mojsa Kaja等人的研究也表明[98]，负面情感可以被视为教师职业倦怠的易感因素，但自我指导可作为职业倦怠的保护因素。由此可见，当教师在情绪上感到疲惫时，容易导致职业倦怠的出现，进而降低心理生活质量。但研究表明，少成就感能够显著正向预测心理生活质量。这是因为，成就感的缺乏虽然是职业生涯中的具有威胁性的因素，但亦意味着转机。当个体处理反思成就不足的时候，往往会加深对自我的探索、反省，以为克服威胁性情绪或事件寻求突破，从而对自我的行为有所指导。自我指导可作为职业倦怠的保护性因素，降低职业倦怠对心理生活质量的消极影响，甚至会给个体带来更好的转变，所以当个体缺乏成就感的时候，也有可能拥有高水平的心理生活质量。

2.中小学教师人生意义对心理生活质量的影响分析

研究结果表明，人生意义体验能够显著正向预测心理生活质量。谢岭的研究表明[99]，应通过满足幼儿教师对生命价值和意义的寻求，使幼儿教师体验工作满足感和职业幸福感，从而促进职业认可。由此可知，如果教师在职业中，不仅仅关注工作本身，而是对人生目标、人生价值抱有更高的期待和追求，那样就会体验到更高水平的满意度和幸福感，进一步提升心理生活质量。鞠全娟和邵长兰的研究也提出[100]，要通过提高教师的生活质量，关注教师的生命状态来提高我国的教育质量。由此我们可以知道，生命状态、对人生的理解同样是提高心理生活质量的重要参考因素。

3.中小学教师主观幸福感对心理生活质量的影响分析

研究结果表明，主观幸福感及其对生活的满足和兴趣维度能够显著正向预测中小学教师心理生活质量，松弛和紧张以及对健康的担忧显著负向预测心理生活质量。梁景和的研究表明[101]，主观生活质量指的是主观幸福感和生活满意度，说明主观幸福感可作为心理生活质量的预测指标，与本研究的结论一致。张蓉的研究揭示[102]，教师的职业幸福主要来源于劳动及报酬、奉献、集体的劳动成果几个方面。而心理生活质量的提升也需要以物质层面的满足为基础，因此，当中小学教师对生活的满意度高、对事物抱有浓厚的兴致，那么，心理生活质量的水平就越高。而如果教师常处于应激状态，身心状态不稳定，也会降低心理生活质量。健康是评价主观幸福感的一项重要指标，但如果个体对自己的健康状态感到不安，无疑会降低个体的幸福体验，进一步导致心理生活质量的下降。

4.中小学教师职业倦怠对主观幸福感的影响分析

研究结果表明，职业倦怠中的情绪疲惫因子显著负向预测主观幸福感，少成就感和去个人化是主观幸福的正向预测因素。这与朱紫薇和盛红勇的研究结果相似[103]，幼儿教师的职业压力与生活工作满意度呈负相关关系。职业压力在情绪方面的表现为，对工作的热情降低，在生活中常常感觉到过度紧张，心理资源的损耗导致情绪的倦怠状态，从而降低了主观的幸福体验水平。而少成就感和去个人化通常意味着个体对自己的要求和约束放低。因为要获得一定的成就，需要个体善于把握机会，争夺有限的资源，以在激烈的竞争中脱颖而出。这会使个体保持在一定的焦虑和紧张水平，身心处于绷紧的状态。从这个角度来说，如果个体降低对成就的要求，身心的应激水平降低，体验到更多的舒适的感觉，因此有较高的幸福感。去个人化亦是同样的道理，当个体放宽对自我的约束，增强对本我的感知、对欲望的释放放宽权限，那么，个体就会有更高的快感体验。所以，去个人化也有可能是主观幸福感的正向影响因素。

5.中小学教师职业倦怠对人生意义的影响分析

研究结果表明，职业倦怠中的情绪疲惫能够显著负向预测人生意义，而少成就感显著正向预测人生意义。Fahlman的研究提出[104]，生命目的与意义的缺乏与负面情绪紧密相关。情绪疲惫往往表现为情绪的低落、对生活的热情与兴趣的减退，容易引发如焦虑、抑郁、无聊等消极的情绪体验，导致对人生意义认识缺乏深刻的了解、追寻人生意义的动机不足。因此，情绪疲惫是人生意义的负向预测因素。叶和旭与林眉的研究揭示[87]，职业倦怠中的成就感因子与生命意义存在显著的相关关系。当教师的职业倦怠表现为成就感的缺乏，这种不良的体验往往会促使个体反思自己的工作状态，试图通过找到少成就感的原因以探求突破困境的方法。那么，在这个过程中，困境的冲破往往会使个体找到发展的新方向和改变的机会，从而扩充自己的人生意义和经历。由此可推知，少成就感也可能成为人生意义的正向预测因素。

6.中小学教师主观幸福感对人生意义的影响分析

研究结果表明，中小学教师主观幸福感中对生活的满足和兴趣、精力能够显著正向预测人生意义，对健康的担忧、松弛和紧张负向预测人生意义。常保瑞的研究结果揭示[105]，主观幸福感与生命意义体验存在显著的正相关关系，生命意义体验着重的是对意义的感知，当个体对自己的生活具有较高的满意度，热衷于探索新生事物，对周遭的一切抱有好奇心的时候，更能体验人生的乐趣，对人生抱有乐观的愿景。积极的心境往往使个体对未来充满期待，促使个体主动追寻人生的意义，进而在追寻的过程中提升对人生的认识。而精力则意味着具备较好的身体素质，当个体拥有一副健康且精力旺盛的躯体，来自身体的自信会让人对生命有更大的控制感，相信自己能够支配所作所为，创造有意义的人生。而如果对自身的健康状况是担忧的，甚至是患得患失，或者处于应激的状态，生物节律紊乱，这无疑会降低对生命的向往和期待，进一步导致了对人生意义感知的低下。

（三）中介模型分析

本研究在积极心理学视角下，探讨中小学教师职业倦怠与心理生活质量的关系及其内部作用机制。通过相关分析可以知道，职业倦怠、主观幸福感、人生意义和心理生活质量两两变量及其因子间都存在不同程度的相关关系。分析模型中的回归系数可以发现，职业倦怠能够直接预测心理生活质量，职业倦怠对人生意义的预测作用不显著，主观幸福感对心理生活质量的预测作用显著。由此可见，职业倦怠既可以直接作用于心理生活质量，又可以通过主观幸福感间接作用于心理生活质量，更能够通过主观幸福感和人生意义的链式中介进一步对心理生活质量产生影响。这一结果表明了主观幸福感和人生意义在职业倦怠对心理生活质量的影响中起着至关重要的桥梁作用。

首先，职业倦怠能够负向预测心理生活质量，这与曾玲娟等人[106]的研究结论相似，特殊教育和幼儿教育教师职业倦怠程度越高，生活质量越差。由于中小学教师不仅肩负着教学的重任，育人也是教师职业的一部分，双重的职业压力以及教学教育效果的滞后，引发了教师在职业生涯中的负面体验，从而导致了心理生活质量的下降。

其次，本研究还发现职业倦怠既能够通过主观幸福感间接作用于中小学教师的心理生活质量，又能够通过主观幸福感和人生意义的链式中介作用对中小学教师心理生活质量产生影响。已有研究表明[70]，职业倦怠和主观幸福感负相关显著，由于职业倦怠而出现的情绪上的衰竭、成就感的缺乏以及去个人化等负性的情绪和行为表现都会损坏中小学教师对生活和工作的满意度，进一步降低其主观幸福感。因此，职业倦怠可作为主观幸福感的负向估计因素。Ryff的研究指出[107]，福祉方面的获得，如自我接纳，与他人的积极关系，自主权，环境掌握，生活目标和个人成长等都能使心理健康得以实现。对人生意义的体验和追寻也体现在生活目标的获得、对人生自主权的把控上。因此，主观幸福感的水平越高的个体更有可能具有较高的人生意义认识。已有研究提出[108]，人生意义有三个层面的含义，一是认知层面，即人的信念系统，关注的是如何活得有价值；二是情感层面，指人对追求目标、所参与活动的满意程度；三是动机系统，即个人积极追求目标、参与个人认为有价值的活动。由此可以推测，具有高水平人生意义的个体，不但清楚自己的人生价值、对自己的追求和现实境遇满足，而且有足够的动力去从事有意义的活动。所以，人生意义可以正向估计心理生活质量。

五、结论

1. 中小学教师职业倦怠、主观幸福感、人生意义和心理生活质量总分及部分因子两两间存在显著的相关关系；

2. 职业倦怠中的少成就感因子、人生意义体验、主观幸福感及其对生活的满足和兴趣均能显著正向预测心理生活质量，主观幸福感中松弛和紧张以及对健康的担忧两因子均显著负向预测心理生活质量；职业倦怠的三因子均能显著预测主观幸福感；情绪疲惫显著负向预测人生意义，少成就感显著正向预测人生意义；主观幸福感中对生活的满足和兴趣、精力能够显著正向预测人生意义，对健康的担忧、松弛和紧张显著负向预测人生意义；

3. 主观幸福感与人生意义在职业倦怠对中小学教师心理生活质量影响间的链式中介作用成立。

第三节　中小学教师应对方式对心理生活质量的影响机制

为了探讨中小学教师应对方式对工作压力的影响，考察心理生活质量在其中所起到的作用，采用"应对方式问卷""中小学教师工作压力问卷"和"心理生活质量评价问卷"对1288名中小学教师进行调查。

一、问题提出

工作压力作为教师在工作生活中的一种应激反应与心理健康的关系早已引起社会的关注。中小学教师的职业压力与心理健康一直都是研究的热点[109]。当教师面临着巨大的工作压力时，是否会导致教师的心理健康问题，还受制于教师的应对方式。研究表明，教师的应对方式能够影响心理健康和工作压力[110]。积极的应对方式对教师工作压力有显著的调节作用[111]。在邢强等人的研究中发现[50]，中小学教师存在工作压力的情况并不罕见，教师在面对压力时采取多种应对方式。

朱小茼等人认为[112]，应对方式是压力情况下和个体心理健康的中介变量，会加大或减轻压力。也有研究表明[113]，应对方式是指在应激或压力的情况下，一个对个人生理健康和心理健康具有重要的调节或中介变量。张虎祥运用肖计划的应对方式问卷对高校教师进行研究，结果表明[114]，教师工作的压力与其应对方式之间显著相关，与解决问题的应对方式呈显著负相关，与合理化、幻想、退避、自责等呈显著负相关，这与唐莘尧关于积极的应对方式与工作压力呈负相关这一结论相符合[115]，也就是说积极的应对方式有助于减轻教师的工作压力。

教师工作压力是指从事的教育工作而引起的压力，是一种在工作生活中，由于各种不同的刺激影响而产生的身心反应。吕邹鑫等人认为[116]，51.3%的中小学教师认为在工作生活当中，承受的工作压力"较大或很大"。对于工作压力源的研究虽然繁多，但大多研究有所重复，卢长娥等人的研究结果显示[117]，49.1%的教师承受中等以上的压力。匡茜等人[118]把中小学教师工作压力的来源分为工作负荷、学生、社会期望、经济收入、教育体制改革和学校管理体制因子以及教师的个人特征因子。在我国，关于中小学教师的工作压力研究较多，与之有关的研究大多是从中小学教师的压力产生源、压力与职业倦怠，压力与教学效能感和心理健康等维度。

有研究表明，只有在不正当处理压力的时候，教师的心理健康才会受到影响，而教师的心理生活质量与心理健康息息相关[119]。马斯洛认为，人存在缺失性需要和成长性需要，缺失性需要的内容有生理需要、安全需要、爱与归属的需要和尊重需要，成长性需要的内容有认知需要、审美需要以及自我实现的需要，因此生活质量不仅受到物质层面上的影响，还会受到心理层面上的影响[120]。心理生活质量是生活质量的内核，并不是单单指个体内心有无冲突、矛盾的认知以及痛苦的经历，还指有没有心理的拓展、心理的成长和境界的提升等[1]。焦岚等人认为，生活质量的最重要的部分是通过心理生活质量来衡量的，这同时也是人们对整体生活质量的认知和体验，这其中既包含了客观的生活质量，也包括了主观的生活质量[5]。相关研究表明，心理生活质量与抗挫折心理能力和道德行为存在一定关系，在人们生活水平日益提高的现实环境下，教师的收入、福利也逐渐提高，然而教师的心理生活质量却常常被人忽视[35][85]。当前国内外对于心理生活质量的研究比较少，中小学教师心理生活质量更是寥寥无几，对于中小学教师的心理生活质量进行研究有助于补充这一方面研究的不足。

中小学教师应对方式是影响工作倦怠的重要因素之一，同时它也会间接地影响个人的工作压力[50][121]。教师不仅是知识的传授者，在学生面前更加起着言传身教的作用，若教师工作压力处理不当，将影响教师的身心健康，带来一系列严重的问题。因此，中小学教师选择良好的应对方式、减轻工作压力和提高心理生活质量对我国中小学教育和个人的生活质量有着重要意义。本研究探讨中小学教师心理生活质量、工作压力与应对方式的关系，并假设心理生活质量为中介变量。

二、研究方法

（一）研究对象

本研究抽取1350名中小学、幼儿教师作为研究对象，共收回有效问卷1288份，有效回收率为95.41%。其中，男教师475人，女教师813人；35岁以下教师572人，36～45岁教师629人，46岁以上教师87人；教龄5年以下者193人，6～10年者244人，10～20年者591人，20年以上者260人；幼儿园教师550人，小学教师485人，中学教师253人；大专学历者653人，本科学历者635人；城镇学校教师357人，乡村学校教师931人；年级组长及以上教师114人，普通教师1174人；已婚者1127人，未婚者161人。

（一）研究工具

1.教师工作压力问卷

采用石林等人编制的"中小学教师工作压力问卷"[28]，由36道题目组成，包括八个维度：教育教学改革、学生问题、学校管理问题、工作特征、职业发展问题、身心特征、家庭问题和社会问题。经检验，该问卷的Alpha系数为0.945，说明该问卷的内部一致性相对较高，可以信赖。

2.心理生活质量评价问卷

采用焦岚编制的"心理生活质量评价问卷"[6]，共有40个条目，五个因子，分别为价值判断、心理健康、生命质量、幸福体验和心理成长。其中，心理健康因子的所有条目，包括6、8、10、11、16、19、23、28、30、31和36均要进行反向计分。五个分量表的内部一致性信度系数分别为0.83、0.90、

0.84、0.83、0.85，均在0.80以上，而总量表的α系数为0.91。问卷采取Likert五点计分，从"1"到"5"表示"非常符合"到"非常不符合"，得分越高表示心理生活质量越差。

3.应对方式问卷

采用张旭东等人编制的"应对方式问卷"，问卷题目根据问卷维度设定，共41个题目，包含八个维度，分别是自我防御机制、转移、调节情绪、总结经验、转换视角、倾诉、自我保护、调整心态。问卷经克隆巴赫（Cronbach's α）一致性系数检验，总问卷的α系数为0.904。

（三）施测过程和数据处理

以学校和培训班为单位进行团体施测。问卷填写均采用无记名方式，要求调查对象做自行完成调查问卷内容。数据采用SPSS22.0分析、Amos20.0建模。

三、结果与分析

（一）中小学教师应对方式、工作压力和心理生活质量的关系

1.中小学教师应对方式与工作压力的相关分析

将工作压力及其各因子与应对方式及其各因子作双变量相关分析，结果见表3-29。结果显示，应对方式总分与工作压力总分呈显著正相关。应对方式总分与工作压力总分及其各因子呈显著正相关。

表3-29　应对方式与工作压力的总分及其各因子的相关分析

	教育教学改革	学生	学校管理	工作特征	职业发展	身心特征	家庭	社会	职业压力源总分
自我防御机制	0.133**	0.099**	0.167**	0.172**	0.170**	0.268**	0.103**	0.021	0.187**
转移	−0.028	0.010	0.026	0.003	0.015	−0.046	−0.011	0.077**	0.012
调节情绪	−0.028	−0.038	−0.030	−0.046	−0.047	−0.137**	−0.024	0.061*	−0.049
总结经验	0.021	0.027	0.024	0.014	−0.011	−0.058*	0.038	0.096**	0.023
转换视角	0.036	0.034	0.083**	0.034	−0.012	−0.040	0.033	0.115**	0.049
倾诉	0.025	0.000	0.013	0.034	0.012	0.017	0.035	0.049	0.028
自我保护	0.106**	0.077**	0.127**	0.127**	0.107**	0.166**	0.071*	0.061*	0.139**
调整心态	−0.033	0.009	−0.006	−0.047	−0.013	−0.093**	0.019	0.097**	−0.013
应对方式总分	0.087**	0.073**	0.131**	0.112**	0.098**	0.104**	0.081**	0.112**	0.132**

2.中小学教师心理生活质量与工作压力的相关分析

将工作压力源总分及各因子与心理生活质量的总分及其各因子作双变量相关分析，结果见表3-30。分析结果显示，中小学教师工作压力与心理生活质量多个维度呈显著相关关系。中小学教师心理生活质量的"心理健康"与中小学教师工作压力源总分及其各个因子呈显著负相关，"生命质量""幸福体验""心理成长"和"价值判断"与教师工作压力源总分及其各个因子呈显著正相关，心理生活质量总分与职业压力源及其各个因子无显著相关关系。

表3-30　心理生活质量与工作压力的总分及其各因子的相关分析

	心理生活质量总分	心理健康	生命质量	幸福体验	心理成长	价值判断
职业压力源总分	0.023	−0.229***	0.179***	0.211***	0.097***	0.072***
教育教学改革	0.070*	−0.112***	0.150***	0.121***	0.076**	0.092**
学生	0.015	−0.137***	0.156***	0.173***	0.091**	0.008
学校管理	0.031	−0.191***	0.132***	0.184***	0.074**	0.085**
工作特征	0.026	−0.211***	0.145***	0.182***	0.059*	0.091**
职业发展	0.009	−0.192***	0.164***	0.141***	0.108***	0.045
身心特征	0.035	−0.303***	0.203***	0.202***	0.131***	0.138***
家庭	0.019	−0.135***	0.073**	0.121***	0.051	0.067*
社会	−0.054	−0.087**	0.065*	0.131***	0.011	−0.078**

3.应对方式与心理生活质量的相关分析

将心理生活质量及其因子与应对方式及其因子作双变量相关分析，结果见表3-31所示，应对方式总分与心理生活质量总分及其心理健康因子呈显著正相关。其中，"自我防御机制"和"自我保护"与心理生活质量总分及其多个因子显著正相关，"调节情绪""总结经验""转换视角""调整心态"与心理生活质量总分及其多个因子显著负相关。应对方式总分与心理生活质量中的"价值判断""心理成长""生命质量"和"幸福体验"无显著相关关系。

表3-31 应对方式与心理生活质量及其各因子的相关分析

	心理生活质量总分	心理健康	生命质量	幸福体验	心理成长	价值判断
应对方式总分	0.076**	0.129***	0.021	0.044	−0.041	0.000
自我防御机制	0.330***	−0.278***	0.342***	0.341***	0.297***	0.448***
转移	−0.021	0.237***	−0.118***	−0.108***	−0.131***	−0.123***
调节情绪	−0.132***	0.353***	−0.233***	−0.217***	−0.259***	−0.287***
总结经验	−0.169***	0.289***	−0.214***	−0.191***	−0.247***	−0.310***
转换视角	−0.116***	0.229***	−0.142***	−0.126***	−0.185***	−0.237***
倾诉	−0.036	0.184***	−0.091**	−0.096**	−0.101**	−0.123***
自我保护	0.066**	−0.137***	0.128***	0.185***	0.082**	0.095**
调整心态	−0.155***	0.323***	−0.193***	−0.176***	−0.235***	−0.331***

（二）中小学教师应对方式、工作压力、心理生活质量的回归分析

1.中小学教师应付方式对心理生活质量的回归分析

将应对方式总分及其各因子和心理生活质量总分分别作为自变量和因变量，进入逐步回归分析，从而探究应对方式对心理生活质量的预测力，结果见表3-32所示，在应对方式当中，对自我防御机制和总结经验逐层进入回归方程，可有效解释11.5%的变异量。其中，自我防御机制能够显著地正向预测心理生活质量，总结经验能够显著地负向预测心理生活质量。

表3-32 应对方式对心理生活质量的逐步回归分析

因变量	预测变量	R	R^2	调整 R^2	F	B	Beta	t
心理生活质量	方程模型	0.341	0.117	0.115	84.725***	91.674		31.606***
	自我防御机制					0.573	0.307	11.309***
	总结经验					−0.481	−0.089	−3.263**

2.中小学教师应对方式对工作压力的回归分析

将应对方式总分及其各因子和在工作压力总分分别作为自变量和因变量，进入逐步回归分析，从而探究应对方式对工作压力的预测力，结果见表3-33。表3-33结果显示，在应对方式当中，对自我防御机制、自我保护、转换视角、调节情绪和总结经验逐层进入回归方程，可有效解释5.5%的变异量。其中，自我防御机制、自我保护、转换视角和总结经验能够显著正向预测工作

压力，调节情绪能够显著负向预测工作压力。

表3-33　应对方式对工作压力的逐步回归分析

因变量	预测变量	R	R^2	调整 R^2	F	B	Beta	t
职业压力总分	方程模型	0.242	0.059	0.055	16.002***	88.472		19.249***
	自我防御机制					0.473	0.179	6.146***
	自我保护					0.794	0.087	3.047**
	转换视角					0.610	0.079	1.964**
	调节情绪					−1.048	0.142	−3.437***
	总结经验					0.836	0.109	2.362**

3.中小学教师心理生活质量对工作压力的回归分析

将心理生活质量总分及其各因子和工作压力总分分别作为自变量和因变量，进入逐步回归分析，从而探究心理生活质量对工作压力的预测力，结果见表3-34。表3-34结果显示，在心理生活质量当中，对心理健康、幸福体验、价值判断和生命质量逐层进入回归方程，可有效解释7.7%的变异量。其中，幸福体验、生命质量能够显著正向预测工作压力，心理健康、价值判断能够显著负向预测工作压力。

表3-34　心理生活质量对工作压力的回归分析

因变量	预测变量	R	R^2	调整 R^2	F	B	Beta	t
职业压力总分	方程模型	0.283	0.080	0.077	27.887***	120.517		26.156***
	心理健康					−0.468	−0.173	−5.955***
	幸福体验					1.030	0.134	3.729***
	价值判断					−0.246	−0.112	−3.174**
	生命质量					0.640	0.113	2.871**

（三）结构建模

1.心理生活质量的AMOS结构方程检验

本研究曾采用温忠麟等人[122]提出的检验中介效应的相关方法，但在结果上得出遮掩效应，而且运用回归不能一次性将所有变量进行处理，当存在多组变量时则无法进行检验，所以本研究尝试使用AMOS结构方程对应方式的中介进行检验，建立心理生活质量、应对方式和工作压力的结构方程模型，见表3-35和图3-3。

表3-35 心理生活质量作为中介变量的拟合指数

	x^2	df	x^2/df	GFI	CFI	TLI	NFI	AGFI	RMSEA
模型1	2013.702	186	10.826	0.864	0.860	0.842	0.848	0.831	0.087
模型2	1235.015	178	6.938	0.913	0.919	0.904	0.907	0.887	0.068

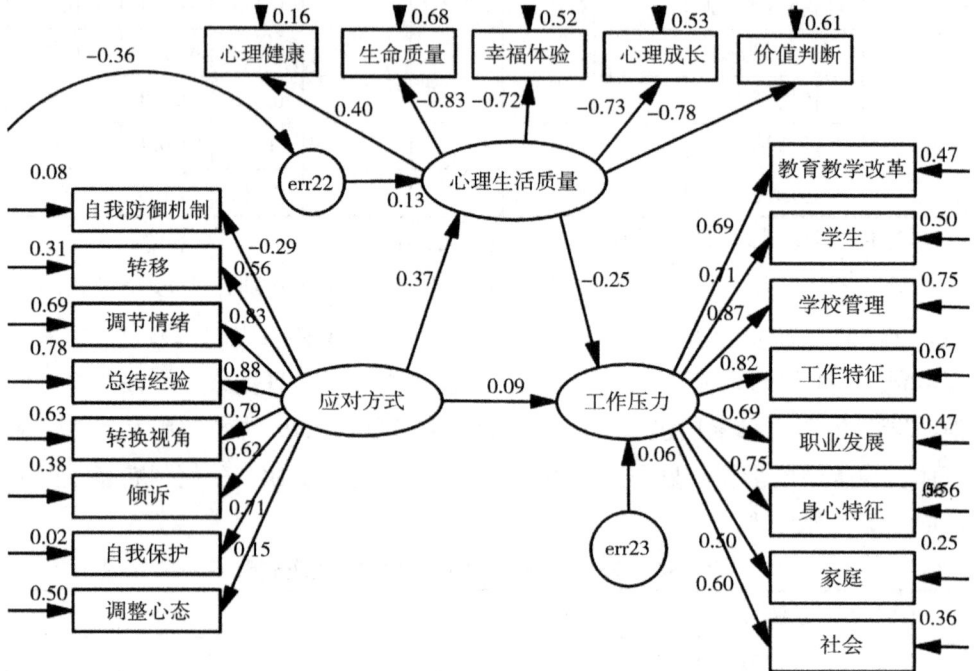

图3-3 心理生活质量在应对方式与工作压力之间的中介模型

由表3-35可见，中介模型修正前的拟合指数CMIN/DF、RMSEA、GFI、CFI、TLI、NFI的指标均没有达标，因此根据评价标准对原先结构模型进行修正。修正后的模型拟合指数CMIN/DF=6.938，与之前相比有所降低；低于0.08，RMSEA为0.068，结果指标符合标准；CFI、GFI、NFI、TLI均高于0.9，AGFI也高于0.8，从而可以认为修改后拟合度较好，符合中介模型要求。因此本研究采用修改后的模型作为中介，心理生活质量的中介作用显著。

表3-36结果显示，心理生活质量对工作压力的路径显著，应对方式心理生活质量的路径显著，应对方式对工作压力的路径显著，由此可得，心理生活质量在应对方式和工作压力之间存在部分中介作用。

表3-36　结构方程模型

路径	Estimate	S.E	C.R	P
心理生活质量<应对方式	0.366	0.086	8.861	***
工作压力<心理生活质量	0.254	0.015	−6.644	***
工作压力<应对方式	0.089	0.027	2.661	**

四、讨论

（一）中小学教师应对方式、工作压力和心理生活质量的关系

1.中小学教师应对方式与工作压力的相关分析

从工作压力与应对方式的相关分析结果中看出，应对方式总分与工作压力总分呈显著正相关，应对方式总分与工作压力的各因子呈极显著正相关；而工作压力源总分只与应对方式中的"自我防御机制"和"自我保护"呈显著正相关，"自我防御机制"和"自我保护"等消极的应对方式与工作压力呈显著正相关，这与唐莘尧[115]、杨颖[123]的研究结果类似。

这一研究结果表明，教师在工作中产生的压力与应对方式相关，消极的应对方式将增加教师的工作压力，教师应更多采取积极的应对方式，减少不是因工作产生的压力。

2.中小学教师心理生活质量与工作压力的相关分析

韦耀阳等人[124]从中小学教师工作压力与心理健康的研究中发现，工作压力与心理问题具有正相关。本研究发现，中小学教师工作压力与生命质量、心理成长、幸福体验和价值判断呈极显著正相关，与心理健康呈极显著负相关。

这一研究结果说明，适当的工作压力有助于提高教师自己或他人对幸福的感受、对自己潜能的实现、对自己价值的追求以及有助于心理阶段的转换和过渡[121],而教师的心理健康会随着工作压力的不同而变化。

3.中小学教师应对方式与心理生活质量的相关分析

从应对方式与心理生活质量的相关分析结果中看出，心理生活质量总分与应对方式总分及自我防御机制和自我保护呈极显著正相关，与调节情绪、调整心态、总结经验和转换视角呈极显著负相关。若将自我防御机制和自我保护划分为消极的应对方式，将转移、调节情绪、总结经验和转换视角划分为积极的应对方式，则积极的应对方式与心理健康呈显著正相关，这与赵燕等人[125]

的研究相符合。消极的应对方式与幸福体验、生命质量、价值判断和心理成长呈显著负相关，在王黎华等人[126]的研究中，消极的应对方式幸福感并不相关，这可能是因为研究对象有所不同，王黎华等人的研究对象只是小学教师，而本文研究对象包含了小学、初中和高中。

这一研究结果说明，教师对生活质量的认识和体验与应对方式相关，积极的应对方式有助于心理健康的维护，消极的应对方式则有利于提高自己或他人对幸福的感受、对自己潜能的实现、对自己价值的追求以及有助于心理阶段的转换和过渡。

（二）中小学教师应对方式、工作压力和心理生活质量的回归分析

1.中小学教师应对方式心理生活质量的回归分析

通过回归分析发现，自我防御机制对心理生活质量具有显著正向预测作用，总结经验对心理生活质量具有显著负向预测作用，这两个因子可有效解释心理生活质量11.5%的变异量。丁凤琴等人[127]曾对工作压力与应对方式各因子进行回归分析，并显示教师工作压力和应对方式对心理健康有影响。由此我们可以认为，教师的自我防御机制是其提高心理生活质量的一种方法，而较少总结经验的应对方式同样可以提高心理生活质量。

2.中小学教师应对方式对工作压力的回归分析

本研究表明，自我防御机制、自我保护、转换视角和总结经验对工作压力具有显著正向预测作用，而调节情绪对工作压力具有显著负向预测作用，这五个因子可有效解释工作压力5.5%的变异量。同时在张祥[128]和赵现中[129]的相关研究中得出，积极的应对方式可减轻工作压力，这结果提示我们，无论是积极的应对方式，还是消极的应对方式，都有助于工作压力的降低。

3.中小学教师心理生活质量对工作压力的回归分析

通过回归分析发现，幸福体验、生命质量对工作压力具有显著正向预测作用，心理健康、价值判断对工作压力具有显著负向预测作用，这四个因子可有效解释工作压力7.7%的变异量。在幸福体验当中，研究结果与姚振东[13]、唐莘尧[115]等研究结果一致。由此我们可以认为，提高教师的幸福体验和自我效能感能够有效降低工作压力，同时可以用心理健康水平来衡量工作压力大小。

（三）中小学教师应对方式、工作压力和心理生活质量的模型分析

通过建立AMOS结构方程，对不同的模型进行比较，最终部分中介变量模型的全部拟合评价标准均达到指标，证明了心理生活质量在应对方式与工作压力之间存在部分中介作用。

在结构方程分析结果中显示，将应对方式作为中介变量加入工作压力对心理生活质量的模型中，结果发现模型的拟合数据指数良好：χ^2=1235.015，df=178，$p<0.001$，TLI =0.904，NFI =0.907，RMSEA=0.068，修改过后的模型拟合指数CMIN/DF=6.938，拟合度符合标准，证实了心理生活质量的部分中介作用。

以上结果说明，心理生活质量的部分中介作用在应对方式与工作压力之间显著明显。由此我们可以得出，当个体想要转换应对方式，改善工作压力时，可能需要更多的心理生活质量作为间接支持，用以转换应对方式，从而减轻工作压力。

五、结论

1. 中小学教师应对方式、工作压力和心理生活质量两两相关；

2. 中小学教师应对方式能够显著正向预测工作压力和心理生活质量，心理生活质量能够显著正向预测工作压力；

3. 心理生活质量在应对方式与工作压力之间起到部分中介作用。

参考文献

[1]李清, 李瑜, 张旭东.中小学教师工作压力对心理生活质量的影响: 心理弹性、自尊的中介作用[J].中国健康心理学杂志, 2020-09-11, 网络首发.

[2]葛鲁嘉.心理生活论纲——关于心理学研究对象的另类考察[J].陕西师范大学学报（哲学社会科学版）, 2005（2）: 112-117.

[3]黄春丽,张大为.心理生活质量的基本内涵[J].思想政治研究, 2014, 30（3）: 124-126.

[4]焦岚.心理学视域下的生活质量观[J].青海社会科学, 2012（1）: 140-144.

[5]李文涛, 谢文澜, 张林.残疾人与正常群体心理生活质量的比较研究[J].中国健康心理学杂志, 2012, 20（7）: 993-995.

[6]焦岚.心理生活质量研究——基于大学生心理生活质量的调查分析[D].长春: 吉林大学博士学位论文, 2012（3）: 17.

[7]容中逵.中小学教师身份认同构建的基本理论[J].中国教育学刊, 2019（1）: 85-88.

[8]黄春丽, 张大为.心理生活质量的基本内涵[J].思想政治教育研究, 2014, 30（3）: 124-126.

[9]Kyriaeou.C & J.Suteliffe.J, Teacher Stress: Prevalenee Sources and Symptoms[J]. British Journal of Educational Psyehofogy, 1978, 48: 159-167.

[10]Moracco J C.The Counselor's Role in Reducing Teacher Stress[J].Journal of Counseling & Development, 1982, 60（9）: 549-552.

[11]Litt M D, Turk D C. Sources of Stress and Dissatisfaction in Experienced High School Teachers[J]. Journal of Educational Research, 1985, 78（3）:178.

[12]张建人, 阳子光, 凌辉.中小学教师工作压力、工作满意度与职业倦怠的关系[J]. 中国临床心理学杂志, 2014, 22（5）: 920-922.

[13]姚振东, 凌辉, 张建人, 等.中小学教师工作压力、工作满意度与职业幸福感的 关系[J].中国健康心理学杂志, 2016, 24（8）: 1159-1162.

[14]陈晓君, 贾林祥.中小学教师心理资本及其开发策略[J].现代中小学教育, 2018, 34（9）: 60-63.

[15]Luthans F, Luthans K W, Luthans B C.Positive psychological capital: beyond human and social capital[J].Business Horizons, 2004, 47（1）: 0-50.

[16]Oswald M, Johnson B, Howard S. Quantifying and evaluating resilience-promoting factors: Teachers/beliefs and perceived roles[J]. Research in Education, 2003, 70（1）: 50-64.

[17]彭文波, 李久霖.中小学教师心理弹性现状调查研究[J].教师教育学报, 2018, 5（3）: 31-39.

[18]Hjemdal, Odin, Friborg, et al. A New Scale for Adolescent Resilience: Grasping the Central Protective Resources Behind Healthy Development[J]. Measurement & Evaluation in Counseling & Development, 2006, 39（2）:84-96.

[19]林晓娇.大学教师工作压力与心理韧性关系研究[J].大学教育科学, 2015（4）: 74-79.

[20]缪佩君, 谢姗姗, 陈则飞, 等.幼儿教师心理弹性与职业倦怠的关系五大人格的

中介效应[J].心理与行为研究, 2018, 16（4）: 512-517.

[21]Cohn M A, Fredrickson B L,Brown S L, et al. Happiness unpacked: positive emotions increase life satisfaction by building resilience[J].Emotion （Washington, D.C.）, 2009, 9（03）.

[22]丛晓波.自尊的本质研究[D].长春: 东北师范大学博士论文, 2006.

[23]Rhodewalt F. Possessing and striving for high self-esteem[J].Psychology Press,2003:274-280.

[24]Baumeister R F, Campbell J D, Krueger J I, et al. Does High Self-Esteem Cause Better Performance, Interpersonal Success, Happiness, or Healthier Lifestyles?[J]. Psychological science in the public interest: a journal of the American Psychological Society, 2003, 4（1）: 1-44.

[25]Heaven P, Ciarrochi J.Parental styles, gender and the development of hope and self-esteem.European Journal of Personality, 2008, 22（08）, 707-724.

[26]Adams E. Vocational Teacher Stress and Internal Characteristics[J].Journal of Vocational & Technical Education, 1999, 16（01）:7-22.

[27]夏慧铃, 马智群.留守儿童负性生活事件对抑郁的影响:生命意义和自尊的中介作用[J].现代预防医学, 2018, 45（4）: 622-624+645.

[28]石林, 程俊玲, 邓从真.中小学教师工作压力问卷的编制[J].教育理论与实践, 2005（20）:37-39.

[29]汪向东, 王希林, 马弘.心理卫生评定量表手册[J].北京: 中国心理卫生杂志社（增刊）, 1999:319-320.

[30]Podsakoff PM, MacKenzie SB, Lee JY, et al. Common method biases in behavioral research: A critical review of the literature and recommended remedies.[J]. Journal of Applied Psychology, 2003, 88（5）:879-903.

[31]温忠麟, 张雷, 侯杰泰, 等.中介效应简要程序及其应用[J].心理学报,2004, 36（5）:37-71.

[32]Hayes A .Introduction to mediation, moderation, and conditional process analysis.[J]. Journal of Educational Measurement, 2013, 51（3）:335-337.

[33]潘霭明, 张屹, 张旭东.农村教师心理弹性与工作压力的关系:应对方式的中介作用[J].肇庆学院学报, 2016, 37（6）: 53-57+63.

[34]李媛媛.高中教师工作压力、职业倦怠、生活质量的相关性研究[D].延吉：延边大学硕士学位论文，2015.

[35]李玉栋.教师人生价值及其实现的经济学分析[J].教育理论与实践，2016，36（25）：34-38.

[36]刘寒静，严敏.武警官兵的职业倦怠与工作压力、外显自尊的关系研究[J].武警医学，2017，28（4）：389-392.

[37]井小溪.课程改革中的教师角色冲突与调适[J].教育科学论坛，2013（8）：60-63.

[38]井世洁.大学生的自尊、社会支持及控制点对应对方式的影响机制研究[J].心理科学，2010，33（33）：719-721.

[39]孔文迪，蒋京川.完美主义与自尊、应对方式的关系研究[J].中国健康心理学杂志，2012，20（2）：264-267.

[40]吕三三，洪明.中小学教师的应对方式、自尊及其关系[J].岭南师范学院学报，2016，37（1）135-140.

[41]于肖楠，张建新.韧性（resilience）——在压力下复原和成长的心理机制[J].心理科学进展，2005（5）：658-665.

[42]姚若松，蔡晓惠，蒋海鹰.社会支持、自尊对老年人心理弹性和健康的影响[J].心理学探新，2016，36（3）：239-244.

[43]Kessler R C, Price R H.Social factors in psychopathology: Stress, social support, and coping processes[J].Annual review of psychology, 1985, 36（1）: 531-572.

[44]辛自强，池丽萍.快乐感与社会支持的关系[J].心理学报，2001（5）：442-447.

[45]高长松，梁伟东.广东高职院校"双师型"教师心理弹性与归因方式的关系探究[J].科教文汇（下旬刊），2015（5）：139-141.

[46]刘毅.自我尊重保护策略的理论与研究[J].广州师院学报（社会科学版），1998（10）：47-53.

[47]Baumeister R F.Self-esteem:the puzzle of low self-regard.[J].New York: Plenum Press, 1993.

[48]Cambell J D. Sell-Esteem and Clarity of Self-Concept.[J].Journal of Personality and Social Psychology, 1990, 59（3）: 538-549.

[49]洪幼娟，宋兴川.自尊对自尊需要与社交焦虑的调节与中介作用[J].中国健康心

理学杂志, 2014, 22（2）285-287.

[50]邢强, 唐志文, 胡新霞.中小学教师工作压力源及应对方式的关系研究[J].中国特殊教育, 2008（6）: 84-90.

[51]廖传景, 张进辅.农村小学教师工作压力与职业倦怠的相关研究:职业发展的视角[J].社会心理科学, 2013, 28（4）: 72-77.

[52]石中英.全球化时代的教师同情心及其培育[J].教育研究, 2010, 31（9）: :52-59.

[53]沈甦.自尊水平与主观幸福感对银屑病患者生活质量的影响[J].解放军护理杂志, 2014, 31（9）: 18-20.

[54]刘广增, 潘彦谷, 李卫卫, 等.自尊对青少年社交焦虑的影响:自我概念清晰性的中介作用[J].中国临床心理学杂志, 2017, 25（1）: 151-154.

[55]缪胜龙.国内关于心理弹性研究取向的综述[J].社会心理科学, 2012, 27（5）: 23-27+41.

[56]刘丽.自我价值感·自尊需要·自尊自信人格的培养[J].江苏师范大学学报（哲学社会科学版）, 2016, 42（1）: 134-138.

[57]Day C. Committed for life? Variations in teachers' work, lives and effectiveness. [J].Journal of educational change, 2008, 9（3）243-260.

[58]Kristin D Neff, Roos Vonk.Self-Compassion Versus Global Self-Esteem:Two Different Ways of Relating to Oneself[J].Journal of Personality, 2008, 77（1）: 23-50.

[59]刘东芝.中小学教师职业付出——回报不平衡感的现状调查与分析[J].当代教育科学, 2018（3）: 68-71.

[60]吴曼, 孙雪芹.本科护生压力与心理健康的关系:心理弹性的中介作用[J]. 中国健康心理学杂志, 2019, 27（02）:150-154.

[61]Randall A K, Bodenmann G.The role of stress on close relationships and marital satisfaction[J].Clin Psychol Rev, 2009, 29（2）: 105-115.

[62]蔡颖.心理弹性与压力困扰、适应的关系[D].天津: 天津师范大学博士学位论文, 2010.

[63]林崇德, 魏运华.自尊的心理发展与教育[M].北京: 北京师范大学出版社, 2004.

[64]张旭东, 庞诗萍.中小幼教师职业倦怠对心理生活质量的影响: 主观幸福感与人生意义的中介作用[J].心理学探新, 2020（1）: 90-95.

[65]赵玉芳, 毕重增.中学教师职业倦怠状况及影响因素的研究[J].心理发展与教育, 2003 (1): 80-84.

[66]张丽华, 王丹, 白学军.国外教师职业倦怠影响因素研究新进展[J].心理科学, 2007 (2): 492-494.

[67]Maslach C, Schaufeli W B, Leiter M P.Job burnout[J].Annual Re-view of Psychology, 2001, 52 (1): 397-422.

[68]齐亚静, 伍新春.影响灾区教师职业倦怠和工作投入的工作特征因素:跨时间的比较[J].中国临床心理学杂志, 2014, 22 (2): 301-305.

[69]李明军, 王振宏, 刘亚.中小学教师工作家庭冲突与职业倦怠的关系:自我决定动机的中介作用[J].心理发展与教育, 2015, 31 (3): 368-376.

[70]王钢, 苏志强, 张大均.幼儿教师胜任力和职业压力对职业幸福感的影响:职业认同和职业倦怠的作用[J].心理发展与教育, 2017, 33 (5): 622-630.

[71]Livne Y, Rashkovits S. Psychological empowerment and burnout: Different patterns of relationship with three types of job demands[J]. International Journal of Stress Management, 2018, 25 (1): 96-108.

[72]Cai X, Ye L.Psychological contract's mediating effect between psychological capital and job burnout[C]// 2016 International Conference on Logistics, Informatics and Service Sciences (LISS).IEEE, 2017.

[73]Mcsweeny A J, Grant I, Heaton R K, et al. Life quality of patients with chronic obstructive pulmonary disease[J].Archives of Internal Medicine, 1982, 142 (3):473-478.

[74] Kim, Eui Kyung Dowdy, Erin|Furlong, Michael J.You, Sukkyung. Mental Health Profiles and Quality of Life among Korean Adolescents[J]. School Psychology International, 2017, 38 (1): 98-116.

[75]邢占军.主观幸福感测量研究综述[J].心理科学, 2002 (3): 336-338+342.

[76]曾红, 郭斯萍."乐"——中国人的主观幸福感与传统文化中的幸福观[J].心理学报, 2012, 44 (7): 986-994.

[77]靳宇倡, 何明成, 李俊一.生命意义与主观幸福感的关系:基于中国样本的元分析[J].心理科学进展, 2016, 24 (12): 1854-1863.

[78]侯湘铃, 胡天强, 谢琼.青少年生命意义与主观幸福感的关系:自我效能的中介

作用[J].心理技术与应用, 2016, 4（12）：738-743.

[79]Frankl VE. Man's search for meaning: an introduction to logotherapy[M].New York:Washington Square Press, 1992: 671—677.

[80]倪旭东, 唐文佳.生命意义的缺失与追寻[J].心理学探新, 2018, 38（6）：497-503.

[81]张荣伟, 李丹.如何过上有意义的生活?——基于生命意义理论模型的整合[J].心理科学进展, 2018, 26（4）：744-760.

[82]Park C L, Folkman S.Meaning in the context of stress and coping.[J].Review of General Psychology, 1997, 1（2）：115-144.

[83]王文超, 伍新春, 田雨馨, 等.青少年创伤后应激障碍和创伤后成长对亲社会行为的影响: 生命意义的中介作用[J].心理发展与教育, 2018, 34（1）：112-119.

[84]徐富明, 吉峰, 钞秋玲.中小学教师职业倦怠问卷的编制及信效度检验[J].中国临床心理学杂志, 2004（1）：13-14+95.

[85]段建华.总体幸福感量表在我国大学生中的试用结果与分析[J].中国临床心理学杂志, 1996（1）：56-57.

[86]王孟成, 戴晓阳.中文人生意义问卷（C-MLQ）在大学生中的适用性[J].中国临床心理学杂志, 2008（5）：459-461.

[87]叶和旭, 林眉.社区教育工作者生命意义与职业倦怠关系研究——以温州为例[J].中国成人教育, 2018（12）：134-138.

[88]曾玲娟, 马少华, 贾岚茹.中小学教师工作投入与职业倦怠: 主观幸福感的中介与调节作用[J].教育导刊, 2019（3）：39-46.

[89]杨玲, 付超, 赵鑫, 等.职业倦怠在中小学教师工作家庭冲突与主观幸福感间的中介效应分析[J].中国临床心理学杂志, 2015, 23（2）：330-335.

[90]胡春梅, 吕晓, 何华敏.幼儿园教师的生存质量及其影响因素[J].学前教育研究, 2015（11）：28-34.

[91]侯广艳.职业倦怠与中学教师心理健康[J].青海教育, 2006（12）7-8.

[92]张敏.大学生生命意义与主观幸福感的关系研究[J].黑龙江高教研究, 2017（10）：136-139.

[93]邹兵, 谢杏利.积极心理品质对农村留守老人生活质量的影响[J].中国康复理论与实践, 2016, 22（4）：478-481.

[94]佩德罗·孔塞桑, 罗米娜·班德罗等.主观幸福感研究文献综述[J].国外理论动

态, 2013（7）：10-23.

[95]禹玉兰, 谭健烽, 曾伟楠, 等.幸福感溯源及与生命质量的关系[J].医学与哲学（A）, 2015, 36（3）：44-46.

[96]韩力争, 贺张真.积极心理学视角下团体辅导对贫困大学生心理成长的促进作用——以南京财经大学为例[J].南京财经大学学报, 2016（6）：102-107.

[97]杨颖, 鲁小周.幼儿教师的生活质量与职业倦怠[J].中国心理卫生杂志, 2014, 28（4）：298-301.

[98]Mojsa-Kaja J, Golonka K, Marek T .Job burnout and engagement among teachers–Worklife areas and personality traits as predictors of relationships with work[J].International Journal of Occupational Medicine and Environmental Health, 2015, 28（1）：102-119.

[99]谢岭.生命哲学视野下幼儿教师成长的思考[J].荆楚学刊, 2017, 18（5）：57-60.

[100]鞠全娟, 邵长兰.教师工作生活质量研究综述[J].西北成人教育学院学报, 2017（2）：30-35.

[101]梁景和.生活质量：社会文化史研究的新因子[J].近代史研究, 2014（4）：128-135.

[102]张蓉.教师职业的主观幸福感研究综述[J].开封教育学院学报, 2013, 33（7）：225-226.

[103]朱紫薇, 盛红勇.幼儿教师生活工作满意度研究综述[J].教育观察, 2018, 7（16）：62-64.

[104]Fahlman S A, Mercer K B, Gaskovski P, et al. Does a Lack of Life Meaning Cause Boredom? Results from Psychometric, Longitudinal, and Experimental Analyses[J].Journal of Social and Clinical Psychology, 2009, 28（3）：307-340.

[105]常保瑞, 白宝玉, 钟年.可协商命运观对主观幸福感的影响：生命意义感的中介作用[J].中国临床心理学杂志, 2017, 25（4）：724-726+730.

[106]曾玲娟, 彭叶.中小学教师心理资本与生活质量的关系：工作投入的中介作用[J].教育导刊, 2017（8）：44-48.

[107]Ryff C D.Happiness is everything, or is it? Exporations on the meaning of psychological Well-being[J].Journal of Personality & Social Psychology,

1989, 57（6）: 1069-1081.

[108]Vellabrodrick D.The Human Quest for Meaning: Theories, Research, and Applications[M]// The human quest for meaning: theories, research, and applications.2012.

[109]刘杨, 郭成. 中小学教师心理健康及其影响因素分析[J].中国健康心理学杂志, 2012（06）: 845-848.

[110]卢长娥, 王勇. 幼儿教师工作压力与应付方式、社会支持的关系[J].学前教育研究, 2008（2）: 31-34.

[111]张世晶, 王娜娜, 方浩帆.中小学教师应对压力方式与对策研究[J].肇庆学院学报, 2017（6）: 58-61.

[112]朱小茼, 李建明, 张郢.高校教师应对方式与心理健康的相关研究[J].中国健康心理学杂志, 2010（6）: 664-666.

[113]李志凯.小学教师的应对方式与心理健康的关系[J].中国健康心理学杂志, 2008（6）: 677-678.

[114]张虎祥, 张胜林, 杨建文. 高校教师工作压力与应对方式关系的研究[J].中国健康心理学杂志, 2009（2）: 216-217.

[115]唐莘尧, 张建人, 凌辉. 中小学教师工作压力、应对方式与幸福感的关系[J].中国健康心理学杂志, 2014（8）: 1202-1205.

[116]吕邹鑫, 凌辉. 中小学教师工作压力、社会支持与职业倦怠的关系[J].中国健康心理学杂志, 2014（9）: 1344-1348.

[117]卢长娥, 韩艳玲. 幼儿教师工作压力现状及其与心理健康的关系探讨[J].学前教育研究, 2006（Z1）: 95-97.

[118]匡茜, 覃莹.农村中小学教师压力源分析及对策[J].现代中小学教育, 2007（2）: 74-76.

[119]王燮辞, 刘仕莲.中小学教师工作压力源与应对策略[J].职业与健康, 2008（24）: 2714-2715.

[120]叶浩生.西方心理学的历史与体系[M].北京: 人民教育出版社, 2014（1）: 570-573.

[121]王卫平, 薛朝霞, 王冰.应对方式在工作压力与心理健康之间的中介作用机制[J].中国卫生统计, 2012（3）: 330-332+336.

[122]温忠麟, 叶宝娟. 中介效应分析:方法和模型发展[J].心理科学进展, 2014（5）: 731-745.

[123]杨颖, 鲁小周, 朱晓群.贵州省幼儿教师职业压力特点及其应对方式的关系[J]. 中国健康心理学杂志, 2017（2）: 303-306.

[124]韦耀阳, 熊猛. 中小学教师工作压力与心理健康的相关研究[J]. 精神医学杂志, 2008（4）: 268-270.

[125]赵燕, 张翔.中小学校长工作压力、社会支持、应对方式与心理健康的关系[J]. 中国特殊教育, 2012（5）: 70-74.

[126]王黎华, 明廷华.小学教师主观幸福感与社会支持、应对方式的关系[J].中国 健康心理学杂志, 2008（6）: 609-610.

[127]丁凤琴, 马会梅.教师职业压力、应对方式与心理健康关系[J].中国公共卫生, 2010（1）: 71-72.

[128]张翔.中小学校长工作压力及应对与心理健康关系[J].中国公共卫生, 2012 （8）: 1076-1078.

[129]赵现中, 马兵, 王明辉.小学教师职业压力和应对方式关系研究[J].中国健康心 理学杂志, 2009（5）: 550-551.

第四章　中小学班主任与农村教师心理 生活质量影响机制研究

鉴于国内外关于中小学班主任与农村教师心理生活质量影响机制的研究比较罕见，本章采用问卷调查法探讨中小学教师心理生活质量的影响机制。内容包括：第一，中小学班主任工作压力对心理生活质量的影响机制；第二，农村教师心理弹性对心理生活质量的影响机制[1]。

第一节　中小学班主任工作压力对心理生活质量的 影响机制

一、引言

教师工作压力是近年来研究的热点问题，教师职业是一个压力来源较多、强度较大的职业。有研究表明，教师的工作压力整体水平偏高[2]；与其他科任教师相比，班主任教师除工作内容多、工作时间长以外，还承担着更巨大的工作压力[3]。教师的工作压力是指教师在学校工作过程中，在周围事物的持续影响下，因自身能力与可利用的外在资源不能适应工作要求时所产生的身心及行为的适应性反应[4]。20世纪60年代，国外学者开始研究教师工作压力问题，并逐渐开始探究其工作压力来源。而我国学者对教师工作压力研究起步较晚，直到20世纪90年代才开始关注，关注点主要集中在压力源、影响因素、应对方式等[5-7]，其中工作压力从内在成就和外在成就两方面影响心理生活质量[8]。

自20世纪50年代初至60年代末，不同研究者在社会学、经济学、生态学、文化学等不同视域下对生活质量进行研究，这说明人的生活质量是一种复杂的体验，既是主观与客观的统一，又是物质与精神的统一。我国学者焦岚在心理学视域下对生活质量进行研究，认为心理生活质量是以心理学中的认知、情感、态度、需要、价值等维度审视人生活的幸福体验、心理健康、价值判断、生命质量和心理成长等方面的体验水平和感受程度，是主观心理体验和客观心理感受的统一[9]。目前，我国关于心理生活质量的研究寥寥无几[10]，且暂无关于班主任的心理生活质量的研究。提高班主任的心理生活质量不仅有助于班主任更好地开展教学教育工作，而且有助于培养出身心健康的学生[9]。因此，研究工作压力对教师心理生活质量的影响具有现实意义。

葛明荣认为[11]，幸福感是衡量中小学班主任生活质量和心理状态的主要指标。主观幸福感是对生活满意度和个体情绪状态的一种综合评价，它是衡量个人生活质量的重要综合性心理指标[7]。国内关于主观幸福感的研究成果较为丰富，但前期研究关注的对象主要有留守儿童[12]、老人[13]、贫困人口[14]，在2006年才开始逐渐对教师幸福感进行研究，且研究结果日益丰富[15]。在教师幸福感的研究中主要关注点集中于教师幸福感的水平[11]、主观幸福感与生活满意度的关系，工作压力对主观幸福感的影响[7]，提高幸福感的途径或措施等[16]。随着时间的推移，关于幸福感的研究范式也在不断发展中。20世纪90年代末，Keyes在积极心理学的启示下提出了心理健康双因素理论和积极心理健康模型，他认为心理健康应当是主观幸福感、心理幸福感和社会幸福感的综合发展。真正的积极的心理健康并不意味着心理疾病的消除，而是在社会环境中，获得积极的心理体验，塑造积极的心理品质。因此，心理健康的教师应当是在工作环境下实现自我价值和幸福体验的统一，才能拥有高质量的心理生活。基于此，本研究引入主观幸福感作为中介变量。

心理生活质量是内在外在个人行为和心理体验的统一。教师的生活质量的高低与工作压力有着很大的关系，依据心理学耶克斯——多德森定律，压力在适度的范围内有积极价值，这时它是一种动力，可以增加工作效率，提高工作满意度等；但是当压力过大时则会带来负面影响，例如影响人们的正性情感，直接导致教师的主观幸福感降低[17]。主观幸福感作为基本的心理资源，能够给教师提供缓解压力的弹性空间，有助于班主任获得更高的心理生活质量。综上所述，本研究假设：在中小幼班主任工作压力对心理生活质量的影响过程中，主观幸福感起中介作用；进一步有的放矢地探讨提高班主任心理生活质量的途径和方法。

二、对象与方法

（一）研究对象

本研究以省培项目培训班为单位，选取广东省中小学、幼儿园班主任为被试者进行团体测试。问卷填写均采取无记名方式，要求调查对象完成调查问卷内容。共发放问卷350份，回收有效问卷325份，有效回收率为92.86%。其中，男班主任95人，女230人；已婚259人，未婚66人；城镇学校220人，乡镇学校105人；35岁以下153人，36～45岁156人，46岁以上16人；教龄1～5年68人，6～10年64人，11～20年131人；任教年级幼儿园96人，小学85人，初中82人，高中62人；大专学历96人，本科学历219人，其他10人。

（二）方法

1.工作压力问卷

采用石林等人编制的"中小学教师工作压力问卷"[18]，由36道题目组成，包括八个维度：教育教学改革、学生问题、学校管理问题、工作特征、职业发展问题、身心特征、家庭问题和社会问题。问卷所有题目分成5级反应，从"1"到"5"分别表示从"没有压力"到"压力很大"，得分越高表示工作压力越大。经检验，该问卷的Alpha系数为0.95，说明该问卷的内部一致性相对较高，可以信赖。

2.心理生活质量评价问卷

采用焦岚编制的"心理生活质量评价问卷"[8]，共有40个条目，5个因子，分别为价值判断、心理健康、生命质量、幸福体验和心理成长。其中，心理健康因子的所有条目，包括6、8、10、11、16、19、23、28、30、31和36均要进行反向计分。五个分量表的内部一致性信度系数分别为0.83、0.90、0.84、0.83、0.85，均在0.80以上，而总量表的α系数为0.91。问卷采取Likert五点计分，从"1"到"5"分别表示"非常不符合"到"非常符合"，得分越高表示心理生活质量越好。

3.总体幸福感量表

采取段建华修订的"总体幸福感量表"[19]，该量表共有18个条目，每个条目有5-7个选择不定，包括松弛和紧张、精力、对生活的满足和兴趣、对健康的担忧、忧郁或愉快的心境、对情感和行为的控制6个因子。其中，第1、

3、6、7、9、11、13、15、16为反向计分题。在本文中，量表的内部一致性信度系数为0.84，量表的累积得分越高，表示主观幸福感越强。

（三）统计处理

采用SPSS22.0和Hayes编制的Process宏程序插件进行数据分析处理。

三、结果

（一）中小幼班主任工作压力、心理生活质量、主观幸福感的相关

1.中小幼班主任心理生活质量与工作压力的相关

将中小幼班主任工作压力总分及各因子与心理生活质量总分及各因子作双变量相关分析，结果如表4-1所示，心理生活质量总分、心理健康因子、幸福体验因子与工作压力总分及其各维度存在高度正相关。价值判断因子、生命质量因子、心理成长因子与工作压力总分及多个因子呈显著负相关。

表4-1　中小幼班主任工作压力与心理生活质量的相关分析

	质量总分	价值判断	心理健康	生命质量	幸福体验	心理成长
工作压力总分	−0.422**	−0.113*	−0.392**	−0.249**	−0.486**	−0.185**
教育教学改革	−0.219**	−0.056	−0.211**	−0.174**	−0.212**	−0.093
学生	−0.339**	−0.094	−0.294**	−0.229**	−0.361**	−0.180**
学校管理	−0.347**	−0.142*	−0.287**	−0.221**	−0.355**	−0.202**
工作特征	−0.371**	−0.129*	−0.350**	−0.247**	−0.397**	−0.143**
职业发展	−0.369**	−0.064	−0.347**	−0.268**	−0.393**	−0.171**
身心特征	−0.420**	−0.097*	−0.450**	−0.264**	−0.437**	−0.158**
家庭	−0.233**	−0.067	−0.206**	−0.072	−0.333**	−0.094
社会	−0.194**	−0.026	−0.171**	−0.037	0.327**	−0.064

注："质量总分"指心理生活质量，下同；*表示$p<0.05$，**表示$p<0.01$，***表示$p<0.001$；下同。

2.中小幼班主任工作压力与主观幸福感的相关

将中小幼班主任工作压力总分及各因子与主观幸福感总分及各因子作双变量相关分析，结果见表4-2。表4-2显示，中小幼班主任主观幸福感总分、忧郁或愉快的心境、松弛和紧张因子与工作压力总分及其各因子呈显著负相关。除了对健康的担心因子与工作压力各个因子不存在显著相关之外，对生活的满足和兴趣因子、精力因子、对情感和行为的控制因子与工作压力多个因子呈显

著负相关。

表4-2 中小幼班主任工作压力与主观幸福感的相关分析

	主观幸福感总分	对生活的满足和兴趣	对健康的担心	精力	忧郁或愉快的心境	对情感和行为的控制	松弛和紧张
工作压力总分	-0.388**	-0.293**	-0.055	-0.274**	-0.377**	-0.198**	-0.392**
教育教学改革	-0.218**	-0.174**	-0.086	-0.133*	-0.183**	-0.111*	-0.193**
学生	-0.278**	-0.201**	-0.070	-0.215**	-0.275**	-0.077	-0.271**
学校管理	-0.285**	-0.268**	-0.021	-0.200**	-0.263**	-0.168*	-0.269**
工作特征	-0.422**	-0.373**	-0.041	-0.351**	-0.351**	-0.192**	-0.434**
职业发展	-0.293**	-0.254**	-0.019	-0.193**	-0.289**	-0.145**	-0.314**
身心特征	-0.405**	-0.256**	-0.097	-0.298**	-0.396**	-0.220**	-0.378**
家庭	-0.230**	-0.123*	-0.035	-0.152**	-0.240**	-0.149**	-0.245**
社会	-0.148**	-0.101	0.037	-0.079	-0.202**	-0.090	-0.186**

3.中小幼班主任心理生活质量与主观幸福感的相关

将中小幼班主任心理生活质量总分及各因子与主观幸福感总分及各因子作双变量相关分析，结果见表4-3。表4-3显示，除了对健康的担心因子外，主观幸福感总分及其各因子与心理生活质量总分及多个因子之间呈显著正相关；主观幸福感中的对健康的担心因子与心理生活质量中的价值判断因子呈显著负相关。

表4-3 中小幼班主任主观幸福感与心理生活质量的相关分析

	质量总分	价值判断	心理健康	生命质量	幸福体验	心理成长
主观幸福感总分	0.527**	0.097	0.554**	0.292**	0.573**	0.235**
对生活的满足和兴趣	0.478**	0.190**	0.387**	0.295**	0.555**	0.219**
对健康的担心	-0.026	-0.197**	0.073	-0.013	0.024	-0.070
精力	0.477**	0.162**	0.478**	0.249**	0.507**	0.222**
忧郁或愉快的心境	0.521**	0.160**	0.542**	0.249**	0.560**	0.241**
对情感和行为的控制	0.438**	0.216**	0.376**	0.301**	0.335**	0.324**
松弛和紧张	0.360**	-0.012	0.437**	0.191**	0.410**	0.124*

上述分析说明，中小幼班主任工作压力、心理生活质量和主观幸福感三者呈显著的相关，为进一步考察中小幼班主任工作压力、心理生活质量和主观

幸福感之间的关系，进行中介作用检验。

（二）中小幼班主任工作压力、主观幸福感对心理生活质量的回归关系

1.中小幼班主任工作压力对心理生活质量的回归分析

以心理生活质量总分为因变量,以工作压力总分及其各维度为自变量，进行逐步回归分析，以探索工作压力对心理生活质量的预测力，结果见表4-4。表4-4显示，中小幼班主任工作压力的总分、身心特征因子逐层进入回归方程，可有效解释心理生活质量20.3%的变异量。其中，工作压力的总分、身心特征因子对心理生活质量具有显著负向预测作用。

表4-4　中小幼班主任工作压力对心理生活质量总分的逐步回归分析

因变量	预测变量	R	R^2	调整R^2	F	B	Beta	t
质量总分	方程模型	0.456	0.208	0.203	42.307***	4.719		48.246***
	工作压力总分					−0.176	−0.251	−3.583***
	身心特征					−0.135	−0.243	−3.478**

2.中小幼班主任主观幸福感对心理生活质量的回归分析

以心理生活质量总分为因变量,以主观幸福感总分及其各维度为自变量，进行逐步回归分析，以探索主观幸福感对心理生活质量的预测力，结果见表4-5。表4-5显示，中小幼班主任主观幸福感的总分、对健康的担心因子、对情感和行为的控制因子逐层进入回归方程，可有效解释心理生活质量36.2%的变异量。其中，主观幸福感总分、对情感和行为的控制因子对心理生活质量有显著的正向预测作用，对健康的担心因子对心理生活质量具有显著负向预测作用。

表4-5　中小幼班主任主观幸福感对心理生活质量总分的逐步回归分析

因变量	预测变量	R	R^2	调整R^2	F	B	Beta	t
质量总分	方程模型	0.606	0.368	0.362	62.250***	2.275		15.850***
	主观幸福感总分					0.397	0.587	9.312***
	对健康的担心					−0.102	−0.296	−5.842***
	对情感控制					0.076	0.117	2.056*

注："对情感控制"指对情感和行为的控制；"满足和兴趣"指对生活的满足和兴趣。

3.中小幼班主任工作压力对主观幸福感的回归分析

以主观幸福感总分为因变量,以工作压力总分及其各维度为自变量，进行逐步回归分析，以探索工作压力对主观幸福感的预测力，结果见表4-6。表4-6结果显示，中小幼班主任工作压力的工作特征因子和身心特征因子逐层进入回归方程，可有效解释心理生活质量22.5%的变异量。其中，工作特征和身心特征因子对主观幸福感具有显著负向预测作用。

表4-6　中小幼班主任工作压力对主观幸福感总分的逐步回归分析

因变量	预测变量	R	R^2	调整R^2	F	B	Beta	t
主观幸福感总分	方程模型	0.480	0.230	0.225	48.110***	5.462		45.201***
	工作特征					−0.227	−0.294	−5.245***
	身心特征					−0.215	−0.262	−4.667***

（三）中介效应的结构建模

综合上述的回归分析的结果，采用Hayes（2013）[21]编制的PROCESS程序中的Model4（中介模型）来检验主观幸福感在中小幼班主任工作压力与心理健康质量关系中的中介效应，对数据进行标准化后，使用偏差校正的百分位Bootstrap方式，抽样5000次。如表4-7所示，总效应值为−0.422，95%的置信区间为[−0.517，−0.322]，不包括0，证明总效应显著。直接效应为−0.257，95%的置信区间为[−0.360，−0.151]，不包括0，证明直接效应显著。中介效应为−0.166，95%的置信区间为[−0.226，−0.114]，不包括0，证明中介效应显著。表明主观幸福感在工作压力与心理生活质量中起局部中介作用。

表4-7　总效应、直接效应及中介效应分解表（bootstrap=5000）

效应类型	效应值	Boot SE	Boot CI 下限	Boot CI 上限	相对效应占比（%）
总效应	−0.422	0.050	−0.517	−0.322	1
直接效应	−0.257	0.053	−0.360	−0.151	0.608
间接效应	−0.166	0.029	−0.226	−0.114	0.392

注：Bootstrap标准误差指借助偏差矫正的百分位Bootstrap法估计的效应的标准误差，BootCI下限和BootCI上限分别为95%置信区间的下限和95%置信区间的上限。

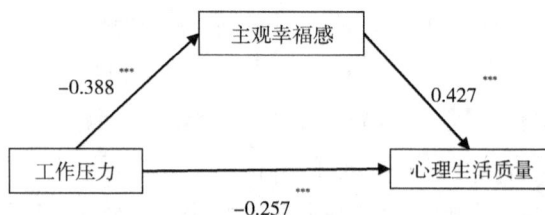

图4-1 主观幸福感在工作压力对预测心理生活质量的影响间的中介模型

（标准化估计）

使用偏差校正的百分位Bootstrap方法来确定中介效应，还需要对模型中的回归方程的参数作估计。结果如表4-8所示，工作压力对主观幸福感的负向预估作用显著（$\beta=-0.388$，$t=-7.558$，$P<0.001$），工作压力对心理生活质量的负向预测作用显著（$\beta=-0.257$，$t=-5.202$，$P<0.001$），主观幸福感能够显著正向预测心理生活质量（$\beta=0.427$，$t=8.649$，$P<0.001$），中介模型图如图1所示。

表4-8 模型变量关系的回归分析

回归模型		拟合指标			回归系数显著性	
结果变量	预测变量	R	R^2	F	β	t
主观幸福感	工作压力	0.388	0.150	57.120	−0.388	−7.558[***]
心理生活质量	主观幸福感	0.577	0.333	80.468	0.427	8.649[***]
	工作压力				−0.257	−5.202[***]

四、讨论

（一）相关分析

1.中小幼班主任工作压力与心理生活质量的相关

研究结果表明，学校以外的压力即家庭因子、社会因子相对其他压力因子对心理生活质量关系较小，可能的原因是与班主任的工作时间对生活时间的挤兑有关[22]，由于班主任的主要工作相对于一般教师要繁重得多，工作场所多限制在学校，故此家庭、社会压力有所掩蔽。但心理健康因子、幸福体验因子与压力各维度关系都十分密切，可以做出的解释是家庭、社会方面的压力对需要长期维持稳定的心理健康与幸福体验产生了持续而长期的影响，不会因为脱离相关情境而被掩蔽。在本研究中可以发现工作压力的因子中学校管理、工作特征、身心特征与心理生活质量最为密切，这表明学校管理制度如果过于繁琐或者不够人性化，会给班主任造成很大的压力，进而影响其心理生活质量。在要求——资源模型中[23]，将工作特征分为工作要求和工作资源两类[24]。本研究中班主任的工作压力就属于工作要求。工作要求和资源的主效应表现为引发压力过程和动机过程这两个潜在相对独立的心理过程[25]，甚至有可能产生联合效应对心理生活质量产生影响。心理生活质量既包含主观体验，也有其客观物质基础。生存质量指向的就是客观物质基础，一旦中小幼班主任感受到不断增加的工作压力，对通过职业追求更加美好的生活的动机降低，对工作的主动行为减退，将会阻碍创造更舒适的生存环境，进而影响生存质量，并逐步影响心理生活质量。

2.中小幼班主任工作压力与主观幸福感的相关

研究表明，中小幼班主任工作压力总分、教育教学改革因子、学校管理因子、工作特征因子、职业发展因子、身心特征因子、家庭因子与主观幸福感总分、对生活的满足和兴趣因子、精力因子、忧郁或愉快的心境因子、对情感和行为的控制因子、松弛和紧张因子呈显著负相关。这与唐芳[26]、王钢[27]的研究结果相一致，职业压力越大，在工作中体验到的负性情绪较多，而主观幸福感是基于自己的标准对生活做出的一种合意度的评价，那么巨大的工作压力必定会导致低水平的主观幸福感。根据工作要求——资源模型的研究结果[25]，教师工作压力作为风险性因素，会降低职业幸福感，而心理资本作为保护性因素，其保护作用主要表现为直接效应而非调节效应，心理资本并不调节工作压力对职业幸福感的不利影响，所以无论心理资本是否丰富，工作压力对职业幸福感的不利影响都始终存在且相对稳定。因此，班主任应当适当调节工作压力，以获得更高的幸福感。

3.中小幼班主任主观幸福感与心理生活质量的相关

结果表明，中小幼班主任主观幸福感总分、对生活的满足和兴趣因子、精力因子、忧郁或愉快的心境因子、对情感和行为的控制因子、松弛和紧张因子与心理生活质量总分、心理健康因子、生命质量因子、幸福体验因子、心理成长因子呈显著正相关。即当班主任感受到越高的主观幸福感时，其心理生活质量水平越好。禹玉兰等人的研究揭示[28]，幸福感与生命质量表现出共同的发展趋势，都试图包括心理层面的自我实现、社会价值和社会贡献等最高层次的心理需求。由此可见，生命质量与幸福感紧密相关。值得注意的是，对健康的担心因子与心理生活质量的价值判断因子呈显著负相关。这提示我们，班主任长期在超负荷的工作中，难免会出现身体不适的情况，或者遇事紧张而产生恐惧心理，时常担心身体健康状况不佳，这都会影响着正常工作，于是一种"心有余而力不足"的焦虑感会使班主任没有成就感，对自己的价值判断变低。心理价值判断总是在对自己生活所体现的价值去评判，当班主任生活所体现的价值与获得的价值认同出现较大偏差时，就会表现出对生活质量的评价低[8]。

（二）中小幼班主任工作压力、主观幸福感对心理生活质量的回归分析

1.中小幼班主任工作压力对心理生活质量的回归分析

研究表明，工作压力的总分、身心特征因子能够负向预测心理生活质量。这说明在一定范围内，班主任感受到的工作压力越大，其心理生活质量就会越差。国外学者指出长期的工作压力会造成情绪的失控和情感的疲劳[29]，长期处在这样的感觉中就会出现心理问题，影响教师的心理健康。教师在面对巨大的工作压力时，如果拥有一副健康且精力旺盛的躯体，来自身体的自信会让人对生活有更大的控制感，相信自己能够支配所作所为。而如果对自身的健康状况是担忧的，甚至是患得患失，或者处于应激状态，生物节律紊乱，这无疑会降低对生活的向往和期待，进一步导致心理生活质量变差。曾玲娟等人的研究发现投入工作是心理资本提高生活质量的内在原因[30]，实证研究表明，工作投入对压力具有缓冲作用，降低心理紧张水平。教师的工作复杂，充满创造性，需要长时间和学生、学校以及学生家长打交道，容易产生焦虑抑郁的消极情绪，若学校能提高组织支持力度，不但能直接影响心理生活质量的提高，同时也可以间接影响其工作投入，提高教师的心理生活质量。

2.中小幼班主任工作压力对主观幸福感的回归分析

研究表明，工作特征和身心特征因子对主观幸福感具有显著负向预测作用。Litt与Turk认为，与一切岗位的工作压力相类似，教师的工作压力通常与其能不能顺利走出工作中的困境、工作中是否出现被不公正的对待、工作是否超出其应对处理范围等息息相关，由以上问题导致的工作压力，将产生相应的负面情绪，致使其幸福感的降低[31]。一方面教师被赋予很高的角色期待，其劳动具有很强的示范性，特别是班主任，要管理好一个班级，就需要以自己的德、学、才、识等示范给学生，教师的一举一动都可能会影响学生，这就要求教师必须时刻检点自己。另一方面，班主任每天除了上课，还得在业余时间进

行备课、批改作业、从事教育教学研究等工作，在信息爆炸的时代，班主任还要紧跟时代步伐，不断掌握其他领域的知识才能更好地深入学生群体，这些都充分体现了教师工作特征的复杂性、艰巨性和长期性。对班主任来说，事无巨细是他们工作状态的形象体现，如果没有健康的身体，劳心伤神的工作将导致其主观幸福感降低。因此，班主任应当适当调节工作压力，以获得更高的幸福感。

3.中小幼班主任主观幸福感对心理生活质量的回归分析

研究表明，主观幸福感总分、对情感和行为的控制因子能够正向预测心理生活质量，而对健康的担心因子能负向预测心理生活质量得分。梁景和的研究表明[32]，主观生活质量指的是主观幸福感和生活满意度，说明主观幸福感可作为心理生活质量的预测指标，与本研究的结论一致。张蓉的研究表明[33]，教师的职业幸福主要来源于劳动及报酬、奉献、集体的劳动成果几个方面。而心理生活质量的提升也需要以物质层面的满足为基础，因此，当中小幼教师对生活的满意度越高、对事物抱有浓厚的兴致时，那么，心理生活质量的水平就越高。而如果教师常处于应激状态，身心状态不稳定，也会降低心理生活质量。健康是评价主观幸福感的一项重要指标，幸福感是衡量生活质量和心理状态的主要指标，如果个体对自己的健康状态感到不安，无疑会降低个体的幸福体验，进一步导致心理生活质量的下降。

（三）结构建模

本研究在积极心理学视角下，以工作压力作为自变量，心理生活质量作为因变量，主观幸福感作为中介变量，构建主观幸福感在工作压力对心理生活质量的影响中的中介作用模型。模型显示，更大工作压力预示着更差的心理生活质量。这与研究者们更多地关注到工作压力的负性影响结果一致。在大多数研究中，工作压力被视为负性刺激。在要求——资源模型中，工作压力作为阻碍性因素，影响着班主任的心理生活质量。这可能与班主任的工作内容有关，班主任除了完成教育教学任务外，还需要对班级学生进行品德教育，引导学生个性发展，促进其身心全面健康发展。这要求班主任不仅需要提升自己的教学技能，同时还要学会如何在与学生的交往过程中，身体力行地去影响学生。这使班主任感到巨大的工作压力，进而影响心理生活质量。

在中介作用模型中，主观幸福感在工作压力和心理生活质量之间的中介效应显著。由于工作压力大而出现的情绪衰竭和缺乏成就感等负性的情绪和行为表现都会损坏中小幼班主任对生活和工作的满意度，进一步降低其主观幸福感。因此，工作压力可作为主观幸福感的负向估计因素。Ryff的研究表明[34]，与他人的积极关系，环境掌握，生活目标和个人成长等福祉方面的获得都能使心理健康得以实现。所以，工作压力一方面直接影响心理生活质量，一方面通过主观幸福感间接影响心理生活质量。

总而言之，若想要提高班主任的心理生活质量，还是要将工作压力与情感体验结合起来，才能将工作压力维持在适当范围内[35]，提高班主任对工作的认同感，使其体验到职业幸福感[27]，才有助于使班主任获得更高质量的心理生活。

五、结论

1.中小学班主任心理生活质量主要受心理健康和心理成长的影响；

2.中小学班主任心理生活质量在年龄、教龄、任教年级上具有显著差异；

3.中小学班主任工作压力、心理生活质量、主观幸福感之间两两相关显著；

4.中小学班主任工作压力对心理生活质量、主观幸福感具有负向预测作用，主观幸福感对心理生活质量具有正向预测作用；

5.主观幸福感在中小学班主任工作压力和心理生活质量之间起部分中介作用。

第二节　农村教师心理弹性对心理生活质量的影响机制

一、引言

近年来，为提高农村义务教育质量，国家拟定了多项关于农村教师教育改革的法规。随着政策的逐步完善，农村教师工资待遇得到了一定的保障[36]。但一项来自西部某省农村教师生存现状的调查却显示，西部农村教师的身心健康情况堪忧[37]。"师者，传道授业解惑也"。教师的心理健康不仅直接影响着师生关系和课堂教学效果，对于学生的身心健康成长、人格塑造、学生之间良性互动也发挥着不容忽视的作用[38]。因此，探索当下农村教师的心理生活质量及其影响机制，寻求增强农村教师心理生活质量的途径，既是促进教师个人成长的需求，也是发展农村基础教育的重点所在。

国内外关于生活质量的探讨源远流长，成果丰硕，而对心理生活质量（quality of mental life）的摸索则尚未形成体系。心理生活质量这一概念与生活质量是既联系又区别的，在一定前提下两者可以互相转化。迄今为止，学者对于生活质量的定义尚未统一，主要从客观物质生活、主观心理体验、客观物质生活和主观心理体验相结合等三个角度提出了许多不同的观点[39-42]。依据世界卫生组织的规定,本文将生活质量理解为与生理健康、心理状况、社会关系、个人信仰、独立程度和环境的显著特征相关的一个内涵丰富的概念[43]，是集个体的身体、心理、社会、精神因素为一体的客观状态和主观感受。我国学者葛鲁嘉提出，心理生活是一种生成意义活动,即个体是主动的生成创造者，而非心理被动的承载者[44]。通过分析心理生活的真实本性、自主建构与现实拓展，他认为心理生活主导人的生活,故而应成为心理学钻研的中心内容，心理生活质量也理应是社会生活质量的焦点[45]。基于国内外已有研究，学者焦岚综合社会学、生物学、文化学、经济学和心理学等五大范畴的知识，在心理学的视角下构建起心理生活质量的理论基础，并且由此界定它。心理生活质量是个体从认知、情感、态度、需要、价值等方面来审视人客观和主观生活质量的认识与看法，包含了个体的心理健康、幸福体验、生命质量、心理成长和价值判断等5个维度，是主观感受与客观体验的统一，据此编制了国内首份《心理生活质量评价问卷》[8]。随后，焦岚通过理论探析，提出社会关注可提升大学生心理生活质量，由此能够有效地提高大学生心理健康程度[10]。郭翰菁等人则以新生代农民工作为研究对象，发现新生代农民工抗挫折能力受到心理生活质量的影响，后者能够正向预测前者[46]。就目前而言，尚未有针对农村教师心理生活质量的实证研究。

农村教师，作为农村教育事业的主力军，其工作压力（working pressure）的话题备受关注，国内研究者主要从两方面对此进行探究。一方面，应用访谈和问卷调查法以分析农村教师压力源近况，力求提供可行的减轻职业压力的策略。如罗儒国认为身体健康状况、培训机会、工资收入水平、工作生活环境等因素是农村教师工作压力的主要来源，并提出应对压力的宏观措施[47]。另一方面，联系其他重要心理变量，如职业倦怠[48]、积极心理健康[49]、心理弹性[50]等，揭示工作压力的影响因素及其对教师心理素质的作用。这些研究表明，减少农村教师的压力源，对其心理健康状态的改善将大有裨益。

当前，对于心理弹性（mental elasticity）的实证探索已然十分成熟，调查群体多样，涉及范围广泛。学者们更多地采用过程性定义来界定心理弹性：它是个体在遭遇困境、面临悲剧和创伤事件、承担巨大生活压力或是身处危险时的一种良好的心理适应过程。换言之，即个体积极适应外在环境所带来的困难与挫折时的动态性心理过程[51-52]。已有研究显示，农村教师的心理弹性水平较高，其关键保护性要素之一是自我效能感[53]。

综合国内外已有研究，梳理三个变量的关系可以发现：农村教师工作压力和心理弹性两者间呈现负相关；有针对其他群体的实证研究表明，精神生活质量与工作压力存在着负相关，而心理弹性与个体的生活质量、主观幸福感均为正相关。虽然目前尚未有农村教师工作压力、心理弹性、心理生活质量这三者的关系研究，但是基于已有结果，本研究假定在工作压力对心理生活质量的影响过程中，心理弹性可以起到中介作用。因此，本次调查旨在了解农村教师心理生活质量的现状，探讨工作压力对心理生活质量的影响机制，以考察心理弹性的中介作用，展现农村教师心理生活质量的涵义，试图摸索出优化其心理生活质量的方法。通过培养和提高农村教师心理弹性，缓解工作压力对农村教师心理健康的负面冲击，从而改善和提升心理生活质量，一方面使得农村教师本身能更好地适应教师岗位，在专业成长过程中有所突破；另一方面间接地积极作用于学生的学习和人格发展，进而促进农村教育事业的进步，满足社会建设的需要。

二、研究方法

（一）研究对象

本研究抽取976名中小学、幼儿教师作为研究对象，共收回有效问卷931份，有效回收率为95.39%。其中，男教师372人，女教师559人；35岁以下教师428人，36~45岁教师423人，46岁以上教师80人；教龄5年以下者138人，6~10年者209人，10~20年者393人，20年以上者191人；幼儿园教师457人，小学教师256人，中学教师218人；大专学历者456人，本科学历者475人；年级组长及以上教师67人，普通教师864人；已婚者809人，未婚者122人。

（二）研究工具

1.心理生活质量评价问卷

采用焦岚编制的"心理生活质量评价问卷"[8]，共有40个条目，五个因子，分别为价值判断、心理健康、生命质量、幸福体验和心理成长。其中，心理健康因子的所有条目，包括6、8、10、11、16、19、23、28、30、31和36均要进行反向计分。五个分量表的内部一致性信度系数分别为0.83、0.90、0.84、0.83、0.85，均在0.80以上，而总量表的α系数为0.91。问卷采取Likert五点计分，从"1"到"5"表示"非常符合"到"非常不符合"，得分越高表示心理生活质量越差。

2.教师工作压力问卷

采用石林等人编制的"中小学教师工作压力问卷"[18]，由36道题目组成，包括八个维度：教育教学改革、学生问题、学校管理问题、工作特征、职业发展问题、身心特征、家庭问题和社会问题。经检验，该问卷的Alpha系数为0.945，说明该问卷的内部一致性相对较高，可以信赖。

3.教师心理弹性问卷

采用张旭东等人编制的"教师心理弹性问卷"，问卷题目根据问卷维度设定，共41个条目，包含十个维度。组成问卷的十个维度分别是：自我效能感、朋友支持、目标明确、调适能力、家庭支持、交往能力、同理心、情绪稳定性、归因能力、解决问题能力。问卷经克隆巴赫（Cronbach's α）一致性系数检验，总问卷的α系数为0.945。

（三）施测过程与数据处理

以学校和培训班为单位进行团体施测。问卷填写均采取无记名方式，要求调查对象自行完成调查问卷内容。数据采用SPSS18.0分析、Amos21.0建模。

三、结果与分析

（一）农村教师工作压力、心理弹性和心理生活质量的关系

1.农村教师工作压力与心理生活质量的相关分析

将工作压力与心理生活质量进行双变量相关分析，结果见表4-9。表4-9表明，工作压力总分及其8个维度与心理生活质量总分及其5个维度呈现显著负相关。

表4-9　农村教师工作压力与心理生活质量的相关分析

	心理生活质量总分	心理健康	生命质量	幸福体验	心理成长	价值判断
工作压力总分	−0.198**	−0.251***	−0.175***	−0.198***	−0.080*	−0.064
教育教学改革	−0.135***	−0.115***	−0.135***	−0.116***	−0.062	−0.086**
学生	−0.107***	−0.168***	−0.138***	−0.144***	−0.068*	−0.022
学校管理	−0.191***	−0.208***	−0.135***	−0.193***	−0.054	−0.105**
工作特征	−0.200***	−0.231***	−0.158***	−0.187***	−0.054	−0.098**
职业发展	−0.134***	−0.190***	−0.143***	−0.091**	−0.083*	−0.026
身心特征	−0.279***	−0.322***	−0.207***	−0.193***	−0.142***	−0.149***
家庭	−0.099***	−0.127***	−0.065*	−0.118***	−0.044	−0.034
社会	−0.015	−0.107**	−0.057	−0.109**	−0.020	−0.103**

2.农村教师工作压力与心理弹性的相关分析

将工作压力与心理弹性作双变量相关分析，结果如表4-10。表4-10表明，工作压力总分及身心特征维度与心理弹性总分及其9个维度呈现显著负相关；教育教学改革、学校管理、学生、职业发展、工作特征维度与心理弹性总分及其个别维度存在显著负相关；社会维度与同情心维度存在显著正相关，但相关性较弱。

表4-10　农村教师工作压力与心理弹性的相关分析

	工作压力总分	教育教学改革	学生	学校管理	工作特征	职业发展	身心特征	社会
心理弹性总分	−0.117**	−0.049	−0.113**	−0.093**	−0.122**	−0.110**	−0.157**	0.001
朋友支持	−0.084**	−0.062	−0.076*	−0.080*	−0.081*	−0.054	−0.080*	−0.018
目标明确	−0.089**	−0.009	−0.043	−0.107**	−0.119**	−0.053	−0.116**	−0.018
调适能力	−0.106**	−0.053	−0.081*	−0.086**	−0.119**	−0.097**	−0.179**	0.033
家庭支持	−0.077*	0.015	−0.086**	−0.053	−0.082*	−0.084**	−0.099**	0.017
交往能力	−0.110**	−0.047	−0.151**	−0.061	−0.080*	−0.120**	−0.102**	−0.053
同情心	−0.006	0.033	0.001	0.002	−0.042	−0.047	−0.069*	0.085**
情绪稳定性	−0.133**	−0.073*	−0.148**	−0.106**	−0.095**	−0.123**	−0.181**	−0.039
归因能力	−0.109**	−0.047	−0.113**	−0.087**	−0.115**	−0.085**	−0.135**	−0.003
解决问题能力	−0.121**	−0.092**	−0.100**	−0.085**	−0.106**	−0.137**	−0.167**	−0.026

3.农村教师心理弹性与心理生活质量的相关分析

将心理弹性与工作压力作双变量相关分析，结果见表4-11。表4-11表明，心理弹性总分及其9个维度与心理生活质量总分及其5个维度存在显著的正相关。

表4-11　农村教师心理弹性与心理生活质量的相关分析

	心理生活质量总分	心理健康	生命质量	幸福体验	心理成长	价值判断
心理弹性总分	0.473***	0.372***	0.399***	0.364***	0.386***	0.335***
自我效能感	0.264***	0.179***	0.259***	0.196***	0.263***	0.188***
朋友支持	0.281***	0.223***	0.181***	0.245***	0.184***	0.218***
目标明确	0.352**	0.273***	0.287***	0.252***	0.302***	0.259***
调适能力	0.432***	0.319***	0.337***	0.291***	0.343***	0.327***
家庭支持	0.337***	0.282***	0.225***	0.304***	0.209***	0.248***
交往能力	0.285*	0.283***	0.315***	0.236***	0.240***	0.121***
同情心	0.398***	0.211***	0.310***	0.241***	0.362***	0.383***
情绪稳定性	0.333***	0.302***	0.317***	0.275***	0.279***	0.184***
归因能力	0.350**	0.269***	0.308***	0.257***	0.294***	0.269***
解决问题能力	0.353***	0.308***	0.358***	0.289***	0.349***	0.248***

（二）农村教师工作压力、心理弹性和心理生活质量的回归分析

1.农村教师工作压力对心理生活质量的回归分析

把工作压力的总分及其各维度作为X，心理生活质量总分为Y，采取逐步回归分析，以了解工作压力对心理生活质量的预测力，具体见表4-12。表4-12表明，身心特征、社会、工作特征维度逐层进入回归方程，可有效解释心理生活质量9%的变异量。其中，身心特征和工作特征负向预测心理生活质量，而社会维度则正向预测心理生活质量。（注："X"指自变量，"Y"指因变量，下同。）

表4-12 农村教师工作压力对心理生活质量的逐步回归分析

因变量	预测变量	R	R^2	调整R^2	F	B	$Beta$	t
心理生活质量总分	方程模型	0.305	0.093	0.090	31.769**	163.837		22.420***
	身心特征					−1.581	−0.265	−6.787***
	社会					0.847	0.134	3.730***
	工作特征					−.456	−0.107	−2.598***

2.农村教师工作压力对心理弹性的回归分析

把工作压力的总分及其各维度作为X，心理弹性总分作为Y，进行逐步回归分析，以了解工作压力对心理弹性的预测力，具体见表4-13。表4-13表明，身心特征维度进入回归方程，且负向预测心理弹性，可有效解释心理弹性2.4%的变异量。

表4-13 农村教师工作压力对心理弹性的逐步回归分析

因变量	预测变量	R	R^2	调整R^2	F	B	$Beta$	t
心理弹性总分	方程模型	0.157	0.025	0.024	23.488**	161.444		73.991***
	身心特征					−0.908	−0.157	−4.846***

3.农村教师心理弹性对心理生活质量的回归分析

把心理弹性总分及其各维度作为X，心理生活质量总分为Y，进行逐步回归分析，以了解心理弹性对心理生活质量的预测力，具体见表4-14。表4-14结果显示，同情心、调适能力、家庭支持与心理弹性总分进入回归方程，且正向预测心理生活质量，可有效解释心理生活质量24.6%的变异量。

表4-14　农村教师心理弹性对心理生活质量的逐步回归分析

因变量	预测变量	R	R^2	调整 R^2	F	B	Beta	t
心理生活质量总分	方程模型	0.499	0.249	0.246	76.665***	70.800		15.197***
	心理弹性总分					0.220	0.214	3.607***
	同情心					1.708	0.160	4.306***
	调适能力					1.065	0.134	2.884**
	家庭支持					0.546	0.082	2.155*

（三）结构建模

1.心理弹性的中介效应检验

本研究假定，心理弹性在工作压力与心理生活质量之间饰演着中介变量的角色。综合前面分析可知，工作压力、心理弹性和心理生活质量三者相互之间相关显著，符合中介效应检验的基础条件。因此，依照温忠麟等人[54]所提出的中介作用的检验流程，对心理弹性做进一步的中介效应检验。

中介效应检验具体步骤如下：第一步，以工作压力作为自变量，而心理生活质量为因变量，采取进入回归法，检验c；第二步，以心理弹性作为自变量，而心理生活质量为因变量，采取进入回归法，检验a；第三步，以工作压力和心理弹性作为自变量，而心理生活质量为因变量，采取进入回归法，检验b和c'。具体见表4-15。

表4-15　心理弹性的中介作用检验结果

	标准化回归方程	回归系数检验
第一步	$y=-0.198x$	$SE=0.031$，$t=-6.153$***
第二步	$w=-0.117x$	$SE=0.030$，$t=-3.605$***
第三步	$y=-0.144w+0.456x$	$SE=0.030$，$t=15.864$*** $SE=0.028$，$t=-5.022$***

注：x：工作压力；y：心理生活质量；w：心理弹性

综合上表结果，依据温忠麟等人[55]提出的中介作用检验程序进行分析。第一步：以工作压力作为自变量对心理生活质量进行回归分析，回归方程F值显著（$F=37.858$，$p<0.001$），标准回归系数为-0.198（$t=6.153$，$p<0.001$），即回归系数c显著，故可以进行Braon和Kenny的部分中介效应检验。第二

步：以工作压力作为自变量对心理弹性进行回归分析，其回归方程F值显著（$F=12.996$，$p<0.001$），标准回归系数为-0.117（$t=-3.605$，$p<0.001$），即回归系数a显著。第三步：将工作压力和心理弹性一同引入回归方程后，心理弹性对心理生活质量的回归系数为0.456（$t=15.864$，$p<0.001$），即回归系数b显著，说明间接效应显著；根据第二步的检验结果分析，在心理弹性加入后，工作压力对心理生活质量的标准回归系数为-0.144（$t=-5.022$，$p<0.001$），即c'显著，表明心理弹性起着部分中介作用，由此可知中介效应占总效应的百分比为26.9%。

2.心理弹性的AMOS结构方程检验

前文运用强迫回归的方式证实了心理弹性的中介作用，但由于常用的回归法对于同时处理多组的自变量和因变量无能为力。若运用结构方程建模，则可以突破这个局限。因此，本研究尝试采用AMOS结构方程，构建工作压力、心理生活质量和心理弹性的结构方程模型，进一步验证心理弹性在前两者的中介作用，具体结果见表4-16和图4-2。

表4-16　心理弹性作为中介变量的拟合指数

	x^2	df	x^2/df	TLI	NFI	AGFI	RMSEA
模型修正前	1380.848	227	6.083	0.871	0.865	0.848	0.074
模型修正后	981.257	220	4.460	0.912	0.904	0.889	0.061

由表可见，中介模型修正前的拟合指数CMIN/DF、RMSEA、TLI、NFI、AGFI的指标均尚未符合要求。由于模型拟合度未达到常用模型的评价标准，需要对照模型的修正指标来增加共变关系，从而对初始结构模型做进一步修正。修正后的模型拟合指数CMIN/DF=4.460，与之前相比，该值有所降低；RMSEA为0.061，低于0.08，模型拟合可以接受；此外，AGFI大于0.8，NFI和TLI皆大于0.9，因此，能够接受经过修正后的模型拟合度。所以本研究采取修订后的模型作为中介模型，心理弹性的中介作用显著。表4-17结果显示，工作压力对心理弹性的路径显著，心理弹性对心理生活质量的路径显著，工作压力对心理生活质量的路径显著，因此，心理弹性在工作压力和心理生活质量这两个变量间发挥着部分中介作用。

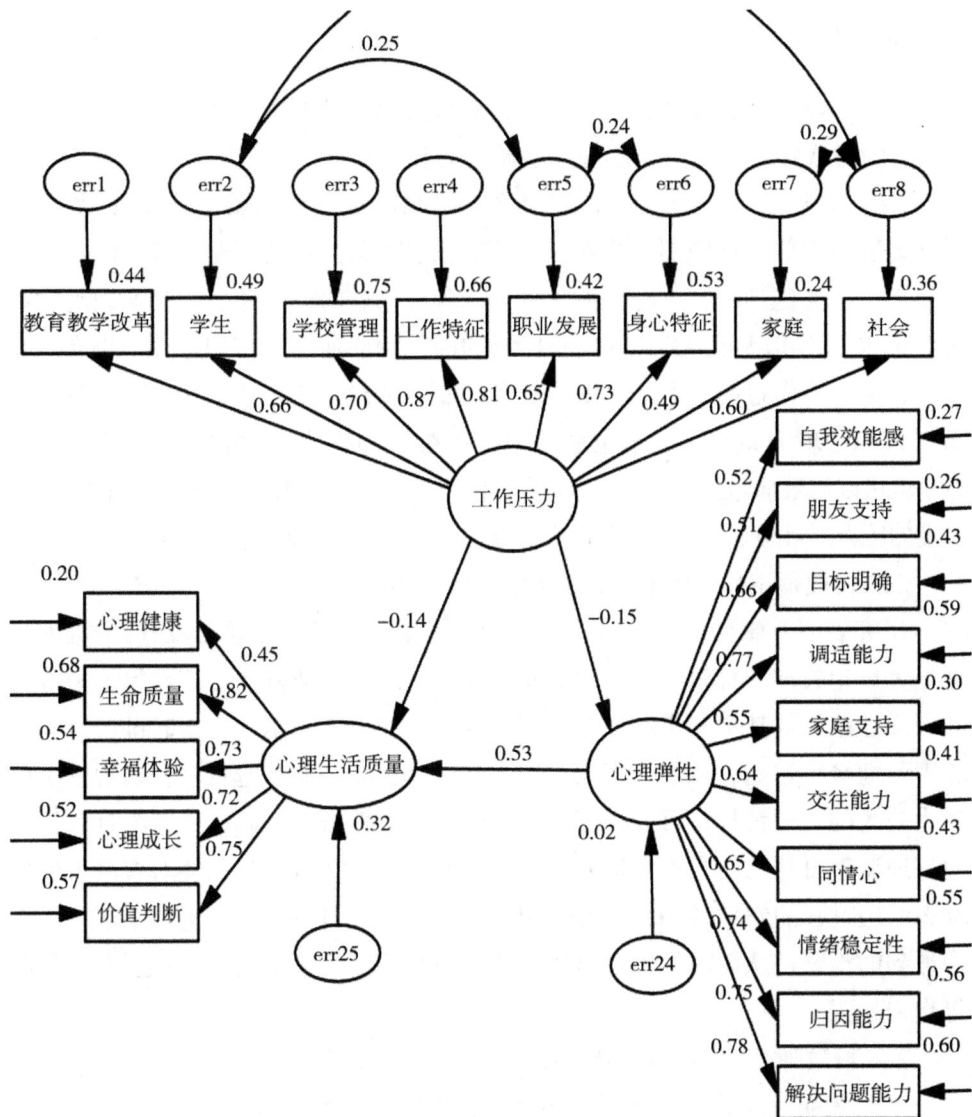

图4-2　农村教师工作压力与心理生活质量的关系：心理弹性的中介作用

表4-17　结构方程模型的路径系数

路径	Estimate	S.E	C.R	P
心理弹性<工作压力	−0.147	0.056	−3.886	***
心理生活质量<心理弹性	0.526	0.059	11.149	***
心理生活质量<工作压力	−0.140	0.055	−4.120	***

四、讨论

（一）农村教师工作压力、心理弹性和心理生活质量的关系

1.农村教师工作压力和心理生活质量的相关分析

结果表明，工作压力总分及其8个维度与心理生活质量总分及其5个维度呈现显著负相关。这说明，当农村教师面临超负荷的压力源时，他们的心理生活质量可能会遭到损害。赵云龙[56]等人发现，随着时间推移，中小学教师的心理健康水平逐步降低，其原因与不断增加的教师职业压力密切相关。也有研究表明，职业压力过高，可能会引发教师的职业倦怠等消极情绪状态[57]，从而降低教师的心理健康水平。这也就是说，要维护和提升农村教师的心理生活质量，就可以从教师职业压力源作为切入点。适度的工作压力能够作为前进的动力，过度的压力则阻碍个体发展，要切实从源头出发，降低教师过重的工作压力。

2.农村教师工作压力和心理弹性的相关分析

研究表明，工作压力总分及身心特征维度与心理弹性总分及其9个维度呈现显著负相关；教育教学改革、学校管理、学生、职业发展、工作特征维度与心理弹性总分及其个别维度存在显著负相关。有研究显示，中学教师所具有的心理弹性水平越高，在面对困难和压力时，其离职倾向就越低[58]。这说明工作压力越大的农村教师，可能在面对职业中的困难挫折的时候，适应不良，无法很好地调整自身的心态以对抗外在压力；反过来，拥有良好的应对应激事件的动态心理过程的农村教师，能够运用朋友、家人、自我的心理资本来解决工作中遇到的难题，从而降低来自学校问题、身心特征、学生问题、职业发展问题等带来的压力。

3.农村教师心理弹性和心理生活质量的相关分析

结果表明，心理弹性总分及其9个维度与心理生活质量总分及其5个维度呈显著正相关。相关研究发现，心理资本中的韧性得分高，即个体遇到外在困扰和重压时能够迅速恢复和调整，则个体的生活满意度就越大[59]，这与本研究结果相一致。拥有朋友支持、家庭支持、高自我效能感、解决实际问题能力强的农村教师，在工作和生活中有更高的工作满意感、职业认同感和主观幸福感。而缺乏社会支持、目标模糊、情绪不稳定的农村教师，则会体验到消极的情绪，可能陷入职业倦怠期，对其身心健康构成不利的影响。

（二）农村教师工作压力、心理弹性和心理生活质量的回归分析

1.农村教师工作压力对心理生活质量的回归分析

研究表明，身心特征、社会、工作特征维度逐层进入回归方程，可有效解释心理生活质量9%的变异量。其中，身心特征和工作特征负向预测心理生活质量，而社会则正向预测心理生活质量。这提示我们如果要提高农村教师的心理生活质量，一方面，可以重视提升农村教师的身心素质和有针对性地转变工作特征，如提供锻炼身体的器材和场地；另一方面，保留适度的社会压力，如：适当地保持或者提高对农村教师的要求，鼓励他们去深入学习，发掘自身的潜力，也有利于增强教师的生命质量。

2.农村教师工作压力对心理弹性的回归分析

结果表明，身心特征维度进入回归方程，且负向预测心理弹性，可有效解释其2.4%的变异量。这告诉我们，当自我期望值过高、过于注意他人的评价和行为、性情急躁、身体健康状况不良等引发紧张不安的情绪时，农村教师的心理弹性作用难以发挥出来。崔丽霞等的实验结果表明，心理弹性在影响压力适应的过程中，有一部分作用是通过积极情绪间接起效的[60]。这提示我们，要想更好地适应外界变化和压力刺激，需要控制内在急躁的情绪、过高的期望和自我中心等不良影响因素。

3.农村教师心理弹性对心理生活质量的回归分析

研究表明，心理弹性总分、同情心、调适能力和家庭支持维度进入回归方程，且正向预测心理生活质量，可有效解释心理生活质量24.6%的变异量。这就是说，一方面，在自己遭遇挫折、失败、压力之时，向内能够迅速改变心态，走出失败的阴霾，摆脱不良情绪，向外寻求家人的支持帮助，从而获得高质量的心理生活；另一方面，面对他人的悲惨遭遇，懂得换位思考将心比心，有爱心、愿意帮助人，这有益于形成良好的价值判断。这提示我们，可以从加强农村教师社会支持、培养调适心态的能力和同情心等方面提高他们的心理生活质量。

（三）心理弹性的中介效应检验

本研究以工作压力为自变量，心理弹性为中介变量，心理生活质量为因变量，构造心理弹性在工作压力和心理生活质量之间的中介作用模型。中介检验结果显示，工作压力对心理生活质量的总效应c显著（$\beta=-0.198$，

$p<0.001$），当引入心理弹性作为中介变量后，工作压力对心理生活质量的预测系数有所降低（$\beta=-0.144$，$p<0.01$），心理弹性对工作压力的标准回归系数b显著（$\beta=0.456$，$p<0.001$），而工作压力对心理弹性的回归系数a也显著（$\beta=-0.117$，$p<0.001$），表明心理弹性的部分中介作用显著。在AMOS结构建模分析中，通过构建完全中介变量、无中介变量、部分中介变量三种模型进行对比，发现部分中介变量模型的各项拟合指数均比其他两个模型优秀，从而进一步证实心理弹性在工作压力与心理生活质量之间存在部分中介作用。

结果表明，心理弹性在工作压力与心理生活质量之间的中介效应显著，起部分中介作用。这提示我们，当农村教师想要降低工作压力的负面影响，提高心理生活质量时，可能需要加入心理弹性这一积极的动态心理过程作为支持，用以改善心理生活质量，缓解职业压力。

五、结论

1. 农村教师工作压力、心理弹性与心理生活质量与之间两两相关显著；

2. 农村教师工作压力均能负向预测心理弹性和心理生活质量，心理弹性能够正向预测心理生活质量；

3. 心理弹性在工作压力和心理生活质量两者间发挥部分中介作用。

参考文献

[1]吴敏茹，林媚，张旭东.中小幼班主任工作压力对心理生活质量的影响：主观幸福感的中介作用[J].中国健康心理学杂志，2020-04-28，网络首发.

[2]姚籼竹，杨桐桐.教师职业压力的问题审视与调适策略[J].教育理论与实践，2018，38（26）：36-38.

[3]李静美，邬志辉，王红.新形势下中小学班主任工作状况的调查与反思[J].现代教育管理，2017（11）:75-81.

[4]杨桐桐.幼儿园教师职业压力管理研究[D].长春：东北师范大学硕士学位论文，2019.

[5]李广海，于国强，史万兵.高校外籍教师工作压力的来源、影响及其管理对策[J].现代教育管理，2015（09）:78-83.

[6]吴旭敏.中小学教师工作压力、人格特征对心身健康的影响研究[D].上海：上海

师范大学硕士学位论文, 2018.

[7]Tang Yiyao, Zhang Jianren, Ling Hui. Relationships between job stress, coping styles and well-being of teachers in elementary and middle schools.[J].Chinese Journal of Health Psychology, 2014, 22（08）: 1202-1205.

[8]焦岚.心理生活质量研究[D].长春:吉林大学博士学位论文, 2012.

[9]麻彦坤, 蒋光艳, 刘秀清.班主任情绪智力对初中生情绪智力的影响:直接效应还是间接效应[J].心理科学, 2016, 39（5）: 1151-1156.

[10]焦岚, 郭秀艳.社会关怀提升大学生心理生活质量[J].教育研究, 2014, 35（06）:117-121.

[11]葛明荣, 王晓静.中小学班主任幸福感调查研究[J].中国特殊教育, 2013（11）:88-96.

[12]Liu Xiao, Zhou Chunyan, Huang Hai, et al. Comparison of life satisfaction and subjective well-being among different types of left-behind children.[J].Chinese Journal of Health Psychology, 2017,25（12）: 1889-1893.

[13]廖晓春.养老机构高龄老人生活满意度及主观幸福感调查分析[J].中华全科医学, 2010, 8（05）:627-628.

[14]范洪辉, 邓敏, 张玉娉, 等.论贫困大学生主观幸福感与生活满意度的关系[J].肇庆学院学报, 2015,36（03）:57-61.

[15]罗小兰, 王静.近十年我国教师主观幸福感研究综述[J].教育学术月刊, 2016（12）: 72-77.

[16]王晓雯, 么洪福, 刘娟, 等.积极心理学在区域心理健康教育教师职业幸福感提升中的实践应用[J].中小学心理健康教育, 2016（24）: 27-30.

[17]郭淑娟. 小学班主任教师工作压力的个案研究[D].长春: 东北师范大学硕士学位论文, 2012.

[18]石林, 程俊玲, 邓从真, 等.中小学教师工作压力问卷的编制[J].教育理论与实践, 2005（20）:37-39.

[19]段建华.总体幸福感量表在我国大学生中的试用结果与分析[J].中国临床心理学杂志, 1996（01）:56-57.

[20]Podsakoff PM, MacKenzie SB, Lee JY, et al. Common method biases in behavioral research: A critical review of the literature and recommended

remedies.[J].Journal of Applied Psychology, 2003, 88（5）:879–903.[21]Hayes A. Introduction to mediation, moderation, and conditional process analysis.[J]. journal of educational measurement, 2013, 51（3）:335-337.

[22]赵福江, 刘京翠.我国中小学班主任工作现状问卷调查与分析[J].教育科学研究, 2018（11）:38-43.

[23]Van d B A U, Van Ruysseveldt J, Vanbelle E U, et al. The Job Demands-Resources model: Overview and Suggestions for Future Research[J].advances in positive organizational psychology, 2013:83-105.

[24]Demerouti E, Bakker A B, Nachreiner F, et al. The job demands-resources model of burnout.[J].Journal of Applied Psychology, 2001, 86（3）:499-512.

[25]张雅囡. 基于工作要求—资源模型的中小学教师工作投入研究[D].福州: 福建师范大学硕士学位论文, 2017.

[26]唐芳. 中职教师工作压力、应对方式与主观幸福感关系的研究[D].长沙: 湖南科技大学硕士学位论文, 2017.

[27]王钢, 张大均, 刘先强.幼儿教师职业压力、心理资本和职业认同对职业幸福感的影响机制[J].心理发展与教育, 2014, 30（4）: 442-448.

[28]禹玉兰, 谭健烽, 曾伟楠, 等.幸福感溯源及与生命质量的关系[J].医学与哲学（A）, 2015, 36（03）:44-46.

[29]刘晓明等.高校教师工作压力管理[M].北京: 中国轻工业出版社, 2010.

[30]曾玲娟, 彭叶.中小学教师心理资本与生活质量的关系:工作投入的中介作用[J].教育导刊, 2017（08）:44-48.

[31]Mark D. Litt, Dennis C. Turk. Sources of Stress and Dissatisfaction in Experienced High School Teachers[J]. Journal of Educational Research, 1985, 78（3）, 178-185.

[32]梁景和.生活质量:社会文化史研究的新维度[J].近代史研究, 2014（04）:128-135.

[33]张蓉.教师职业的主观幸福感研究综述[J].开封教育学院学报, 2013, 33（07）:225-226.

[34]Ryff C D. Happiness is everything, or is it? Exporations on the meaning of psychological Well-being[J]. Journal of Personality & Social Psychology, 1989, 57（6）:1069-1081.

[35]刘艳娜.乡镇中小学教师工作压力、心理弹性及心理健康的关系研究[D].延吉:延边大学硕士学位论文, 2018.

[36]曲铁华, 张立军.农村义务教育教师政策:近30年的演进与思考——以农村教师工资待遇为视角[J].沈阳师范大学学报(社会科学版), 2012 (5): 1-5.

[37]王丽君.农村教师身心健康有隐忧[N].中国教育报, 2016-04-14 (12).

[38]车林骏.教师心理健康对学校心理健康教育的影响[A].2016年6月全国教育科学学术交流会论文集[C].教育科学组委会, 2016:1.

[39]冯立天.中国人口生活质量再研究[M].北京: 高等教育出版社, 1996:8.

[40]John Kenneth Galbraith.The Affluent Society[M].Mariner Books, 1998.

[41]Angus Campbell.The Quality of American Life:Perceptions, Evaluations, and Satisfactions[M].Russell Sage Foundation, 1976.

[42]卢淑华,韦鲁英.生活质量主客观指标作用机制研究[J].中国社会科学, 1992 (01):14.

[43]WHO.The development of the WHO quality of life assessment instrument[M].Geneva, 1993.

[44]葛鲁嘉.心理生活论纲——关于心理学研究对象的另类考察[J].陕西师范大学学报(哲学社会科学版), 2005 (2): 112-117.

[45]葛鲁嘉.心理学视野中人的心理生活的建构与拓展[J].社会科学战线, 2008 (1): 40-44.

[46]郭翰菁, 叶剑萍, 许晓薇.新生代农民工心理生活质量与抗挫折心理能力的关系[J].肇庆学院学报, 2015 (3): 69-72.

[47]罗儒国.农村教师生存状况的调查与思考[J].湖南师范大学教育科学学报, 2012 (4): 44-47.

[48]吕静, 赵科, 杨丽宏.农村中小学教师教学效能感职业压力与积极心理健康的关系[J].中国学校卫生, 2013 (05):522-524+527.

[49]秦红芳, 刘晓明.行动控制在农村教师工作压力与工作倦怠中的作用:PSI理论的分析视角[J].心理发展与教育, 2015 (05):633-640.

[50]潘霭明, 张屹, 张旭东.农村教师心理弹性与工作压力的关系:应对方式的中介作用[J].肇庆学院学报, 2016 (6): 53-57+63.

[51]Luthar S S, Cicchetti D, Becker B.The construct of resilience: a critical

evaluation and guidelines for future work.[J].Child Development, 2000（3）：543-562.

[52]Kathleen Tusaie, Janyce Dyer.Resilience：A Historical Review of the Construct[J].Holistic Nursing Practice, 2004（1）：3-10.

[53]蔡慧思, 张旭东.农村教师工作压力对心理生活质量的影响：心理弹性的中介作用[J].教育导刊, 2020（6）：45-51.

[54]温忠麟, 范息涛, 叶宝娟, 等.从效应量应有的性质看中介效应量的合理性[J].心理学报, 2016（4）：435-443.

[55]温忠麟, 张雷, 侯杰泰, 等.中介效应检验程序及其应用[J].心理学报, 2004, 36（5）：614-620.

[56]赵云龙, 杨晓丽.我国中小学教师1991—2010年心理健康的变迁[J].中国学校卫生, 2015（4）：556-559+562.

[57]吴素梅, 史意娟.广西中小学教师职业倦怠及其与生活质量相关因素的关系[J].广西师范大学学报（哲学社会科学版）, 2012（6）：133-138.

[58]关荐, 方静.中学教师心理弹性与离职倾向的关系研究[J].现代中小学教育, 2013（7）：79-82.

[59]刘旭, 白学军, 刘志军等.农村中小学教师情绪调节策略对生活满意度的影响：心理资本的中介作用[J].心理学探新, 2016（3）：234-238.

[60]崔丽霞, 殷乐, 雷雳.心理弹性与压力适应的关系:积极情绪中介效应的实验研究[J].心理发展与教育, 2012（3）：308-313.

第五章　中小学教师理性信念与价值判断

认知理论强调认知过程对行为的重要性，认为行为和情绪的产生有赖于个体对情境所作出的评价，而这些评价又受个人的信念、判断、想象、价值观念等认知因素的影响。每个人在社会生活中形成了自己固有的认知结构，因此，即使是同样的刺激，由于每个人的认知结构不同，也会表现出不同的认知和行为特点。面对挫折，有了正确的认知，才会有适当的反应和行动，才可能化害为利，变消极为积极，达到良好的适应。否则，在遭遇挫折时，如果缺乏正确的认识，有可能使挫折的感受更加沉重，情绪反应更加强烈，愈加陷于困境而不能自拔。通过改变人们的认知，达到改变人们的心理和行为，这实际上是挫折的认知理论所强调的通过转变人的认知活动和意识过程，来改善其挫折境遇和精神面貌的关键所在。因此，调整人的意识过程，尤其是认知结构，改变认知过程，健全自我意识，有助于增强人对挫折的适应能力，消除挫折对人的不良影响[1]。

第一节　解释风格与教师的理性信念

一、归因与解释风格

归因理论关于知觉者推断和解释他人和自己行为原因的社会心理学理论。奥地利社会心理学家F.海德在其1958年出版的《人际关系心理学》中首先提出归因理论。解释风格是个体对成功或失败事件进行解释时的归因倾向，具有稳定性。塞利格曼把人格分成"乐观型解释风格"和"悲观型解释风格"。他认为面对同样一件事情，不同人格特征的人会有不同的归因，这不同的归因就决定了人是乐观还是悲观。乐观型解释风格的人面临成功和成就时，他们会认为这是自我的内在原因所致，而且是长期的，并会泛化到自己的其他活动中去。如果面临失败和挫折时，他们会认为这些是暂时的，是由外部原因引起的，而且只限于此时此地。悲观型解释风格的人则不然。他们面临成功和成就时，会认为这是外在的原因（是运气好），是一个暂时的现象（就这一次）。他们面临失败和挫折时，会归咎于长期的或永久的原因（会一直持续下去），具有普遍性（会影响到每一件事），是自己内在原因引起的[2]。

（一）归因

归因是指人们对他人或自己行为原因的推论过程。具体地说，就是观察者对他人或自己的行为过程及其结果所进行的因果解释和推论。归因风格（Attributional style），也称"归因方式"或"解释方式"，是指个体在长期的归因过程中形成的比较稳定的归因倾向。具体来说，是指个体对事件发生的原因习惯上倾向于作怎样的解释，具有个性的特点，通过个体对多个事件发生的原因进行判断来评定。按照不同的维度，归因风格可以分为内部——外部、稳定——不稳定、整体——局部、控制——不可控制四个方面。通常情况下，心理学者主要研究个体内部的和外部的归因风格[3]。

塞利格曼等人在1979年的研究中把归因过程称之为归因风格（attributional，style），假定它是一个比较稳定的人格变量。归因风格决定了在各种状况下出现的归因上的个别差异，导致无力感的产生。人的归因风格可通过归因风格问卷（ASQ:Attributional Style Questionaire）来测量[4]。ASQ中提出了12个生活中的事件，6个是人际交往领域的事件，6个是成就领域的事件，每个领域中各有3个积极的结果，3个消极的结果。其具体事件的内容如下：第一，成就领域的积极事件：发财；获得希望达到的地位（如重要工作、考取研究生等）；获奖。第二，成就领域的消极事件：长时间找不到工作；在众人面前发言后，众人的反应不好；不能完成别人希望我做好的工作。第三，交往领域的积极事件：同伴夸我的相貌；提出的建议受到夸奖；异性朋友对我更好了。第四，交往领域的消极事件：朋友有烦恼之事，我却无法帮助；朋友对我很不友好；想与异性朋友约会却不成功。对上述12个事件分别从内部——外部、稳定——不稳定、普遍——特殊三个维度进行七点评分，提问的形式如下：找不到工作的原因是你自身还是他人或环境，这个原因将来是否还存在？这个原因仅与你找工作有关系，还是与你生活的其他方面也有关系[5]？

（二）解释风格：乐观与悲观

塞利格曼认为，通过ASQ所测量的是人的解释风格（explanatory style），可以分成乐观解释风格和悲观解释风格[4][5]。

1.乐观与悲观解释风格

塞利格曼认为，乐观是一种由学习而来的解释风格。一个人之所以乐观，主要是因为学会了把消极事件、消极体验以及个体面临的挫折或失败归因于外在的、暂时的、特定的因素，这些因素不具有普遍的价值意义。与此相反，一个人之所以悲观，则是因为学会了把消极事件、消极体验以及个体面临的挫折或失败归因于内在的、稳定的、普遍的因素。

解释风格是指个体对成功或者失败进行归因时表现出来的一种稳定倾向，具有稳定性。解释风格被分为两种：乐观解释风格和悲观解释风格。乐观解释风格表现为将坏结果归因于外部的、不稳定的、特定的因素，将好结果归因于内部的、稳定的、普遍的因素；悲观解释风格表现为将好结果归因于外部的、不稳定的、特定的因素，将坏结果归因于内部的、稳定的、普遍的因素。例如，当你和同伴发生冲突之后，乐观解释风格的人就会对自己说，"他当时正好处在气头上"（外在的、不稳定的、特定的）。而悲观解释风格的人则会推测，"我就是不善于与别人搞好关系"（内在的、稳定的、普遍性的）。而对于积极事件和积极结果的解释，乐观的人和悲观的人却又正好相反：乐观的人会把积极结果看作是内在的、稳定的和普遍的，而悲观的人则把积极结果看作是外在的、不稳定的和特定的。

解释风格理论对影响成功的因素有自己的看法。一般人认为成功有两个必备要素：第一是能力或天资，智商测验和考试都是用来测量它的；第二是动机，不管你的能力有多高，如果缺乏动机你也不会成功，足够的动机可以弥补智力上的不足。但是，一位作曲家就算有莫扎特的天分和强烈的成功动机，如果他认为自己不擅长作曲，他还是不会成功。他的悲观想法会让他很容易放弃。成功需要坚持，遇到挫折也不放弃，乐观的解释风格是坚持的必要条件。解释风格理论认为，能力、动机和乐观这三者决定了成败（决定人的成败的因素还有其他因素，如自我效能感等）。

2.乐观

乐观是积极心理学领域的重要概念之一。研究者们逐渐发现，人们好像用两种完全不同的思维来看待身边已经来到的，或者将要来到的所有事物。有的人通常拥有积极的视角，从身边的琐事中找到各种乐趣，从困难中看到希望，使自己更加快乐。还有的人则很少看到事物积极的一面，哪怕一点点小事，也很容易让他们感到生活无望，苦苦挣扎。这样的人很容易能量不足，没有自信心，甚至会削弱他们身边人的精神力量。以塞利格曼为代表的心理学家们发现了这两种人之间的巨大差异，开始了对"悲观""乐观"领域的研究。研究发现，乐观在自我导向行为中发挥了重要作用，同时也是影响幸福感的重要因素。乐观还是建构美好人生的有力工具，它可以帮助个体远离抑郁、焦虑等心理问题，增加工作、学业上的成就，发展和培育良好的人际关系[6]。

许多实证研究证明，乐观犹如身心健康的自我防卫机制，可以使人面对挫折，并沉着面对挑战与压力，帮助人远离抑郁、增进健康并增进自我了解。塞利格曼和契克森米哈的研究发现，拥有乐观信念的人，不管是就学阶段的学生、身处职场的成人，还是处在绝症中的患者，都能以比较积极正面的态度面对生活，且能对未来抱有期待和希望。

基于习得性无助理论（注：习得性无力感的概念是由塞利格曼等人于1975年提出的。当人或动物接连不断地受到挫折，便会感到自己对一切都无能为力，丧失信心，这种心理状态被叫作习得性无力感，简称无力感。心理学在这方面进行了大量的实验研究，并形成了系统的理论。现在，无力感理论经常被用于说明人类的丧失信心、自暴自弃等行为的形成和抑郁症的产生）和归因理论，塞利格曼提出乐观是一种解释风格。

假如你参加了一份工作的面试，但是并没有通过，那么根据乐观归因理论的三个维度，怎么分析呢？第一，从稳定——不稳定这个维度来看。如果你认为你失败的原因是稳定的，那么很自然，就会觉得在未来一段时间内，还是没有办法找到好工作，这种悲观的归因会持续地影响你；而倘若你认为失败的原因是不稳定的，只是偶尔发生，那么你对未来就肯定有更多的乐观期待，这次的失败不会影响你很长时间，你的挫折感会很快过去。第二，从普遍——特定这个维度来看。如果你认为失败的原因是普遍存在的，那么你对自己各个领域的事情都不会有很好的期待，你觉得失败会随时出现在所有地方；当你认为它只是出现在特定领域时，你就缩小了这次失败给自己带来的负面影响，能够更快地调整自己的状态，进入下一次尝试中。第三，从内部——外部这个维度来看。如果是内在的原因，不难想象，你很容易对自己的能力产生怀疑，自我效能感和自尊感就会降低；倘若只是外部的原因，那么你就会认为这件事和能力无关，会继续为下次的面试做好准备。

二、理性信念与非理性信念

（一）信念的含义

信念是指人们对自己的想法观念及其意识行为倾向，强烈的坚定不移的确信与信任[7]。

在心理学意义上，信念（belief）可理解为个体对于有关自然和社会的某种理论观点、思想见解坚信不疑的看法；它是人们认识世界和改造世界的精神支柱，是从事一切活动的激励力量。

学校教育是培养人的神圣事业，教师是完成这项事业的中流砥柱，因此，教师的信念对于学校教育的成败具有举足轻重的作用。一般地说，教师信念是指教师对有关教与学现象的某种理论、观点和见解的判断，它影响着教育实践和学生的身心发展。教育的成效很大程度上取决于教师的信念或期望[8]。

（二）信念的来源

信念就是能给生命提供意义与方向的指导原则。信念是有组织的，是我们选择对世界看法的过滤器。当我们确信某种事情时，信念就会给我们的大脑发一项命令，告诉我们如何对已发生的一切作出想象。既然信念是一种事先组织好的、持续不断地引导我们自我交流的感知方法，为什么有些人的信念推动他们向成功迈进，而有些人的信念使他们失败呢？那么，信念是从哪里来的呢[9]？

（1）环境。芝加哥大学的本杰明·布拉德研究了100名取得巨大成功的年轻运动员、音乐家和学者，他惊奇地发现，这些天才并不是一开始就闪现出成功的光辉的。相反，他们大多数人都是由于获得了别人的引导、支持，然后才进步的。任何天才成功的标志都出现在他们具有了"我将成为天才"的信念之后。环境可能是信念最有力的触发器，但它不是唯一的触发器。如果它是唯一的触发器，那么，我们就会生活在一个永恒不变的世界中，富有的孩子只知道富有，贫困的儿童只知道贫困。相反，其他经历和学习的方式也能成为信念的来源。

（2）知识。直接经历只是获取知识的途径之一，知识还可以通过看书、看电影、观察世界获得。知识是砸开不良环境镣铐的最佳工具之一。不管世界对你多么冷酷无情，只要你能读到有关别人取得成就的书，你就能树立起必胜的信念。

（3）结果。形成信念的第三个途径是我们过去做某事的结果。形成你做某事的信念的最可靠的办法就是你先尝试做一次。如果一次成功，那么，就会很容易地形成你再次成功的信念。我给自己规定了一个死任务，必须在一个月内写出一本书的初稿；新闻记者也是用同样的办法学会在最后期限前写出稿子的。生活中没有什么事情比这种规定在固定期限内写出一个完整故事更令人可怕的了。大多数刚起步的新闻记者最害怕这一点，但他们发现，只要成功过一两次，那么就知道今后也会成功。虽然他们并没有随着年龄的增长而写得更快，但一旦形成在任何有效时间内能完成一个完整故事的信念后，他们发现从未失败过。对其他人来说也是一样，相信自己能干成某事，就能完成自己的诺言。

（4）想象。你希望将来可能体验到的东西好像现在就已体验到了，正如你过去的经历可以改变你的内部想象、从而使你的信念成为可能一样，你对未来经历的想象性体验也能改变你的内部想象，我们把这叫作提前体验结果。在你感到所体验到的结果不能使你处于积极有利状态时，可以根据你所希望的方式去改变你的状态、信念和行为，从而创造出你所希望的结果。钱并不是激励你的唯一动力，不管你的目的是什么，如果你的心目中对你所希望的结果产生了一种清晰的想象，并且觉得已经取得了这样的结果，那么你就会进入帮助你创造你所希望的结果的状态。

（三）非理性信念与理性信念的表现

所谓的非理性信念（irrational belief）通俗地讲就是对挫折的不合理认知，它来自美国临床心理学家埃利斯（Albert Ellis）的挫折ABC理论。A（activating event），即挫折本身；B（Beliefs）指人对挫折事件的想法、解释和评价；C（consequences）指在特定情境下，个体的情绪反应及行为的结果。根据这一理论，挫折是否引起人的挫折感，不在于事情本身，而在于对挫折的认识。人既是理性，又是非理性的，人的大部分情绪困扰和心理问题都是来自不合逻辑或不合理性的思考，即不合理的信念。这种不合理的信念会导致挫折感的产生[10]。

不合理信念使人心烦意乱、焦虑苦闷，长此以往很容易导致心理障碍的产生，甚至产生神经征等精神疾病。因此，合理情绪疗法认为情绪困扰和行为不良，甚至神经征都来源于不合理的信念。那么在日常生活中都有哪些不合理的信念？其不合理处在哪里？它们的共同特征又是什么？埃利斯通过临床观察，总结出日常生活中通常会导致情绪困扰，甚至神经征的11种主要的不合理信念。这些非理性信念主要表现为对自己、对他人、对自己周围世界的环境及事物的绝对化要求。不合逻辑的、不合理的信念是一个人产生情绪困扰的主要原因，对它处理不当就会产生各种心理问题，就不能快乐、满足地生活。

1.第一条非理性信念

在自己的生活环境中，每个人都绝对需要得到其他重要人物的喜爱与赞扬。和自己接触的人必须都喜欢和赞许自己；如果不是这样，那就糟糕透顶，不能忍受。埃利斯不反对人需要别人的称赞与喜爱，而且认为能够得到生活中重要人物的喜爱与称赞是一件好事。但他认为，如果把这当作绝对需要的话，就是一个不合理的信念了，因为它是不可能实现的。假如一个人相信这个信念，就会花很多心思与时间曲意取悦他人，以求得对自己的赞赏。这样不但会使人丧失自己，使自己没有足够的时间去追求其他快乐，也会使人丧失安全感，结果只能令自己感到失望、受挫、沮丧。

第一条理性信念：我真希望得到大多是对我来说是重要人物的喜欢和认可。但是并非所有的人都喜欢和认可我，这并不糟糕，我能够承受，而且我仍然感到自己有价值。期望每个人都认可我，这是不合理的。我无法控制他人怎么想和怎么感受，就像他人也不能控制我的想法和感受一样。

2.第二条非理性信念

一个人必须能力十足，在各方面，至少在某些方面有才能、有成就，这样才是有价值的。埃利斯认为，一个有理性的人，凡事会尽力而为，但不会过分计较成败得失，因为重要的是参与过程而不是结果。如果要求自己十全十美，或过分要求自己在某一方面有成就，为自己制订不能达到的目标，只能让自己永远当个失败者，在自己导演的悲剧中独自悲伤。

第二条理性信念：我不是一个完美的人，我具有优点，同时也有缺点，我也会犯错误。我努力完善我自己。我能够从失败和人生的巨大打击中汲取教训。

3.第三条非理性信念

某某人绝对很坏，所以他必须受到严厉的责备和惩罚，人必须公正而周全地做事，否则他就是一个邪恶的人，必须受到严厉的谴责和处罚。埃利斯认为，每个人都会犯错误，责备与惩罚不但于事无补，而且会使事情更糟。所以对犯错误的人，要做的是接纳、帮助他，使之不再犯错误，而不是因此否定他的价值，对他采取极端的排斥与歧视态度。

第三条理性信念：我希望这个世界是公正合理的，但是生活往往不是这样。追求公正是我的理想，离现实情况还有距离。这恰恰是我为之努力的方向。

4.第四条非理性信念

事不如意是糟糕可怕的灾难。埃利斯认为，一个有理性的人应该正视不如意的事，寻求改善的方法。即使无力改变，也要善于从困境中学习。

第四条理性信念：我希望事情向我期待的那样发展，有时候事情会尽如人意地发展，但有时候则不然。当事情发展不顺利的时候，并非糟糕透顶。我不喜欢那样的结果但我能够忍受。我不能永远控制周围的事情，但我能够控制自己的消极感受。我可以平静地接受我不能改变的事实，但我能够区分可控与不可控二者之间的差异，并会鼓足勇气去改变我能够改变的现实。

5.第五条非理性信念

人的不幸绝对是外界造成的，人无法控制自己的悲观、忧愁和不安。埃利斯认为，外在事物并不能伤害我们，倒是我们自己对这些事物的信念与态度让我们自己受到了伤害。所以，如果我们尝试改变自己的非理性思维内容，就可以有效地改变自己的情绪状态。

第五条理性信念：要相信他人、事情和环境直接导致情绪发生的观点是非理性的曲线思维。

6.第六条非理性信念

对可能（或不一定）发生的危险与可怕的事情，应该牢牢记在心里，随时考虑到它的发生。埃利斯认为，考虑危险事物发生的可能性，并计划如何避免，或思虑不幸事件一旦发生该如何补救，不失为明智之举。但过分忧虑，反而会扰乱一个人的正常生活，使生活变得沉重而缺乏生气。

第六条理性信念：很多具有潜在危险的事情并未发生。而且在一定程度上，我还可以保持警惕并控制危险事情。

7.第七条非理性信念

逃避现实比直面生活中的困难和承担生活中的责任更加容易一些。埃利斯认为，逃避困难和责任固然可以得到暂时的解脱，但问题并没有解决而且会因为贻误时机而使问题变得越来越难以解决。所以，理性的人会通过行动增加自信，使生活过得更加充实。

第七条理性信念：承担各种责任、处理各种争吵是正常生活的一部分。在事情刚刚发生的时候就关注它，确实有些不舒服，但我会尽力去处理的。

8.第八条非理性信念

一个人应该依赖他人，而且应该依赖一个比自己更强的人。自己的生活能力和工作水平不行，必须找一个比自己强的人做后盾，否则自己的生活和工作很难做好。埃利斯认为，由于社会分工、个人经历的多寡、闻道的先后等原因，有时我们确实需要他人的帮助，此时如果为了证明自己的所谓价值而拒绝他人的帮助，反而不是明智之举。但这不是我们时时事事都依赖他人的理由。在生活中，任何人都是具有独特价值的个体。在大多数情况下，他需要独立面对生活中的种种问题。所以，独立自主能力的发展对一个人的成长至关重要。

第八条理性信念：我希望别人能够给与我引导和支持，但依靠自己更为现实，我可以变得更加独立。

9.第九条非理性信念

一个人过去的经历对现在的行为起决定作用，而且这种影响是永远不可改变的。我过去的经历是引起现在的情绪和行为的主要原因，这些经历将永远影响我。埃利斯认为，无可否认，过去的经历对人有一定的影响，有的影响还比较大，但这并不是说它们就此决定了一个人的现在与未来。因为人是可能改变的，只要我们客观地分析研究过去对现在可能存在的限制，善于运用自己的能力和机会，就可以突破这种限制，使自己的现在与未来充满希望与生机。

第九条理性信念：过去的某些方面是不愉快的，我能够接受他们，而且，我已经开始从这些经历中学习人生的经验。我当前的感受和行为更多地受到我现在信念的影响。

10.第十条非理性信念

一个人应该关心别人的困难与情绪困扰，并为此感到不安和难过。其他人的不安和动荡也必然引起自己的不安和动荡。埃利斯认为，关心别人是一种美德，但我们无需为别人的困难与不安感到难过，需要的倒是帮助他们面对困难与情绪困扰，并早日走出阴影。

第十条理性信念：当不幸发生在他人身上的时候，我会关心并感到悲哀，而且如果可能的话，我会尽力去帮助他们。但是他人的灾难和不幸不能直接使我感到极度的焦虑、抑郁和悲伤。

11.第十一条非理性信念

遇到的每个问题都应该有一个正确而完美的解决办法，如果找不到这种完美的解决办法，那是莫大的不幸，真是糟糕透顶。埃利斯认为，世界上有些事情根本就没有答案，凡事都要追求完美的解决办法是不可能的，完美主义只能使自己自寻烦恼。

第十一条理性信念：我不希望某个问题没有得到完满的解决，但是我能够忍受。尽管我不能完全控制这个复杂并且经常让人受挫的世界，但我还是能够发挥作用的。

第二节　非理性思维及其理性思维重构

一、非理性信念的成因及其对教师心理的影响

（一）非理性信念形成原因分析

美国著名心理学家埃利斯认为："人一出生就具有理性和非理性的思想，故此，一方面人会珍惜生命，可以快乐，可以思想，可以学习，可以用语言表达自己，与人沟通，建立亲密关系，自我成长，迈向自我实现目标。另一方面，非理性信念或不合逻辑的思维却使人选择自我毁灭，逃避，做事拖延，不断重复错误，迷信固执，自怨自艾，或要求十全十美，好冲动，缺乏忍耐。当一个人选择了后者的信念取向和抉择时，就会产生许多情绪困扰，不能快乐地生活。一个人发展出非理性信念，首先是人类天生就有很强的倾向，趋于非理性地思考和看待事物，这是一种本能的东西。其次，儿童时期的学习，儿童很容易从父母表扬与批评中概括出非理性观念，并内化成自己的信念。第三，人们还容易把一些理性信念通过过度概括、夸大转化为非理性信念。第四，一个人长大后会不断地自我灌输，自我宣传，自我运用一些非理性信念，以此维

持自己的观点。"[11]

（二）非理性信念对教师心理的影响

非理性信念对教师心理的影响表现在：第一，产生自卑心理和悲观情绪。因为教师已承认自己不能成为一名成功者，他不能经受一次教育失败、一次批评。因为他会把这一次当成他一生或整个人的失败。第二，产生猜疑、嫉妒心理。有这种心理的教师似乎有一种惊人的洞察力，即使没有任何令人信服的证据，他也会坚定地得出自己的结论。第三，产生冷漠和贬抑积极的心理。这是一种颠倒的炼金术——不断把金黄色的欢乐转化成铅灰色的多愁善感的冷漠。有这种心理的教师会念念不忘自己的平庸、无能。为此而付出的代价是感到极度的痛苦和对美好事物缺乏鉴赏力。最后，他的生活会充满无尽的凄凉与悲哀。第四，产生过分自责心理和自我诅咒。自我诅咒者由于偶尔一次没安排好时间来给学生进行考前功课辅导，就会想到自己不是一个称职的教师，而不明白他只是犯了一个错误。第五，产生对周围人的敌视心理并责骂别人。有这种心理的教师看人家怎么都不顺眼，比如，由于坐在对面的同事偶尔表现得庸俗了一点，就认为她是一头可恶的母猪从此一看见她就感到十分恶心。

二、消极认知与非理性信念

（一）摆脱导致非理性信念的10大误区[12]

1.得志便猖狂，刚刚升职就享受特权

（1）表现：你辛勤地工作终于得到了回报，你做了部门主管——一个你曾经梦想的职位。你相信新职位可以让你一尝管理阶层的特权。比如拖延文件的处理时间，以单位的名义办私人的事情，午睡时间过长，等等。你心理认为这是理所当然的事情，否则升职又有什么用呢?你甚至在别人走进你的办公室时，也不把翘在办公桌上的双脚拿下来。你根本没有注意到职员们的眼神。有一天，你突然接到上司的电话……

（2）"误"在哪里?①这是你丧失进取心的表现;②你会影响他人的工作进度，令人不能如期完成工作;③你可以升职，同样也可以被解雇;④你辜负了上司对你的赏识和信任;⑤所有的人都讨厌只会享受而不知道拓展工作的人;⑥你的同事也会照你的样子做。

（3）成功秘诀：要记住成功是一个旅程，不是终点。你应该更具进取心和责任感。升职带来特权的同时，也随之带来更高的挑战，你应该不断武装自己，为自己订下周详的计划，时常激励自己，不管多么疲乏，也要去严格执行。同时，记住"不进则退"的道理，主动找机会表现自己以获得进一步提升。你要更具进取心和责任感，没有最好，只有更好。

2.自己情绪不好，就对别人冷言冷语

（1）表现：你经常把工作以外的怒气和不满带到单位里来，同事觉得你像随时都可能爆炸的炸弹，尽量绕开你的办公桌。客户打电话给你，你莫名地冲着他吼叫，然后不等对方说完就把电话挂掉。一整天，你总是用双手抱着头，一声不响地坐在那里，工作懒得做，话也懒得说，办公室的气氛因为你而变得死气沉沉。你自己觉得他们知道真相后会体谅你的，而事情一过，你也会热情地投入工作。

（2）"误"在哪里？①这会影响了你的工作；②让同事们感到不快，他们不喜欢这样；③客户、家长等人永远不会再与你联系；④给他人以颜色，表现不够成熟；⑤上司不允许这种情况再现；⑥这样做并不能使你得到解脱。

（3）成功秘诀：学会控制自己的情绪。将怒气转化为有建设性的工作。尝试多运动或培养爱好来化解不良情绪，要尽量保持心情平静。将你的不满写在纸上，并向会同情你的人倾吐苦水。然后告诉自己，一切都过去了，我该集中精力工作了。

3.在公开场合指责上司的缺点

（1）表现：因为上司的短视和固执己见，造成了单位的经营连续几个月不景气。在经营讨论会上，你看到上司依然不能听取大家的意见，而且有意向管理层隐瞒自己的失误，你忍无可忍，拍案而起，指责上司的种种不是，同事们为你的勇气惊讶。你自认为这样做是为了单位的利益，没有什么个人恩怨掺杂其中。看到上司在大家的注视下，脸色十分难看，紧紧咬着嘴唇，你在想，他可能开始悔悟了。

（2）"误"在哪里？①对于公开场合的指责，任何人都难以接受。②上司对你十分反感，你的晋升无望了。③你的意见不会被采纳。④同事会认为很难与你和平相处。⑤你破坏了单位团结向上的形象。⑥你再也没有机会参加这种讨论会了。⑦你可能失去心爱的工作。

（3）成功秘诀：批评上司要讲究方式、方法、场合、时机。在讨论会上，你可以发表一些独立的见解，但一定要对上司的工作予以充分的肯定，甚至为他做一些解释。这不仅是维护领导威信和尊严的需要，也是工作的需要。找个适当的时机，委婉地阐述一下自己的看法。这样上司一定会意识到自己工作中的失误并愉快地加以改正。你在他的心目中，既是一个有才干的人，又是一个亲近他的人。你的升职任命很快就会下来。

4.批评他人时，喜欢旧事重提算旧账

（1）表现：同事一再犯同样的错误，你认为这不仅是愚蠢的行为，也是不可原谅的。面对这种情况你绝不会口下留情，你会把他犯下的所有错误一一向他说明，并且指责他毫无改过之意，恳求他一定要吃一堑长一智，不要在同一个地方摔跤。你认为对待这样的人，采取新账旧账一起算的责备方法，会使他认识到自己的愚蠢，产生悔改之意，有利于他今后的发展。可是你发现，尽管你出于好意，但是这份情没有人愿意领。

（2）"误"在哪里?①痊愈的伤疤揭起来更疼，对方会感到恼怒和沉重，失去改进的信心。②对方会认为你在给他记黑账。③他只后悔不小心被你抓住了，对错误却无悔改之意。④别人会认为你是为了显示自己高明。⑤好意无人领，好心不得好报。⑥失去了朋友，树立了对立面。

（3）成功秘诀：不到不得已时，绝不要自作聪明地批评别人。但是，有时善意的批评是对别人行为的很有必要的一种反馈方式，因此，学会批评还是很有必要的。就事论事，在批评时是重要的，否则你的批评是没有效果的。批评他人是要他人认识到错误并加以改进，因此陈年老账不要一翻再翻，请记住以下几种批评方式：批评从称赞和诚挚感谢入手；批评前先提到自己的错误；用暗示的方式提醒他人注意自己的错误；保留别人的颜面。

5.不肯承担责任，把过失推给下属

（1）表现：很不幸，在你领导的部门，工作出现了严重偏差，这使员工们感到十分沮丧。上司决定亲自查明此事，他要你调查问题的原因，以便单位采取措施。在报告中，你断定责任不在自己身上，是你的下属没有能够正确地执行你的工作计划，消极怠工，使得部门的生产力下降。你的上司认真地看完你的报告，通知你马上到他的办公室，就有关情况向你质疑。

（2）"误"在哪里?①上司不会满意你的报告。②不肯承担责任，会引起下属的反感。③今后，你很难再领导员工继续工作。④是你的责任你逃不掉。⑤你的处理方法让上司不再相信你。⑥你的报告将成为笑谈。

（3）成功秘诀：勇于承担责任是领导者必备的素质。出现了问题，你首先应该和下属认真查找原因，研究解决方法，然后向上司如实汇报，主动承担起主要责任。给上司一个勇于负责的印象。更重要的是，在以后的工作中避免同样的失误出现，员工见你在危难时刻走在前头，一定会与你同心协力，渡过难关的。此外，要不断提高自己的领导能力，可以阅读有关书籍和参加培训班。只有出色的工作才能赢得信任。

6.只注重下属的勤奋而忽视了他的工作效率

（1）表现：在考察下属的工作时，你发现一位优秀的员工。别人上班前他已抵达办公室，人家下班时他还在埋头工作，甚至在假日里，他还放不下，要回到办公室转一转，工作起来，仿佛一天二十四小时也不够他用。你相信，单位需要的就是这种员工，你没有看他这样工作的效率如何，就决定重奖他。把他做为榜样推荐给其他人，并在日后提升他的职位。

（2）"误"在哪里？①工作勤奋不等于业绩突出。②他可能做事不得法，平白虚耗了精力和时间。③你的奖赏伤害了其他人的积极性。④如果他不擅于管理，提升他会使部门处于无政府状态。⑤用人不当是你的工作失误，于公于私都不利。

（3）成功秘诀：考察下属必须全面，对他们每一个人的优缺点都必须了解清楚，不能只看重一方面。有创意、有效率又忠心的员工往往是单位最宝贵的财富，他们既能提高单位效益，又能带领其他人一起前进。对于那些只知埋头苦干的人，你一方面要赞扬他们的工作精神，一方面要教给他们工作方法，引导他们提高工作效率和工作能力。总之，身为上司，要给所有员工以恰当的评价，让他们去做最适合他们的工作，发挥他们每个人的潜能。

7.把所有的心事都写在脸上，不知道保护自己

（1）表现：还没有好好享受生活，烦恼就降临到你的身上，在单位里你被上司和同事误解，本来是你的功劳被别人强占，升职的机会再一次从你身边溜走。心上人又离你而去，你悲观失望极了，真希望这一切尽快过去，可现实就是现实，你不愿回避。每天清晨，你都会为一天的生活、工作发愁。你觉得自己真像个失败者。人人都轻蔑你，到处不受欢迎，对于未来你简直不敢想。

（2）"误"在哪里？①没有乐观的态度无法度过眼前的逆境。②整日哀

声叹气不知采取行动。③悲观想象将成为现实。④缺乏创造美好明天的信心。⑤身体健康将受到影响。⑥给别人一种不堪一击的印象。

（3）成功秘诀：当你对自己不满意的时候，要想办法改变自己的形象，让自己更有朝气。从自己的外表开始改变，注重自己的穿着、发型、仪容，并想办法充实自己的内在。任何事情都是一体两面，凡事往好处想，成功在于拥有一个乐观积极的态度。多想想自己的优点、长处，多想想自己得意快乐的事，多做做自己喜欢、想做的事，生活会更如意。

8.锋芒毕露，想一举获得成功

（1）表现：刚刚进入新单位，你就觉得单位的问题成堆。很多同事懒惰，不思进取，上司也是疏于管理，毫无创新精神。于是你到处发表意见，甚至不留情面地指责大家。不久，你上书上司，一一罗列了单位现存的问题与弊端，提出周详的改进意见，包括上司本人的工作。你想借此帮助单位恢复勃勃生气，让上司振奋起精神，带领大家闯出一片新天地，同时也希望借此展示自己的聪明才智，得到上司的重用。但是，很长时间过去了，你没有得到任何回音。

（2）"误"在哪里？①你得罪了多数人，你的工作将无法开展。②容易招小人暗算。③在你没做出成功之前，你没有资格指手画脚。④上司的工作你根本不该考虑。⑤太天真，你没有进入角色、摆正位置。

（3）成功秘诀：才华是不可不露但更不可毕露的，适可而止吧。很多聪明人在成功时激流勇退，在辉煌时走向平淡，就是表示自己不想再露锋芒，免得从高处摔下来。你发现了问题是一件好事，但想一下子扭转过来是不可能的，你应该学会把精明、智慧放在工作上，让别人逐步认识你的才干。同时，在人际交往中，要学会收敛锋芒，真诚宽厚地待人。多动眼，少动嘴，避免与人争强好胜。这样，你最终一定会得到重用，毕竟"事业要发展，人才是关键"。

9.不能严守秘密，到处说三道四

（1）表现：由于工作接近上司的缘故，你获得了许多的秘密，你的同事喜欢从你这里打听消息，他们习惯称你为"消息灵通人士"。关于上司的隐私，为你增添了许多谈资，每当你一层层剥落上司的"伪装"时，同事们目瞪口呆或鼓掌称快，更有愤愤不平者。你因此成为闲谈时的核心人物。上司的麻烦接连不断，你却不知道为了什么。

（2）"误"在哪里？①提前透露上司的秘密决定，轻则带来许多麻烦，重则打乱了部署。②于事无补，于己无益。③充当了长舌妇的角色。④不知不觉为自己设置了障碍。⑤破坏了单位的形象。⑥闲言碎语，纷纷而来，你是最终受害者。

（3）成功秘诀：不要图一时口舌之快，告诉那些前来探听消息的人，你该做的是严守秘密。摆脱纠缠的最好办法是沉默。保持沉默，会让那些心怀不轨的人找不到机会，也让你保住了良好的人格和声誉。对于上司的隐私，你应该从大局出发，从尊重他人的角度出发，为上司保留一个完整的私人空间。严谨的工作作风会让你赢得上司的尊重和信任。

10.只知工作，不知学习

（1）表现：你是一致公认的整个部门最勤奋的员工。多年来，早来晚走，兢兢业业，甚至带病坚持上班，终于赢得了上司的赞赏，但是好景不长，人们的目光转向了另一个人，他凭借自己的知识优势，成为全单位工作效率最突出的一个人。你认为这是不可能的，你拒绝了单位为你安排的培训课程，一心想着更加勤奋专注地工作，证明你才是单位最好的员工。

（2）"误"在哪里？①不学习将被淘汰。②无法调动自身的潜能。③上司不会把新的工作交给你。④不充实自己，就不会有升职的实力。⑤有嫉妒的表现。⑥付出与收获不成比例。

（3）成功秘诀：人的一生都必须学习，要想走自我教育的人生道路，必须在精神上始终保持自己内心的年轻活泼感。进修学习工作方面需要的课程，尤其是那些与你工作直接相关的课程。如果有，请抓紧机会向上司申请。即使要花些休息时间，甚至要自付车费也是值得的。

（二）教师非理性思维及其理性思维重构

教师们可以通过反省，努力发现自己是否产生了某种思维错误。如果知道自己有非理性的习惯性思维，就要认真对待它，有意识地进行调整。教师在职业工作中容易出现的非理性思维方式有：

1.非此即彼式思维（要么全有，要么全无）

总是主观地看待事物，认定某件事必定会发生或必定不会发生，常用"必须"或"应该"等字眼："我必须……""你必须……""周围环境必须……"。有这种情形的教师将事情、情境或者人看作是黑的或者白的，没有什么中间状态。

2."贴标签"式思维（过分概括化）

评价事物好以偏概全，只及一点，不及其余。比如，王老师平时和教务主任关系不错，认为他还挺好的。可是有一次和教务主任发生了矛盾，被教务主任反映到校长那里，王老师受到了严肃的批评，从此，他对教务主任恨透了。一天，他突然强烈感到：这个教务主任什么都不是，任何事都不会，全部本事就是溜须拍马；我不理他以后，没有一个人会理他。于是，教务主任一给他布置教学工作，他就难受得不能忍受。"什么都""任何""全部本事""没有一个人"，就是以偏概全。

3.黑暗式思维（仅关注消极面）

对工作和人际关系，总是关注其消极的一面。比如，杨老师从外地的一所大学毕业后到本地的重点高中任教。学校的校长和书记不和。他总结性地认为，这所学校的老师不是跟着校长就是跟着书记，如果不入"团伙"，就没有后台，只能受欺负。于是他左右为难，压力很大。杨老师对学校人事的认识，就体现了典型的黑暗式思维。

4.消极因素泛化的负性蔓延式思维

以一件不顺心的事情为基础，预测多件事情的结果，而且这些结果都是不好的。比如，校长在会上表扬赵老师在考场上监考认真负责，会后另两位监考老师认为这是赵老师把他们"卖"了，说了一些难听的话。于是，赵老师想到这两位老师不仅在学校里有群众基础，而且认识教育局的领导，觉得这下子可坏了，他们不仅会让其他老师恨自己，肯定还会让教育局的领导整自己。

5.正面折扣式思维（否定积极意义）

会将重要的积极事件理解为不重要的或者没有好处的事件。比如，张老师刚刚接手毕业班的数学教学，朋友都说这是一个能够一展他自己教学水平的平台。可张老师总认为这是站着说话不腰疼，教毕业班是一项学生考不好就挨家长和学生骂、考好了学生说是因为自己素质高的、费力不讨好的工作。于是他陷入"我不能忍受"的严重的工作压力中。

6.乱猜疑式思维

有的是神经过敏，有的是"以小人之心度君子之腹"。比如，钱老师觉得年级组长这些天对她躲躲闪闪，肯定是整她又怕她知道，心虚。实际上是年级组长的痔疮病犯了，不好意思对钱老师这样一个女老师说。

7.小题大做式思维

总是倾向于把事情的重要性、危险性成倍地夸大。比如，孙老师认为自己这次公开课没有上好，问题严重得不得了：不仅在学校老师中"栽"了，还会使教育局的领导印象不好，今后晋升职称的时候肯定会被他们卡下来。

8.赖人式思维（一切归咎于他人）

通常不想承担责任，特别是应该由自己承担的责任，反而将责任归咎于他人。比如，体育课上周老师体罚了学生，被学校通报批评。周老师不是从自己身上找问题，反而认为这都是学生的班主任汇报造成的，否则被体罚的学生才不会说呢。于是，他对那名学生的班主任讨厌透了。

9.垃圾筐式思维（"全都怪我"）

将一些不应该由自己负责的事情一股脑地归咎于自己。比如，本校初三年级的数学全市统考成绩不理想，吴老师感到心理压力很大，认为领导派他参加全市的数学教研活动，他却没有将统考的题摸准，使学生的复习没搞好，正式考试成绩也就不好。"给学校抹黑和责任全都在我"沉重地压在吴老师的心上。

10.担心式思维（"赝品主义"）

总认为自己的成绩、名誉和外在评价都是名实不符的，迟早有一天会"露馅"，每天惶恐不安。比如，郑老师总是担心自己"撑不下去"：到目前为止，我的课讲得还不错，但是有一天学生要是考不好，别人就会认为我是不称职的。"撑不下去"的压力，使他不仅自己拼命，还对学生苛刻。

11.听之任之式思维（"坚持不下去了"，只好听天由命）

降低了自己应对逆境或受挫境遇的忍耐力，在不顺利的事情面前，遇事就总是这样的想法："爱怎么样就怎么样，听天由命吧。"比如，冯老师认为：我给这5名学生课外补习了一个学期，花了不少精力，可他们的成绩就是没有提高，我受不了了，不管这几个学生了，他们学不学我都不管了，随他们去吧。

第三节　培养中小学教师理性信念的策略

认知理论强调认知过程对行为的重要性，认为行为和情绪的产生，有赖于个体对情境所作出的评价，而这些评价又受个人的信念、判断、想象、价值观念等认知因素的影响。每个人在社会生活中形成了自己固有的认知结构，因此，即使是同样的刺激，由于每个人的认知结构不同，也会表现出不同的认知特点。因此，调整人的意识过程，尤其是认知结构，改变认知过程，健全自我意识，就有助于增强人对挫折的适应能力，消除挫折对人的不良影响[5]。

一、合理认知与理性信念

（一）合理情绪疗法的ABC理论

1.挫折的认知理论

挫折认知理论认为，人在遭受挫折之后，是否会产生挫折感与情绪反应，以及挫折和情绪反应的强度如何，主要取决于人们对挫折及其意义的认识、评价和理解，即对挫折的认知。外界刺激（挫折事件）是通过认知而作用于情绪，产生各种心理和行为的。由于人对挫折的认识不同，所以，在意识的调节下，同样的挫折情境，对不同的人来说，就可能产生完全不同的挫折反应。

该理论认为，刺激（S）与反应（R）之间，不是简单的S-R关系，而是S-C-R的关系。S因素包括事件、情境、他人、人际关系以及自我的行为表现等等，即整个主客观世界中可以起刺激作用的因素；R指各种心理行为反应；C（consciousness）指意识、经验因素。认知过程是依据认知者的过去经验及对有关信息的分析而进行的，它依赖于认知者的思维活动，包括信息加工、推理、分类与归纳等。

2.合理情绪疗法的ABC理论

ABC理论是合理情绪疗法的核心，这一理论的基本观点是：引起情绪障碍的不是诱发事件本身，而是事件经历者对该事件的评价和解释。事件能否发生是不以当事者的意志为转移的，但如能对该事件做出理性的评价，就会避免消极情绪的产生。正如古希腊的一句名言所表达的观点："人不是被事物本身所困扰，而是被其对事情的看法所困扰。"正是非理性思维导致了人们的情绪障碍和神经症[4]。

A、B、C来自三个英文字的字头，它们分别代表以下内容：A：诱发事件；B：来访者在遇到诱发事件后产生的信念，即对事件的评价和解释；C：来访者的情绪和行为结果。

人们的情绪及行为反应与人们对事物的想法、看法有关。在这些想法和看法背后，有着人们对一类事物的共同看法，这就是信念。人的信念通常可分为正负两种。前者在合理情绪疗法中称之为合理的信念，而后者则被称之为不合理的信念。合理的信念会引起人们对事物的适当的、适度的情绪反应；而不合理的信念则会导致不适当的情绪和行为反应。当人们坚持某些不合理的信念，长期处于不良的情绪状态之中时，最终将会导致情绪障碍的产生。如此看来，情绪是由人的思维、人的信念所引起的，所以每个人都要对自己的情绪负责。当人们陷入情绪障碍之中时，是他们自己使自己感到不快的，是他们自己选择了这样的情绪取向的。有一点要强调的是，合理情绪治疗并不反对人们产生负性情绪。比如，一件事失败了，感到懊恼，有受挫感，这是适当的情绪反应，但抑郁不堪、一蹶不振就是不适当的情绪反应了。

（二）坚持9种理性信念

有助于成功的信念很多，下面是9种成功的信念模式。成功之路包括了解你的目标，采取行动，了解你所取得的结果，灵活地调整行为直到获得成功。信念也是这样，你必须找到有助于实现你的目标的信念——把你带到你想去的地方的信念。如果你的信念不是这样，那就扔掉它，重新寻找新的信念[9-10][13]。

1.每一件事情的发生都有其原因和目的，都是对我们有利的

在某些方面，所有成功者都有一种不可思议的能力，能把注意力集中在所处环境中可能实现的事情上，集中在由这种事情而导致的积极结果上。不管环境带给他们的挫折有多大，他们都能从一切可能的方面去考虑。他们相信每一个挫折都将会给他们带来相应的或更大的利益。可以肯定，那些取得辉煌成就的人都会这样考虑问题，对任何一种环境都可能作出各种不同的反应。实际上，所有伟大的成功者都是在求新的精神状态下采取行动的。

再想想你的信念，想一想形势趋于有利还是不利呢？想一想你的努力会获得成功还是失败？在某种状况下你看到的是潜力还是障碍？一般情况下，大

多数人都把目光集中在消极的一面，而不是积极的一面。改变这种状况的第一步就是意识到这一点。有限的信念造就有限的人。关键是抛弃这种限制，以最大的努力采取行动。大凡成功者都能看到可能实现的东西，即使在沙漠里也能看到绿洲。如果你坚定地相信某事能做成，你就很可能做成这件事。

2.任何事情都没有失败，只有结果

每个人都多次经历过这种事：我们想获得一件东西，但得到的却是另一件东西。我们曾有过考试不及格，有过失去爱情，有过每一步都出差错的商业计划。我们采用了"结果"一词，因为这是成功者所看到的，他们看不到失败，他们不相信失败。

人们总是成功地取得某种结果，我们这个时代最伟大的成功者并不是没有失败过，只是他们认为，如果对某事的尝试没能获得所希望的结果，并不意味着失败，而是得到一些经验，然后用这些经验去尝试别的事。他们采取某些新行动，于是获得某些新结果。

那些有着个人力量的人——运动场上的胜利者、人群中的领导者、艺术上的大师——都明白，如果试着干某事而没取得希望的结果，那么这只是一种反馈。可以利用这种反馈的信息，更明确地知道需要干什么才能取得希望的结果。有时，我们是从自己的失误中学习，有时是从别人的失误中学习。

我们建议你现在就该意识到：任何事情都不会有失败，只有结果。你每干一件事都是在产生一种结果。丢掉"失败"这个词而只看到"结果"这个词，努力从每一次经历中吸取养分。

3.不管发生什么事情，我们都应该负责

成功者们都相信，不管发生什么事，不管是好事还是坏事，都是他们自己创造的，即使不是他们的生理行为所引起的，也可能是他们的思想所引起的。当然，没有哪一个科学家能证明我们的思想创造了现实，但这确实是一种有用的"假设"，一种使人充满力量的信念。人们的生活经历是人们自己创造的，或者通过行为，或者通过思想。因此，我们可以从中吸取有用的东西。

承担责任是一个人的力量与成熟的最好体现之一，是信念系数的协作能力的一种体现。如果你不相信失败，如果你知道将要达到的目的，那么你就不会失去什么，通过承担责任你将能获得一切。承担责任也能区分一个人的能力差异。我们大多数人都有过试图向别人表示积极情感的经历。

4.要操纵一切，并不一定要理解一切

这是很多成功者所坚信的又一信念。他们相信，要运用某件东西，并不一定要了解它的所有细节，他们只需要知道怎样运用。如果你研究一下那些精力充沛的人就会发现，他们对很多事情都有足以成事的本领，但常常对他们要做的事情的许多细节却不甚了解。

那些成功者都特别善于确定哪些东西是必须了解的，哪些是不一定要知道的。为了有效地利用你这一生中所遇到的一切，你应该在利用和了解之间找到一个平衡点。成功者并不一定是那些拥有最多信息和最多知识的人。

5.别人是你最大的力量源泉

那些取得巨大成就的人——几乎都有一种非常强烈的尊敬别人和正确评价别人的意识。他们有一种集团意识，没有同别人的亲密联系，就不会有持久的成功，成功之道需要组织一个共同努力的集团。不能只在口头上接受，而不易贯彻到行动中去。

请在心中记住舵手在他的小船驶向目的地时不断校正航向的形象。生活之舟也是这样，我们要始终保持警惕，不断地调整我们的行为，保证我们向预定的目标努力前进。那些成功者常常这样问他们周围的人："我们怎样才能把这件事办得更好？""我们怎样才能确定这一点呢？我们怎样才能取得更大的成就呢？"他们知道，一个人，不管他多么英明，要与一个有效集团的共同智慧相抗衡是非常困难的。

6.工作是一种消遣

世界上有做他不喜欢做的事情而获得巨大成功的人吗？我们可没听说过。成功的关键之一就是把你所要做的事与你的爱好有机地结合起来。马克·吐温曾说过："成功的秘诀在于把你的工作当作休假。"有很多人的工作变成了一种对他们身心有害的负担，他们似乎从工作中找不到丝毫乐趣，但却又无能为力。

但是，研究者们在一些为免遭辞退而拼命工作的人身上发现了一些令人惊奇的东西。有些人拼命工作似乎是由于他们喜欢工作，工作使他们愉快，使他们兴奋，使他们的生活更加丰富。一些人以我们大多数人看待消遣的方式看待工作，他们把工作看作是一种扩展他们自己、学习新事物、发掘新生活源泉的方式。

是不是有些工作对一些人有益而对另一些人无益呢？确实如此，关键就是要寻找对我们有益的工作。你目前所干的工作就是这样的工作。如果你能创造性地去干你现在的工作，那么就会有助于你以后干好任何工作。

7.解决一个问题就获得一次成长的机会

人们常常会觉得自己陷入了难以解决的问题模式中。事实上，你可能只需做出非常简单的改变就能够大大改善你的问题。例如，你可以通过在每次会议上发表一个积极的评价来改善你的团队合作。只能够改进1%的问题的解决方案也可以产生很大的影响。当你开始做非常小的改变时，它可以扩大你的视野从而让你看到其他简单变化的方法，你只需很少的努力或牺牲就可以实现。这种问题模式也发生在关系层面上。当我们在一段关系中普遍感到幸福时，小事就不怎么会困扰我们；当我们在一段关系中不快乐时，一切都会让我们感到愤怒。些许的努力可以完全改变你们关系中的情感基调，并使之走上一条更好的轨道。

8.如果别人让你失望，那并不等于他们不在乎你

在繁忙的现代生活中，人们总是努力坚持他们所要做的每一件事。如果你关心的人似乎忘记了你或者让你失望，那可能不是他们不在乎你，可能是他们不知所措或过度承诺，或者他们可能正在经历你没有意识到的压力。有时人们表现古怪的原因与他们的抑郁或其他心理问题有关。人们通常会用逃避的方式应对这种尴尬的情境。当他人无法在他们所指示的时间范围内履行承诺并且没有有效地解释原因时，如果你缺乏自信，那么很容易把问题归结于自身，而不是把它看成是他人的问题。记住不要急于下结论说他人不重视你。不自信的人如果要改变计划，或者想改变主意，往往会感到极大的压力。你可能会发现自己在思考与之相关的人是否会对你的临时变卦感到生气。确实很难准确地判断自己何时对他人造成了伤害。有时你会觉得自己给他人造成了困扰，而他人却一点也不介意；同样，有时你会在没有意识到的情况下把他人逼疯。请记住，很难猜出别人的想法。当然，有时候别人想要改变一个计划，而这个改变可能更适合我；或者，也许你想到的一个忧虑同样也在困扰另一个人，或者他们没有想到，但他们很高兴你想到了这一点。

9.没有信念就不会有最后的成功

那些成功者们都相信信念的力量。如果说有一种与成功几乎无法分开的

信念，那就是：没有伟大的信念就不可能有伟大的成功。只要看看随便哪个领域的成功者，你就会发现，他们不一定是最优秀的、最有才能的、最有力量的人，但肯定是最有信念的人。

我们在任何领域都可以看到这一点，即使是那些先天才能起很大作用的领域也是如此。首先他具有坚定的成功信念。他的训练更刻苦，他的意志更顽强，他在场上更拼命，他几乎比任何人都能更淋漓尽致地发挥他的技巧。通过持续不断地把他对成功的信念作为推动他前进的力量，使自己获得了巨大的成功。在任何领域，信念都是成功的重要组成部分。记住，成功者总是会留下一些经验的。研究一下那些成功者，弄清那些使他们能不断采取有效行动并取得巨大成就的关键信念。我们相信，如果你能持续不断地坚持这些信念，也能使你取得惊人的成就。

二、克服导致非理性信念的10种"心病"[14]

（一）从众症

从众症广泛地存在于我们日常生活的各个方面。在百货商店里还常常发生这样的情况：北头和南头同时出售同一种商品，价格和质量毫无区别。但是有几个人在北头买了这种商品，那柜台立刻门庭若市，顾客全都往那里涌，南头却冷冷清清。即使顾客知道两头的商品都一样，心理还是倾向于北头，仿佛在那里买安心一些。

从表面上看，产生从众现象并不奇怪，因为它反映了人类群体社会的本质特征。但若往深处挖掘，就会发现它载着人类的某些不良习性。中国有句俗话，叫作"法不责众"。从众症很多都是在这样一种背景下产生出来的。尤其在干某种不正当的事情时，一两个人根本没有胆量去干，但人一多势就壮，明知违法也敢干。反正是"天塌下来有大个，地陷下去有矮子"，跟在后边瞎起哄，又热闹又保险。每逢发生闹事时，这种心理表现得特别明显。

从众症有时还反映了一种低劣的平均主义。你有我也要有，你干我也可干，不能落在后边丢人现眼。假如吃亏上当，也不是我一个，反正大家都有份。这种心理表现得特别明显。有些人的从众行为不仅仅是盲从，而是推波助澜，惹是生非。

更多的时候，从众症是一种没有主见的反映。所谓"傻子过年看隔壁"，就是它的形象写照。既然很多人都那样认为或那样干了，大概也就错不了。这样一想，什么顾虑、担心全部没有了，跟着大家朝前走，省得动脑筋浪费细胞，活着也算舒坦。

从众症又是促成高消费的主要原因之一。

（二）执着

1.有始必有终

很多人都被追求完整的心理牢牢控制住了。请你做一个试验：随便画一个圆圈，最后留下一个小缺口。过一会儿再请你看上一眼，自问还有什么需要做的。你一定会感到那个缺口是个缺憾，好像必须把它补上才能安心。这表明人有追求完整的天性，心理学家则管这叫"趋合心理"。在这种心理的作用下，人们不知不觉地就会被一种追求完整的张力所影响，从而陷入有始必有终的模式。

趋合心理对人生是大有益处的，可以使人们保持有始有终的习惯，而不是半途而废。然而，这种心理有时候又会成为人们的累赘。尤其是这种心理变得过分强烈时，就有可能把人逼进泥沼中不能自拔。比如，你在干一件工作的过程当中，忽然发现它没有意义，没有前途，这时候本应该急流勇退，但趋合心理却迫使你欲罢不能，结果把时间和精力都白白浪费掉了。

不管大事小事，道理全是一样的，一口气把工作做完并没有什么不对，但你首先应该问一问自己，这样做是否值得？往后拖一拖不行吗？完全放弃不行吗？你一定要记住：当进则进，当罢则罢，很多时候半途而废是勇敢而又明智的选择。

2.硬到底

在生活中，你可能无意间落入这样一个尴尬的境地：众人正在说一件你不熟悉的事情，你或许是一时兴趣，顺口说了一句"我知道"，一语出口便有些后悔，但当着众人的面，又不好改口，索性嘴硬到底，你说什么我也不改前言。

"硬到底"作为一种错误的心理，还有很多孪生兄弟，"不认错""不服软"等等都是。

明知是犯了错误却不肯认账的人大约有两种。一种人嘴里不肯认错是因为面子上下不来，心里早已服输，因此在行动上早已暗自收敛，以免错上加错。这种人还算好一些，另一种人要更糟一些。他们一见错误已经形成，便产生了"豁出来"的念头，不仅口头上死活不认错，行动上也索性变本加厉。他们也要采取补救措施，但目的是为了掩饰已犯下的错误，这样必然又会犯下新的错误，结果只能是欲盖弥彰，最后弄得不可收拾。

不服输不服软听上去都显得很有骨气，如果用在坚持真理方面也确实是难能可贵的精神，但要用在坚持谬误上，就蜕变成了一种可怕的固执，其结果只能是错误越犯越大，性质越来越严重。

有了错误却不肯服输、服软的人，一个最大的特点是一意孤行。

"硬到底"是一种思想牢笼，一旦进入里面就难冲破，因而这就需要人们及早拿出坦然诚实面对现实的勇气，以免误入其中。

（三）"啧啧，看人家"

羡慕并不总是一种如此美妙的情感，它有时会变异成一种想入非非的嗟叹。"老婆是人家的好"，这是有些男人们的一种羡慕。自己的妻子明明有十条优点，却一条也看不到，别人的老婆有一条优点，却盯得牢牢的。"这山望着那山高"，这是见异思迁者的羡慕。等到了那座山上，才发现还是原来那座山高。现在有一些人羡慕和尚，整天不用做事，念念经，敲敲木鱼，活得消闲自在。可是就没有想到青灯古佛下的孤寂，远离尘世的空虚。

假如人们总是去羡慕不该羡慕的东西，生活就过得不舒坦，心灵就保持不住平静，走路的步子就会变得沉重，可口的饭菜吃在嘴里也会失去香味。

然而，每个人都无法消除羡慕，就连清心寡欲的出家人，也会羡慕主持的传代袈裟。因为每个人都希望得到自己没有的东西，每个人都想实现自己的想往。于是，男人羡慕女人的温柔，女人羡慕男人的坚强；年轻人羡慕老年人的阅历，老年人羡慕年轻人的朝气；平凡者羡慕有成就者的辉煌，有成就者则羡慕平凡者的安闲。

尼克松没当上总统的时候，在听了肯尼迪的就职演说后，对肯尼迪的助手特德·索伦索说：他是羡慕肯尼迪在演说开头所念的"我庄严地宣誓……"那一部分。等到他当上了总统之后，却对朋友感慨地表示，他现在羡慕的是过田园生活。

人们无法让别人不去羡慕自己，也无法让自己不去羡慕别人，"啧啧，看人家"这样的赞叹即使不发自口中，也会响在心头。但是有一条却要记住，一旦你准备采取实际行动，想要你所羡慕的变成现实时就要认真掂量一番。因为羡慕常常是一种对虚假占有的满足，倘若真的占有了，所得到的可能不是欢乐，而是失望。

（四）红眼病

"红眼病"本是一种生理疾病，得上这种病的人两眼发红。这里所说的"红眼病"却是一种心理疾病，患病者不容许别人比自己强、比自己好、比自己有能力，见到这样情境便气得两眼发红。这种病的症状也是五花八门，按其发展过程来说，一般都要经历这样几个阶段。

第一阶段是"红眼病"的初期阶段，主要特征就是怀恨在心。"红眼病"一般不会只停留在第一阶段里，因为强烈的嫉妒心是很难压抑的，非要发泄一通不可，这样就进入了它的第二阶段，挽袖攘臂地跳将出来。在这个阶段里，"红眼病"患者还只是"君子动口不动手"。不过，动口的形式却是因人而异。有人是赤裸裸地公开诋毁，怎样痛快怎样说："别看他家里阔，钱都不是正道来的，准有一天得进大牢！"有人是冷嘲热讽："你工作干得太出色了，能拿多少奖金？""你这么努力工作，不知道哪天能提拔你？""你什么时候能当上模范，我们好给你庆祝一番。"还有的人故作自卑状："咱与你比可差远了，你得好好帮助帮助咱。"总之一派恶言恶语，以图平息自己心中的妒火。

"红眼病"的最大危害表现在它的第三阶段里。到了这时候，"红眼病"患者就不满足于锋言利语了，他们要采取实际行动来打击对方。你不是比我工作干得好吗，那好，我就往上级投一封匿名信，说你贪赃枉法，搅你个寝食不安；你家里的生活不是比我强吗，那好，我就往你家扔死猫死狗，让你破财遭灾；你不是比我官做得大吗，那好，我就想办法陷害你，让你早早滚下台。总之，你倒霉了，我心里也就舒坦了。

纵观"红眼病"的诸多症状，就会发现它们处处渗透着报复的动机。但这又不同于报复，因为对方根本没招惹你，没有仇哪里谈得上报复？但"红眼病"患者却不这样认为，在他们看来，只要你胜过我，那就是对我的威胁。你比我工作好，那不就等于说我无能吗？你比我官做得大，那不就等于说我平庸吗？

由这种心理出发，"红眼病"患者又生发出另一种心理，那就是"大家都一样"。我把你拉下来，并非说我想上去，只要是大家一样，自己吃亏也认了。比如，全单位只选一个模范，只给一个人涨工资，谁当选他们都眼红。即使这个机会有可能轮到自己，他们也宁肯放弃。

这是心理自卑感和自尊心的奇妙混合。他们既怕丢面子，又深知自己实力不如他人，索性拼个大家都一样，看不出高低，分不出你我，这样就可以在心理上获得一份安慰。"红眼病"患者隐秘的思想动机，恰恰在此处可以挖掘出来。

（五）耍小聪明

聪明是个褒义词，但加上个小字，就变成了贬义。再加个耍字不仅带有贬义，还把这种人自以为得计的样子刻画了出来。

爱耍小聪明的人都自以为自己很聪明，其实并不聪明。

爱耍小聪明的人有一个普遍的特点，那就是爱投机取巧。比如，大家都在排队买东西，东西少人多，爱耍小聪明的人是后来的，眼看没有希望了。于是他灵机一动，来到前边，哭叽叽地诉说自己带着孩子如何困难。人家被他感动了，答应替他买。你看，爱耍小聪明的人总是这样，不费劲儿就能办到别人办不到的事情。

爱耍小聪明的人并非一无是处，恰恰相反，他们身上有许多难得的优点。比如，他们脑瓜灵光，反应敏捷，理解力强，凡是新鲜的东西，总是他们最先学会。遗憾的是，他们没有更好地发挥自身聪明才智的作用，反而让聪明耽误了自己。

这种人被耽误的表现之一就是凡事不求甚解，满足于浮光掠影式的了解。这种现象在学生中比较普遍。有些学生远比其他人聪明，学习起来很轻松，着实令人羡慕。他们自己很骄傲，于是便不肯在学习上下苦功，看上去好像什么都会，其实基础知识很不扎实。这种人到考试的时候最容易露馅，平时说得头头是道，一到考场上就糊涂了。

这种人被聪明耽误的表现之二是往往因小失大。遇到一件事情，他们总是要比别人更早地发现其中的某些奥妙，总是第一个把可以利用的地方抓到手。可惜的是，容易发现的东西往往是表面的，价值不大。他们把这种东西抓到手，光顾了高兴，反倒让别人得去了更有价值的东西。

在实际生活中，爱耍小聪明的人虽然能尝到一些甜头，但经常也会尝到聪明反被聪明误的苦头，这也许就是人生的逻辑吧！

（六）要面子

人有脸，树有皮，这是俗话；"人而无仪，不死何为"，这是文言。二者虽有雅俗之分，但大概意思都是一样的：每个人都要顾及自己的脸皮，如果连面皮都能豁出去，这种人真是不配活在世上。

在某种程度上，要面子体现了人的自尊。反过来说，厚颜无耻的人是不会要什么面子的。如此来说，要要面子倒也无妨。轻度而适度的要面子不但没有坏处，反而有些好处。比如，因为怕挨批评出丑，便不去违反纪律；因为怕落后丢脸，便努力赶上；因为怕遭人笑话，便端正行为。如此等等，都可以使人们在顾及面子的考虑下做出有益的事情来。

然而，凡事只想保住面子的人往往会变得缩手缩脚，失去对自己、对人生的把握。比如，在一些很随便的场合，谁也用不着像平时那样严肃认真；如果你硬摆出一副正人君子的模样，别人就会认为你假装正经。再比如，某事正处于酝酿阶段，大家都在出主意，想办法，而你却担心出语不当，日后给人落下话柄，便支支吾吾起来。这样你给人留下的印象不是平庸无能之辈，便是不敢负责任的人，日后再有较大决策，就不会有人找你拿主意了。

要面子又会使人丧失很多好机会。人生很多的机会都是争取来的，只要动机端正，脸皮可以厚一些。如果被所谓折面子阻碍了进取，实在是令人可惜。

要面子又有程度之分，程度严重的俗称"死要面子"。要面子到了如此地步，危害就更大了，它往往会使人违心地干出自己本来不愿意或不打算干的事情。死要面子的人到头来总是既保不住没价值的面子，又要吃大亏。

（七）出名之心

出名之心，人皆有之。

社会学家对人的出名欲做过这样一个实验：找两组受试者，分别呆在两个互相隔音的房间里，只对其中一组受试者暗示说，今天的活动有记者采访，电视台转播。实验开始了，从隔壁传来一个人的呼救声，同时又传来歹徒的威胁声："谁敢来就打死谁！"结果，得到暗示的那组有80%的受试者前去援救，比另外一组多出50%。社会学家由此得出结论：人们在可以出名的情况下，更加看重自己的价值。

每个人都不免有出名之心，这并没有什么不对的。人生一世，草木一秋，和漫漫历史相比，人的一生实在短暂。在看到了这个差距之后，人们便想借名声使之不朽。从实质上讲，出名之心反映了人与自然规律的积极抗争。然而，"君子爱名，亦取之有道"，首先应该争取做出成绩，使出名成为理所当然，绝不能为了出名而不择手段。

不择手段也能出名，但出的不是真名，而是假名。比如，有人在某研究所当领导，手下的一个研究员搞出了一个重大成果，他死乞白赖地把自己的大名挂上去。人家辛辛苦苦写了一本书，他硬要给自己封个顾问、主编的头衔。还有的人不是什么领导，但各种关系搞得活络，今天在这里捞个副主编，明天在那里混个撰稿人，捞来赚去，真可以"大名鼎鼎"了。

这种人出名心切，一时固然可以成功，但终有被揭露的一天，会弄个身败名裂。这样的教训实在太多了！

对一般人来说，首先考虑的不应是能不能留名，而是设法不要留下坏名。

依世人对坏名的态度而论，坏名又可以分为如下几种：一曰恶名。人们对此的态度是深恶痛绝，憎恨得无以复加。二曰丑名。丑与恶常常相连，但稍有不同的是，人们对丑名的态度更多的不是憎恨，而是鄙视。三曰蠢名。人们对这种名声的态度是嘲笑和讥讽。"邯郸学步"就是如此。

（八）"我恐怕不行吧"

心理学家告诉我们，人们的很多行为都是受自己的心理暗示控制的。比如，你解一道根本无解的数学题，由于这道题是老师当作作业布置给你的，所以你就形成了这道题有解的心理暗示。倘若在平时，你试了几遍没有结果后就会罢手，而如今有了这种心理暗示，你就会毫不气馁地演算下去。

心理暗示并不能一律都称之为糟糕的，只有那些消极的心理暗示才是糟糕的、有害的。而只有消极的心理暗示才在必须克服之列，积极的心理暗示却应该加以建立和保护。

比如，当你遇到困难的时候，你认为一定能成功，这就是积极的心理暗示。有了这种心理暗示，你就可以去努力地克服困难。

糟糕的心理暗示也常常出现在遇到困难的时候。不少人都有一种抑制不住的畏难情绪，他们遇到了困难肯于去克服，但边克服心理边嘀咕："能行吗？好像够呛！坚持下去还有希望吗？"有了这种心理暗示，本来困难不大，本来有能力克服，到头来也会被困难吓倒。

糟糕的心理暗示所造成的不良影响就是破坏韧劲和主动精神。很多事情和条件都在两可之间，再坚持一会儿就会胜利，再主动一点就能争取到手。而糟糕的心理暗示偏偏会在眼看就要成功的时候，让你打起了退堂鼓。

（九）往坏里想

现实生活中有很多事情需要作出推测，因为它们的真相我们一时无从了解，或者说无法了解，只能靠推测。从善恶的角度讲，所有推测都可以有两个方向：一个是往好里推测；另一个是往坏里推测。

在这里我们不能不遗憾地指出，凡是与己无关的事情，相当一部分人都愿意往坏里推测。肯定有相当一部分人不同意这个结论，恶意的推测确实反映了人类的某些阴暗心理。也许有人大叫："我从来不把人往坏处想！"这种人最好反省一下，你可能从没有明确意识到这一点，但在潜意识中却不见得没有那种东西。比如，你的几个同学去某地旅游，没有叫你，你也没觉得有什么。这时候，你听到天气预报，说那个地方晴转阴，部分地区有雷雨。你当时心里一动：他们会不会赶上雷雨呢？凭心而论，你并不是替他们担心，而是希望他们挨一顿浇。

如果只是心中想一想，虽然是恶念，但却无危害。最可怕的是把它形之于外。看到本单位一男一女经常在一起，便推测他们是搞婚外恋，心里憋不住便讲了出来，结果闹出好一场风波。你说这种推测可不可恨？

（十）远来的和尚会念经

和尚不分远近都会念经，但为什么人们偏偏对远来者另眼相看呢？在没有回答这个问题之前，我们需要先来揣摩一下人们的心理活动。和尚不知来自何处，只知其远，首先其来历就耐人琢磨："啊，此人有可能是像达摩祖师那样来自佛教的发源地，或者是像玄奘那样到佛国镀过金。不用说了，人家挨着释迦牟尼的边，肯定比当地的土和尚会念经。再说，人家还是正宗呢！""噢，这个和尚也有可能是游方僧，这种人可小觑不得。他们虽说没有留过'洋'，但走南闯北，见多识广，不用说，肯定比咱这儿的土和尚强。""听说远处的和尚都有本事。再说，人家要是没有点能耐，跑这么远干啥呀？"

从上边的心理描述中，我们已经发现了产生"远来的和尚会念经"这种错误观念的原因所在了。其一是不加分析，盲目相信。佛国的和尚很可能大有道行，但不一定到我们眼皮底下来的这个和尚就是得道之士。他就是他，不管来自何处，都只能通过其实际作为来加以判定，如果被其名声"唬"住，就会人家说什么就相信什么。其二是以一般代替特殊。远来的和尚很可能有相当一部分人会念经，但不见得个个都会念。这就像中国功夫天下第一，但并不是人人都会功夫一样。外国人见到一个中国人就缠着他教功夫，以为他肯定会几手，其实很可能他知道的还没有那个外国人多呢！其三是妄自菲薄，对自己或己方没有信心。这种人并非没有能力，而是缺乏自信心，总觉得别人比自己强。这时候来了一个以和尚自称的人，他就自然地认为人家肯定会念经，而且比自己念得好。

当然，用不着我们多加解释，谁都看得出来，上边所说的和尚念经之类不过是打比方而已，实际上指的是现实生活中一种常见的观念，这种观念虽然不见得有多大危害，但在它的错误引导下，常常会使人们不适当地作出贵远贱近、贵外贱内的举动来。

受"远来的和尚会念经"这种错误观念影响的人，最容易干出"墙里有花墙外寻"的傻事来。自己身边的能人让别人当作"远来的和尚"请走了，而远途而至的"和尚"却尽是些不学无术之辈。如此缺乏知人之明，且不说别人，个人上当受骗定然是难免的了。

参考文献

[1]张旭东.大学生抗挫折心理能力的内涵与指标体系研究[J].肇庆学院学报，2014（1）：61-66.

[2]张旭东，张世晶.积极心理学与教师心理生活调适[M].武汉：武汉大学出版社，2019.

[3]李占江，邱炳武，王极盛.青少年归因风格及其与心理健康水平关系的研究[J].中国心理卫生杂志，2001，15（1）：6-8.

[4]M.E.P.塞利格曼.真实的幸福[M].洪兰译.沈阳：万卷出版公司，2010.

[5]周国韬，盖笑松.积极心理学与教师心理调适[M].北京：中国轻工业出版社，2012.

[6]刘翔平.积极心理学（第2版）[M].北京：中国人民大学出版社，2018.

[7]林崇德等编.心理学大辞典[M].上海：上海教育出版社，2003：1431.

[8]俞国良，辛自强.教师信念及其对教师培养的意义[J].教育研究，2000（5）:16-20.

[9]柏桦.信念——重建生命新境界[Ml.北京：西苑出版社，1999:287-305.

[10]刘晓明，孙文影.教师心理健康教育[M].中国轻工业出版社，2008.

[11]王维勋.大学生非理性信念的成因及其矫治[J].中国临床康复，2005，9（32）:172-173.

[12]麦迪.自招失败的101件蠢事[M].北京：企业管理出版社，2000.

[13]李亚晖.影响中国人心理的100个观念[M].青岛：青岛出版社，2014.

[14]宗鲁.戏弄人生的九十九种心病[M].大连：大连出版社，1991.

第六章 中小学教师的主观幸福感 与生活质量

尽管每个人由于生活环境、文化教育以及社会地位的不同，对幸福的理解和认识也各有不同，但是这并不妨碍我们将幸福作为生活追求的最高目标。如果问："幸福对你来说意味着什么？"很多人会不由自主地想，意味着拥有理想的工作、丰厚的薪水、完整的家庭、很多的朋友等等。可是，仔细观察生活，我们会发现，有些人已经拥有了上述提到的一切，但还是感到不快乐[1]。

第一节 主观幸福感及其影响因素

一、幸福感与主观幸福感

（一）什么是幸福感？

什么是幸福？当积极心理学运动兴起之后，幸福逐渐进入心理学家关注的视野。研究者们发现，"幸福是什么"这一问题，对每个人来说都有不同的答案。有些人觉得幸福就是兴高采烈、开开心心，但另一些人却觉得幸福代表着平静和安宁。雨果认为："人生至高的幸福，便是感到自己有人爱。"而卡尔·马克思在谈到幸福时，却只用了"斗争"一词。使人心情舒畅的境遇和生活，一种持续时间较长的对现有生活的满足感，并希望保持现有状态的稳定心情[2]。

由于这些分歧的存在，心理学家最终决定以个体的主观判断为标准来界定幸福，即认为幸福就是个体根据自定的标准对其生活质量的整体性评估。这一观点得到了大多数人的认同，并将其定义为"主观幸福感"（subjective well-being，SWB）。赛利格曼幸福的公式：总幸福指数=先天的遗传素质+后天的环境+你能主动控制的心理力量（H=S+C+V）。

个人内部建构决定生活事件如何被感知，从而影响幸福体验。人们对于幸福的含义有着很多种不同的看法。那么，什么是幸福感呢？无论一个人对幸福的含义有着什么样的理解，他都会对自身生活产生幸福或不幸福的感受，这种感受就是主观幸福感[3]。

（二）什么是主观幸福感?

主观幸福感（Subjective Well-Being，简称SWB）是指人们对其生活质量所做的情感性和认知性的整体评价。在这种意义上，决定人们是否幸福的并不是实际发生了什么，关键是人们对所发生的事情在情绪上做出何种解释，在认知上进行怎样的加工。与心理幸福感（psychological well-being，PWB）一样，主观幸福感日益受到重视。因而SWB是一种主观的、整体的概念，同时也是一个相对稳定的值，它是评估相当长一段时期的情感反应和生活满意度[4]。

主观幸福感是指个体对其整体生活状态的判断，具有以下三个特点[3]。

1.主观性

正如一句谚语所说："幸福如同脚上的鞋，是否合脚只有脚趾头最知道"。个人的主观幸福感也是如此，它存在于个体的经验之中，依赖于个体内定的标准，而不是他人或外界的准则。尽管健康、金钱等客观条件对幸福感会产生影响，但它们并不等同于幸福感本身。由于幸福感完全是一种个人主观体验，因此把它称为"主观幸福感"。

2.整体性

幸福感不是源自个体对某个生活领域的狭隘评估，而是个体对其生活状态的整体评价。成年人的生活内容，包括家庭生活、职业生活、社会生活等多个领域，幸福感不是由某一个领域决定的，而是由个体对多个领域的整体生活感受决定的。

3.两维性

幸福感的一个维度是积极情绪体验（例如兴高采烈、满怀信心、心平气和等），另一个维度是消极情绪体验（例如无精打采、沮丧失望、焦虑烦躁等）。过去人们以为，积极情绪越多的人，消极情绪就会越少，反之亦然。可是，近来的科学研究却发现事实并非如此。人们的消极情绪和积极情绪是两个不同的维度，既可能一个高一个低，也可能两个都高或都低。正如白岩松在一本书名里所说的那样，人可以"痛并快乐着"。

（三）主观幸福感的脑机制

不仅是积极心理学家们关心主观幸福感，近年来，认知神经科学的研究者们也从自己的角度对主观幸福感进行了很多研究。在认知神经科学中，科恩和艾伦（Coan&Allen，2004）提出左侧前额叶激活水平上升与积极情绪及趋近行为有关，而右侧前额叶激活水平上升则与消极情绪及退缩行为有关[3]。

1.习惯化的神经基础

迪纳提出的社会适应理论认为个体对新异的生活事件最初反应强烈，但随着时间的推移，这种反应会逐渐减弱。良性和恶性事件会分别引起幸福感短时间内的提高和降低，然后到达一个相对稳定的水平。一系列考察情绪的相关研究都发现了杏仁核对重复的情绪性刺激会产生习惯化，表现为其激活程度的显著减弱。费舍尔等（Fischer et al.，2003）在实验中发现呈现情绪性刺激和中性刺激时，右侧海马以及两侧的颞中和颞下皮层也会产生这种适应效应。温廷克等通过ERP（事件相关电位）研究发现，晚期成分P300与视听通道的定向反应密切相关。新异刺激出现后的300ms左右会诱发P300成分，但是随着该刺激的重复出现，该成分波幅会显著减小。这也就反映了定向反应的习惯化过程。总的来说，脑成像研究中的激活脑区和脑电成分都初步验证了即时效用产生过程中一般适应效应的存在，即从生理机制的角度为主观幸福感形成中"回归基线"的现象提供了解析。

2.个体差异的神经基础

具有不同人格特质的个体在面对相同的刺激时，他们的生理反应机制是不同的。不少研究都发现，抑郁型的人格障碍群体在进行即时情绪反应、情绪回忆任务时与正常组都存在着显著差异。抑郁个体即时评价快乐信息的认知功能受损，在提取负性信息时存在优势。这些研究结果都反映了个体差异对幸福感形成过程的影响。

3.文化差异的神经基础

不同文化背景下的个体在人格特征、社会取向、价值判断、目标追求、情绪体验等方面都存在着很大差异。处于两种不同文化背景中的个体在对同样的刺激进行情绪评价时，两组被试早期阶段的神经活动没有显著差异，但是在后期阶段会产生分离。另外，森口等（Moriguchi et al.，2005）在一项有关面孔的跨文化研究中发现，欧洲被试者在对刺激进行反应时，其后扣带回和杏仁核会被激活；日本被试者却表现出额下回和脑岛的显著活动。在黄宇霞和罗跃嘉（2004）的研究中，他们将中国人对国际情绪图片系统中情绪图片的评价与美国人相比较，结果发现二者既有相关性，也有显著的组间差异性。

二、影响主观幸福感的因素

究竟什么使人幸福？关于这个问题有许多的推论和常识性的假设。比如，很多人都说金钱不能带来快乐，但是你真的相信这个观点吗？也有人说"拥有健康，你就拥有一切"，如果你很健康，但却贫穷、没有工作、孤独，那你还会幸福吗？我们时常会听说成为父母是一种幸福、年轻是一种幸福、单身是一种幸福，这些因素真的能带来幸福感吗？近几十年来，心理学家开始用实证研究来验证这些假设，正如你将看到的，许多我们关于幸福感的"常识"都是不准确的[2]。

（一）内部因素

1.遗传

如同心理现象受遗传还是环境作用的争论一样，对主观幸福感的产生基础也存在着类似不统一的现象。然而，心理学家的研究指出，在感受幸福的天赋方面，人类的祖先在遗传上就存在着个体差异，这些幸福基因被选择性地遗传给人们，所以现代人的平均幸福感依然存在着一定的个体差异。这些不同的基因因素影响人的行为，增加人们经历某种生活事件的可能性，在某种情境下使某类独特行为反应更可能发生，从而进一步影响不同个体的主观幸福感。美国明尼苏达大学的心理学教授戴维·吕肯（David Lykken）与其同事对一些出生在明尼苏达的双生子进行了长达10年的幸福感调查，他们认为80%的人在出生时就已有了基本定型的"幸福感"，人一生中的大部分时间能否在快乐的情感中度过，这其中一半取决于他的机遇，而另一半则在母亲受孕时便已决定了。

一项来自明尼苏达大学奥克·特勒根（Auke Tellegen）等的双生子研究也发现：在不同家庭环境中长大的同卵双生子，其主观幸福感水平的接近程度，比在同一家庭中长大的异卵双生子要高得多，并且40%的积极情感变异、55%的消极情感变异，以及48%的生活满意度变异可由基因解释，而共同的家庭生活环境只能解释22%的积极情感变异、2%的消极情感变异，以及13%的生活满意度变异。由此可见，遗传结构可以作用于人们的幸福感，一个人的平均幸福感在一定程度上取决于他的基因，而不是那些起伏不定的运气。

2.人格

人格因素是影响主观幸福感的最重要因素之一，大量研究表明人格因素与主观幸福感高度相关。马格纳斯和迪纳（Magnus & Diener，1991，May）的研究表明，人格特质对主观幸福感的影响甚至高于生活事件的影响。外倾者相对于内倾者，更容易对愉快的情绪刺激产生反应；神经质的个体相对于稳定的个体更容易对不愉快的情绪刺激产生反应。迪纳和卢卡斯（Diene，& Lucas，1999）认为，外倾者更容易接收到奖励信号，并表现出更强的积极情感，使其接近奖励刺激。由于社会情境比非社会情境更具奖赏性，外倾者的积极情感增强也会引起社会活动增多。阿米拉蒂等（Ammirati，Lamis，Campos，& Farber，2015）研究表明，乐观的人格特质与幸福感呈显著正相关。乐观者往往对未来抱有积极的期待，他们坚定地相信未来会有好事发生，这种期待驱使他们行动，并达到目的[4]。

3.幸福观

"幸福"一词有时指幸福感（受），有时指幸福观（念）。一般而言，哲学主要关注幸福观，而心理学更侧重幸福感。尽管幸福感在某种程度上是幸福观的产物，个体也是在自己幸福观的指导下追求幸福、感受幸福，但幸福观毕竟不等同于实际体验到的幸福。例如，一个没有明确幸福观的人可能感觉非常幸福，而一个拥有明确幸福观的个体可能完全没有体验到幸福。简言之，幸福感主要指人们对幸福的体验与感受，而幸福观更多地反映了人们"想象的幸福"或"假设的幸福"。

4.健康

许多人相信健康状况是决定幸福感水平一个重要的因素。有人把健康比作1，而把其他如财富、成功、名誉、爱情、美貌等都比作0，只有1存在时，其他的加上去，才会成为10，100，1000……，但若健康不存在，其他的再多，也还只是0。人类的幸福只有在身心健康的基础上，才能建立起来。对幸福感而言，主观的健康感受比客观（实际）的健康状况更重要。随着我们对自身认识的增加，我们愈加感受到，我们的身心并不是两个互相分离、相互独立的系统，而是不可分割的、相互作用的统一整体。当生活的压力过大时，人们的心理负荷就会达到一种临界水平，不但要承受心理压力，而且还会产生身体上的疾病。而那些对自己生活很满意、更乐观的人却可以表现出更少的病症，而且他们的实际患病率也更低。可见，我们生活得越幸福，就会越健康；相反，我们生活得越不幸福，也就越有可能患上疾病。

在成功学盛行的今天，许多年轻人认为自己处于精力充沛、拼命赚钱的好时光，所以终日生活在忙碌之中。健康是幸福的基石，是一切生活目标的原点。如果没有健康，一切都黯然失色，生活乐趣全无，何谈幸福？健康并不是一切，但是失去健康，就会失去一切。

5.年龄

幸福感更有可能出现在年轻人、中年人，还是老年人群体？我们通常认为某个年龄段感受到的压力可能比其他年龄段更大，如中年危机或青春期压力。这会让我们认为人生的某个年龄段会比其他时间更幸福。有研究者（Inglehart,1990）选取来自16个国家的169776名被试者对该问题进行了研究。结果发现，能使人感到幸福的环境因素随年龄而改变。例如，对老人而言，有经济保障和健康是非常重要的，或说是让人感到幸福的；而对青少年而言，学业、工作顺利和满意的亲密关系对幸福感而言是非常重要的。难道你不认为年轻人会比老年人更快乐吗？大多数年轻人都是健康的、活跃的、长相好看的。他们可以期望在整个人生中充满令人兴奋的机遇。也许年轻人的确比老年人更快乐，只是他们不会承认自己更快乐而已。在这里，我们又有一个测量方法上的问题：假定一个20岁的人和一个70岁的人自我评定的幸福等级一样，实际上他们真的是一样幸福吗？可能他们是以不同的标准来评价"当前状况"的。

（二）外部因素

1.金钱

人们在评价一个人的幸福感时，常常习惯于从一个角度出发，即通过一个人拥有的物质财富的多少来估计他有多幸福。在一个崇拜物质的社会，金钱无疑会被认为是幸福感的重要决定因素：更多的人选择去追求财富。大多数人倒不是排斥幸福，而是认为一旦有钱了，幸福就随之而来。根据塞利格曼的观点，财富只有在缺少时才对幸福有较大影响，一个特别贫穷的人不会感受到幸福，可当财富增加到一定水平后，财富与幸福的相关就小得多了。百万富翁并不一定快乐，中彩票也不能使人长久地幸福，同时也存在一些"快乐的穷人"。经济收入在人们比较贫穷时对幸福感有较大影响，而一旦人们的基本需要得到满足，经济状况对幸福感的影响就较小了。总体来说，人均国民收入与幸福感呈正相关，人均收入越高，人们越幸福。

纵然财富不能带来幸福，但贫困确实会使人不幸福。尤其是在这个穷人周围都是经济条件比较好的人，或者这个穷人同时身患疾病的情况下。财富在哪个方面确实能带来幸福呢？主要在于收入的改变，而不是财富的总量（极度贫困的情况除外）。当人们突然获得一笔意外之财的时候，他们会瞬间体验到强烈的快感。但是一旦他们适应了这种新处境，幸福感就回到先前的水平了。

2.婚姻

人生真正的幸福和欢乐浸透在亲密无间的家庭关系中。许多研究都证实家庭和婚姻满意度是主观幸福感的最强预测因素。迈尔斯的调查发现，已婚的人比离异、未婚和分居的人更幸福，而最不幸福的是套在不幸婚姻中的人。诺费尔·格兰对婚姻与主观幸福感的关系进行了大量的研究，他发现已婚妇女报告的幸福感高于未婚妇女，同时，如果控制了教育、收入、工作、地位等影响因素，婚姻则是主观幸福感的最强预测指标。后来，他还发现再婚者的幸福感不会受他们过去的离婚事件影响。

为什么婚姻会给人带来幸福感？可以从两方面解释：一方面，幸福的人比不幸福的人更容易结婚，因为作为婚姻伴侣，幸福的人比不幸福的人更具有魅力。另一方面，婚姻为人们提供的种种好处让人更幸福。婚姻提供了更好的心理和生理的亲密感，提供了生儿育女、建立家庭的环境，作为配偶和父母的社会角色，以及自我认同和养育后代的生活背景。大多数人能够体验到浪漫的关系给我们带来的愉悦，因此获得一段美满的婚姻是每个人在追求幸福的路上的一个重要目标。

3.社会比较

我们的主观幸福程度，受到我们对自己的评价和对自己当前处境的评价的影响，这不但包括与我们自己近期的处境相比较，也包括与别人的处境相比较。我们和别人比健康、比个人魅力、比孩子的成绩、比收入、比社会地位、比学术成就等。在现代社会中，电视、电影、杂志、报纸和网络随时都能给我们呈现人群中的典范，他们优越的生活方式、迷人的形体魅力以及在事业上取得的成功，其实是大多数人永远达不到的状态。当我们用这些不切实际的标准来衡量自己的成就时，幸福感缺失的后果也就不那么令人惊讶了。

根据社会比较理论的观点，主观幸福感的性质与水平是社会比较的结果，经比较得出的结果的好坏与社会比较的方向和内容有关。还有研究发现年轻人和老年人的主观幸福感同时受到经济地位（如收入水平、受教育程度等）比较和计量地位（如受尊敬程度、影响力大小等）比较的影响。但老年人更看重计量地位，对计量地位进行上行比较更容易给老年人带来主观幸福感的损失，而对于更看重经济地位的年轻人而言，进行经济地位的下行比较会使其更易获得主观幸福感的提升。

幸福的源头在于自己的内心，福由心生。人生在世，重要的不是过得如何舒服，活得多么安逸，而是要活得心安理得、快乐充实，把生命的价值充分地发挥出来。

4.亲社会互动

研究表明，具有良好社会支持的个体会有比较高的生活满意度、积极情绪和较低的消极情绪。韦斯研究发现，个体只有在得到各种社会支持时才能获得较高的幸福感；米汉等人的研究指出，社会支持与个体的积极情感存在正相关。人类生来就是需要其他人的，从一个个体出生起，他在婴儿期到青春期这很长一段时间之内都十分依赖他人。即使在成年之后，个体仍旧需要很多来自不同方面的良好社会支持。而这些支持往往在个体与他人之间亲社会互动中产生。亲社会行为是人际互动中对他人、群体及社会有益的积极行为，是个体获得幸福感的重要途径。但研究表明，只有满足个体自主性需要的亲社会行为才能提升亲社会互动中的行为实施者、行为接受者及旁观者的幸福感。

5.文化

对主观幸福感的跨文化研究表明主观幸福感受到文化的影响。在跨文化情境下研究主观幸福感无法回避文化相对性的问题：如果不同的文化有不同的价值观，那么其民众就会依据不同的标准来考虑和评价其所在社会的成功和价值。幸福感的文化普遍性是指幸福感有一些共同的文化因素。自我决定理论和多维模型都是以人本主义理论为基础，探讨并试图验证幸福感的文化普遍性的理论模型。莱恩和德西的自我决定理论认为人类有普遍的基础性的三个心理需要，即自主需要、能力需要和关系需要，这三种需要的满足在不同的人生阶段和不同的文化中有不同的实现途径和表达方式。苗元江和余嘉元提出的多维模型，则认为幸福感的心理机能包括自我接受、个人成长、生活目的、良好关系、情感控制和自主，这些需要得到满足的程度与生活满意度有关。显然，自我决定理论同时考虑到了幸福感的文化共性和特性。在个人主义文化中，个人的幸福感以自身的情绪体验为基础；在集体主义文化中，个人的幸福感与满足他人的需要和期望密切相关[6]。

第二节　寻找乐趣与教师主观幸福感

心理生活质量的内涵既包括认知生活质量，也包括体验生活质量，主要由生命质量、幸福体验、心理健康、价值判断和心理成长等因素构成。故而，要提高中小学教师心理生活质量，需要从提升其主观幸福感角度出发[7][8]。

一、生活乐趣与教师主观幸福感

（一）缺憾之乐——人有悲欢离合，月有阴晴圆缺

每个人都想争取一个完满的人生，然而，正如苏东坡所言的"人有悲欢离合，月有阴晴圆缺，此事古难全"。积极心理学认为：不完美才是真正的人生。

1.世界并不完美，遗憾催人奋进

人的一生总会发生一些难以预料的事请，面对生活的不完美和不如意，我们既不能放弃自己，也不能苛求自己更完美。我们所能做的就是勇敢地接受自己不完美的现实，不抱怨，不懊恼，怀着一颗包容的心看待生活给我们的不如意。在轻松、满足的环境中我们才能生活得更好，刻意地追求完美只会使我们的生活越来越艰难。事实上，我们每一个人都有缺点和不足，这是正常的，我们必须学会接受他们，顺其自然。如果非要和自然规律抗衡，必然是自讨苦吃。所谓"世界并不完美，人生当有不足"，留些遗憾，反倒可使人清醒，催人奋进。要知道，鲜花不是因为芬芳而圆满，而是因为既有芬芳又有凋谢才圆满；彩虹不是因为绚丽而圆满，而是因为经历了风雨，终现缤纷的色彩才圆满。

2.立足不完美，找寻你最可能实现的愿望

积极心理学认为，立足不完美，找寻你最可能实现的愿望，这才是获取成功、获取幸福的最佳途径。在我们的生活中，有很多人有着宏大的理想，把自己的生活按照打造帝国的标准来过，最终在遗憾和不甘中度过一生。其实，我们不妨换个角度思考，先去实现那些容易实现的愿望。这样一来，既能获得成功的喜悦，又能不断接近那个远大目标。我们应该摆正自己的位置，调整好心态，以自身条件为前提，找到那些离自己最近、最容易实现的愿望，然后尽力去实现它们。一次走一步，一步一个愿望，这样就可以增强你的自信心和成就感，减少挫折感，让自己活得充盈。每一个幸福的人生，精彩的生命，都是从最可能实现的愿望开始，进而一步一个脚印地走向属于自己的成功。

（二）知足常乐——欲望极简，宠辱不惊

积极心理学认为，欲望往往是祸患的根源。当我们懂得适可而止时，欲望就像一个洁白的天使，引领我们一步步走向成功；而当我们贪婪无度时，欲望就像一个丑恶的魔鬼，破坏我们的每一步行动。

1.降低一分欲望，提升一分幸福

积极心理学认为，容易满足的人，是因为给自己设置的幸福底线低；欲望越强，越难知足的人，可能会丢掉手中原本最为珍贵的东西。到了这一阶段，我们已经不是在追求幸福了，只不过是让自己的欲望无限膨胀而已。真正聪明的人，是不会舍近求远，去定什么幸福大目标的。他们随遇而安，让心情放松，享受生活，让自己快乐，也让亲人幸福。假如这山望着那山高，终会一无所得。

修剪欲望，让生活变简单。我们要尽量将自己的生活简单化，减少对物质的过多依赖，简简单单的生活会让人觉得神清气爽。我们可以在简化自己生活的过程中，减少自己的欲望。即使我们缺少一些东西，生活还是一样会过得很好，甚至更快乐。当生活越简单时，生命反而越丰富，尤其是少了欲望的羁绊，我们能够从世俗名利的深渊中脱身，感受到自己内心深处的宽广和明净。

2.适可而止，过犹不及

有人曾经将财富贴切地比作咸的海水，喝得越多就会越觉得渴，而越渴就越想再喝。因此，适度很重要。漫漫人生旅途中，充满了灯红酒绿的诱惑，面对这些诱惑，许多人都无法自控，他们想要得到的往往比自身真正需求的多得多。倘若一时得不到，有些人便会铤而走险，结果断送自己的前途。

生活就像是一杯水，不论你用的是玻璃杯还是水晶杯，甚至是陶瓷杯，都不能说明什么，因为杯子里的水对于每个人来说都是一样的。每个人都有权利往杯子里放入一些东西，可以是任何东西，只要你喜欢。不过，需要注意的是，必须要适可而止。因为毕竟杯子的容量是有限的，你加得太多，水就会溢出来，导致你失去得更多。所以，不要计较太多的得与失，也不要让自己有太大的心理包袱，好好享受成功和努力的过程就好。

二、工作乐趣与教师主观幸福感

（一）理想之乐——无梦则无望，无望则无成

积极心理学认为，人和其他生命的最大不同之处，就在于人懂得利用自己的力量去改变所处的环境，而不是一味地屈服和等待外来的帮助。在人生道路上，无论是我们追逐梦想、建立事业，还是经营感情，都要明白救命的稻草掌握在自己手里。不要一味环顾左右，不要一味等待伯乐出现，而应埋头沿着自己的跑道一步一步扎扎实实地前进，才能建立起自己坚不可摧的人生堡垒。

1.做好人生十字路口处的选择

积极心理学认为，世界上最快乐的事，莫过于为理想而奋斗。许多人都将自己不能成功的原因归结于没有一个好的平台，因为环境不佳，所以跳不高、飞不远。认为不是自己不愿付出努力，而是因为始终都得不到一个飞翔的机会，才慢慢地变成了无法飞行的鸟。对于我们而言，梦想就像是翅膀一样，你的梦想有多大，你的未来就有多宽广。

积极心理学认为，选择对于我们未来的生活起着重要的作用，而人生十字路口处的重大选择，更是决定着我们的命运。一个人的选择不同，就注定会拥有不一样的人生。在这条单行线上，我们没有任何从头再来的机会。

2.梦想与理想并存

积极心理学认为，梦想有远有近，只有离我们最近的那个梦想才是最现实的。远处的风景是梦想，近处的风景是理想，相比于那些虚无缥缈的东西，可以抓住的眼前的一切才是我们应该把握的。如果一味地好高骛远，盲目地将眼光盯在虚幻的目标上，却忽视眼前的工作，只会让人疲于应付，最终一事无成。做自己力所能及的事情，就是简单而有效的选择。若是失去了一切，我

们确实可以从头再来，但我们的生命是有限的，有时你未必有大把的时间去重新起跑。人生理应有远大的理想，但理想永远不能脱离现实，要着眼实际去选择。成功是一步步积累出来的，你若是只不切实际地幻想，不为此付出努力，那么最终你仍将一无所有。选择眼前能够帮你接近目标的事情努力，最终你会发现，自己的理想会像阳光一样照进现实。人生的方向盘掌握在自己手中，要对自己的人生负责，作出足够的努力，我们无法指望别人出手相助。当你觉得梦想遥不可及而原地踏步、一心希望有伯乐相助的时候，你不知道，别人已经在一步步攀爬通往成功的高峰了。

3.叫醒最初梦想，照亮无悔青春

积极心理学认为，人应该学会把自己的感觉叫醒，放开心胸，放下种种担心和顾虑，勇敢地向着梦想前进。我们总会听到有人抱怨，如果当初怎样，现在就能如何。可是，时间的大门一旦关闭就不可能再开启，人生就是一场单程的旅途，没有回头的路。人生太短暂，时间不等人，有些事情现在不做，就再也没有机会做了。世界上有很多事都是互相矛盾的，而有时我们会陷入这种两难的抉择当中。这个时候，选择的结果很难以对错来评价，人生若是一条路，选择就是岔路口，无论你怎样选，最终的终点都一样，当然，你的一个选择会改变你的人生。

人可以平凡，却不能平庸，即便你没有什么鸿鹄之志，你也该有着自己的幸福和未来。坚持是一种不放弃的努力，说来简单做来难。虽然你通过努力、坚持不一定能够成为伟人，但一定不会成为庸人。你是自己人生的创造者，这种喜悦是别人羡慕不来的。人生的成功贵在争取，不论生活给了你怎样的磨难，只要你坚持不懈，最终成功一定会对你露出笑脸。

（二）行动之乐——业精于勤荒于嬉，行成于思毁于随

行动的力量是巨大的，有时候它可以把人们一贯认为的"不可能"变成可能。积极心理学认为，行动是成功的必经之路。假如你连行动的前提都没有，那就谈不上成功。不管是什么样的道路，都要有一个开始，行动就是赋予成功的那个开始。

1.有计划理所应当，能执行才算可贵

积极心理学家说，人生中总是有好多的机会到来，但总是稍纵即逝。我们当时不把它抓住，以后也就永远地失掉了。你不要认为那些取得辉煌成就的人，有什么过人之处，如果说他们与常人有什么不同之处，那就是当机会来到他们身边的时候，立即付诸行动，决不迟疑，这就是他们的成功秘诀。具有坚定信念的人，眼光盯着自己的目标，不以一时一事动摇自己的决心。这样，将逆境闯过去，在顺利时求发展，自然能一步一步地走向成功。积极心理学的案例也告诉我们，敢想敢做敢于尝试，才能取得成功。如果想成为一个成功者，就必须具备坚强的毅力、勇气和胆略。

2.青春学会选择，选择铸就成功

积极心理学认为，当你有一个大目标时，一下子实现并不是那么容易，所以你要化整为零，将大目标分解为小目标。这样把一个个小目标实现了，那么离大目标也就越来越近了。有人说："我们老得太快，却明白得太迟。"人生漫长而又短暂，能够决定一个人一生命运的，其实只是那么几步而已，而且也就是在一个人年轻的时候。当我们不会选择的时候面临多种选择，而当我们满腹经纶、有能力选择的时候，其实你已经没有多少可以选择的机会了。这种激励也存在于人们的体内，它推动一个人来完善自我，以追求完美的人生。一旦你有幸接受这种伟大推动力的引导和驱使，你的人生就会成长、开花、结果。反之，如果你无视这种力量的存在，或者只是偶尔接受这种力量的引导，就只能使自己变得微不足道，不会取得任何成就。这种内在的推动力从不允许人们停息，它总是激励着一个人为了更加美好的明天而努力。人的一生中要面临的十字路口有很多，每一条路的尽头都是我们未知的结果，所以，一定要根据自身的价值取向，选准一个方向，勇敢地迈出自己的第一步，让青春学会选择，让选择打造成功，让成功引领人生。

三、交往乐趣与教师主观幸福感

（一）朋友之乐——所交皆君子，同道方为朋

学历、金钱、背景、机会……也许这一切你现在还没有，但是你可以打造一把叩开成功之门的金钥匙——朋友。在这个朋友决定输赢的年代，你不要奢望自己像武侠小说中的高手，靠一身武功就能称霸天下，而应该把自己打造成站在巨人肩膀上的英雄。

积极心理学认为，人生离不开友谊，但要得到真正的友谊很不容易；友谊总需要忠诚去播种，用热情去灌溉，用原则去培养，用谅解去护理。

1.把握分寸，智慧交友

积极心理学认为，和"比我们高"的人站在一起，能从他们身上学到成功的秘密，从他们那里获取到更多有利于自己成长的东西。的确，朋友之间的相互影响，会有潜移默化的作用。一个人生活的环境，对他树立理想和取得成就有着重要的影响。周围的环境是愉快的还是不和谐的，身边有没有贵人经常激励你，可能关系到你的前途。所以，我们要想"抬高"自己的价值，就必须往"比我们高"的人身边站。

大部分人交朋友都"弹性不足"，因为他们交朋友有太多原则：看不顺眼的不交、话不投机的不交、有过不愉快的不交。这种交朋友的态度也没有什么不好，但在交友之中，实在有必要更有弹性一点：你看不顺眼，或话不投机的人并不一定是"小人"，甚至还有可能是对你有所帮助的"君子"，你若拒绝他们，未免太可惜了。在校园里建立起来的友谊之所以被认为是没有功利性的，也是因为沾染物质上的利益少，但是其感情的因素却是很重的。

2.与其锦上添花，不如雪中送炭

一般说来，对别人的帮助要恰到好处，更要落到实处。我们常常用两肋插刀来形容朋友之间很深的情谊。当朋友有难时，我们能够不顾一切地去帮助他，这才是真正的帮助。可见，帮助别人也是有技巧的。所谓"千里送鹅毛，礼轻情意重"，说的就是这个道理。通常，人们最重视雪中送炭，而非锦上添花。

积极心理学家说，人的一生不可能总是一帆风顺，难免会碰到失利受挫或面临困境的情况，这时候最需要的就是别人的帮助，这种雪中送炭般的帮助会让人记忆一生。每个人活在这个世上，都不可能不有求于人，也不可能没有助人之时。当你打算帮助别人的时候，请记住一条规则：救人一定要救急。其中的道理很简单：如果他人有求于你，这说明他正等待着有人来相助，如果你已经应允了，那就必须及时相助。如果他人没有应急之事，也不会向你求助，因为一般人都不愿求人。一旦你答应帮助他人，他心存感激之余当然会把希望完全寄托在你的身上，如果你最后帮得不及时或者没有去帮，反而会遭到怨恨。

在生活中，锦上添花，不如雪中送炭。当他人口干舌燥之时，你奉上一杯清水便胜过九天甘露。如果大雨过后，天气放晴，再送他人雨伞，这已没有丝毫意义了；如果人家喝醉了，再给人敬酒，这未免太过于虚情假意了。我们在帮助别人时一定要注意这些。

"患难之交才是真朋友"，这话大家都不陌生。我们总会在现实生活中遇到一些困难，遇到一些自己解决不了的问题，这时候，如果我们能得到别人的帮助，我们将会永远地铭记在心，感激不尽，甚至终生不忘。

3.灵活交友，求同存异

积极心理学认为，我们不必一味追求所谓的"没有任何功利色彩的友情"，也不必抱怨那种"划分等级交朋友"的人势利。从这一点出发，朋友可分为"刎颈之交级""推心置腹级""可商大事级""酒肉朋友级""点头哈哈级""保持距离级"等。如果根据这些等级来决定和对方来往的密度和自己心窗打开的程度。就可以在生活中和职场上最大限度地保护自己。做人本来就是很辛苦的，但要做一个好人就是要有这样的功夫，并且不会让他们感觉你在"应付"他们。要做到这样，唯有敞开心胸，别无他法。因此，在交朋友的过程中，要牢记以下几个弹性的原则：第一，不是敌人就是朋友，俗话说，人无千日好，花无百日红。没有永远的敌人，也没有永远的朋友；敌人会变成朋友，朋友也会变成敌人，这是社会上的现实。第二，别感情用事。在工作中当我们想要帮助同事的时候，一定要征求对方的意愿，并遵照对方的意见帮忙，千万不要贸然行动。

（二）助人为乐——广结善缘，百事好办

在生活中，收获固然是一种幸福，但付出又何尝不是一种幸福呢？付出时间能够收获希望，付出劳动能够收获果实；付出真心能够收获真情，付出爱心就能够收获整个世界。

1.善心结人缘，助人就是助己

积极心理学告诉我们，没有人富有得可以不要别人的帮助，也没有人穷得不能给他人帮助。关心和帮助身边的每一个人，会让你的心灵得到成长。第一，真诚地助人一臂之力，这会在不知不觉中为自己存下一份善果。人们常说"投之以桃，报之以李"，说"滴水之恩，当涌泉相报"。从博弈论角度看，这种最自然不过的对他人的反应，就是一种被称为"一报还一报"的最佳策略。一般来说，一个人总是做对他人有利的事，他便更有可能获得意想不到的好报。第二，人无信不立，别答应你无法兑现的事。"君子一言，驷马难追"，讲的是做人要守信。一个不讲信用的人，是为人所不齿的。积极心理学认为，人无信不立。信用是个人的品牌，是办事的无形资本。有形资本失去了还可以重新获得，而无形资本失去了就很难重新获得了。办事要量力而行，不要做"言过其实"的承诺。平时可以办到的事，由于客观环境变化了，一时又办不到，这种情形是常有的。当你无法兑现诺言时，不仅得不到朋友的信任，还会失去更多的朋友。

2.真正成功的人，道德与智慧并存

积极心理学认为，一个人智商再高，如果失去了做人的道德标准，他将失去一切。在社会生活中，人际关系常常表现为一种感情上的联系和心理上的相互吸引。第一，人的一生需要源源不断的支持才能成功。你要提高自己的德商，就要光明磊落、心地纯洁、公正无私、宽厚仁爱。只有这样你才能真正拥有健康、成功和幸福。陶行知先生说："千学万学，要学会做人。"德高才能望重。其实，一个人是否能成才成功，智力因素往往仅占20%，而另外起作用的80%是人格因素。良好的品德是人格的重要组成部分。如果忽略了品德培养和健康人格的构建，就容易造就一些智商很高、成就很小的人，甚至有的智力优秀的人成了"歪才""邪才"。真正成功的人，是道德与智慧并存的。第二，不是因诚实出彩，就是因谎言出局。如果你是个诚信的人，同事和上司就会了解你、相信你。不论在什么情况下，他们都知道你不会掩饰、不会推托，也不会为自己的行为辩解；他们了解你说的是实话。那些取得巨大成功的人士都有许多共同的特点，其中之一就是诚实。一个人之所以能拥有很好的人际关系，是因为他的人格魅力征服了身边的人，人们愿意与这样的人成为朋友。积极心理学认为，一个人在社会交往中德商越高，建立起来的人际关系就越好，他的朋友就越多，就越能使自己得到温暖、勇气，增加自己的智能和力量。

3.施恩勿图报，享受付出的快乐

积极心理学认为，一个人是否富有，并不在于他得到多少，拥有多少，而是看他为他人、为社会奉献了多少，因为生命中最重要的不是得到，而是要懂得付出。一个懂得付出的人，才能够懂得快乐。第一，在生活中，收获固然是一种幸福，但付出又何尝不是一种幸福呢？付出时间能够收获希望，付出劳动能够收获果实，付出真心能够收获真情，付出爱心就能够收获整个世界。我们不要把人情总挂在嘴上，那样会显得你小气。做足了人情，给够了面子，等别人获得成功再来感谢，但千万不要夸大其词，最好不夸功，甚至假装不记得。帮了别人，还要管好自己的嘴巴，事情已经过去了，该怎么做还是怎么做，总有一天，真正的朋友会好好回报你。如果对方无意回报，即使你每天对他说一百遍，也无益处。第二，人生那么长，适当吃亏是必修课。积极心理学家认为，在人生的历程中，吃亏和受益是一种互为存在、互为结果的东西。能吃亏是做人的一种境界，会吃亏是处世的一种睿智。老子说，祸兮福之所倚，福兮祸之所伏。就是说事物的发展能产生两个极端的转化，世上的任何事情都是有失有得。真正有智慧的人，不在乎表面性吃亏，而是看重实质性的"福利"。

一个人不能事事只想着受益，有些事情当时即使真的受益了，最终导致的结果仍有可能是吃亏；我们更不能时时怕吃亏，有些事情当时可能是吃亏了，但事后仍有可能会出现一个受益的结果。无论哪一个人，无论哪一件事，没有永远的受益，也没有永远的吃亏。只要我们留心一下历史和身边的人就不难发现，那些取得了巨大成就的人，无一不是胸怀宽广、能吃亏的人。吃亏者，能让人们觉得他有度量而加以敬重。这样，吃亏者的人际关系自然就比别人好。当他遇到困难时，别人也乐于向他伸出援救之手；当他干事业时，别人也肯对他给予支持，给予帮助，他的事业自然就容易获得成功。因为"吃亏"就是一种投资。

第三节　提高中小学教师主观幸福感的策略

要想获得完满的人生，你必须借助积极心理的力量；积极心理会扩展我们的思维和视野，建构帮助我们成功的各项资源。

一、积极情绪与中小学教师幸福感

积极情绪为我们带来健康，让我们更加坚韧，并抑制无端的消极情绪。最重要的是，我们都可以通过努力来提高自身的积极情绪。你是欣欣向荣，还是衰败凋零？这完全取决于你内心由衷的积极情绪[3][7]。

（一）提升心流体验，获得持久快乐

那些拥有健康、美貌、金钱、权力以及许多其他东西的人，未必能体验到真正的幸福，因为他们不知道，还有比财富、权力更为珍贵的东西，那就是心流体验。

1.发现心流体验

心流体验这一概念是由著名的心理学家米哈里·齐克森提出的。20世纪60年代，他发现一些艺术家在画画时常常可以废寝忘食、不辞劳苦，始终专心致志，表现出极大的兴趣和坚持力。他想知道，到底是什么东西在激励着这些艺术家如此执着地工作。而且这些艺术家的工作，并没有任何外来奖励进行激励，他们在工作时也没有寄望于自己的作品能够给他们带来财富和荣誉。米哈里·齐克森通过研究，最终将这一有趣的现象解释为：这些人是被绘画本身所激励，也就是说绘画过程本身能给艺术家带来一种积极的情绪，这种情绪如此强烈，以致能够激励他们持续不断地努力工作。于是，米哈里·齐克森将这样的状态称之为"心流体验"（flow experience）。

米哈里·齐克森将心流（flow）定义为一种将个人精力完全投注在某种活动上的感觉，心流产生时会有高度的兴奋及充实感。具体表现为：全神贯注地投入工作，经常忘记时间以及对周围环境的感知，并在工作过程中获得一种难以名状的乐趣体验。处于心流状态的人几乎都有以下九个特征：体验活动本身成为活动的内在动机；人的注意力高度集中于当前所从事的活动，任何其他的外在引诱最多只可能使之暂时分心；自我意识的暂时丧失，如忘记了自己的身份地位、忘记饥饿疲劳等；行动和意识相融合；出现暂时性体验失真，较典型的表现为觉得时间过得比平常快；对当前的活动具有较好的控制感；具有直接的即时反馈；个体所感知的活动的挑战性和自身的技能水平间具有平衡性；有明确的活动目标。正如一位中学老师所说的那样："三尺讲台，是我生命中最重要的舞台，是我生命旅途中的幸福驿站。不管心情有多么不好，只要一走进课堂，看到学生们那一双双渴望的眼睛，所有的不愉快都会烟消云散。每每在课堂上听到学生富有感情的读书声时，心里便有一种欢喜、一种满足、一种感动。把爱倾注在他们身上，在他们身上才会找到安慰，得到幸福。"

2.如何提升心流体验

人要进入心流体验，必须投注全部精力，意念完全协调合一，丝毫容不

下无关的念头和情绪，此刻自我意识已消失不见，但感觉却比平日强烈，时间感也有所扭曲，只觉得时光飞逝。无论做什么事，若能一面乐于其中，一面不断成长，那就是最佳状态。所以我们有必要采取一定措施提升心流体验[3]。

（1）挑战与技能的平衡。米哈里·齐克森在其心流理论中指出，个体的活动技能是否与活动挑战性相符合是引发心流状态的关键，即只有技能和挑战性呈现平衡状态时，个体才可能完全融入活动中获得心流体验。如果感受到挑战的难度过高，人们就容易受挫，然后担心完不成任务，最后怀疑自我的能力，从而产生焦虑情绪。如果感受到挑战太过容易，完成此挑战是轻而易举的事，那么在完成任务的轻松之后，人们只会觉得十分无趣。教师从事具有创造性的脑力劳动，其教学活动非常需要形成心流体验。优秀教师在教学中经常产生新异的心流体验，达到全神贯注的无我之境。没有一种活动可以使人们永远通过同一种方式来获得心流体验。如何持续不断地获得心流体验呢？最简单的答案——学习新技能。心流体验犹如一台学习机，帮助人们发展高超的技巧和卓越的能力，并向高难度的动作挑战。人们一边乐在其中，一边不断成长，因此心流体验对教师的成长和完善是很有帮助的。

（2）建立清晰的目标。作为教师，要想在教书育人的工作中产生成就感，就必须具有明确的目标，达到这个目标，就有可能产生心流体验。第一，提升工作价值。在米哈里·齐克森看来，提升工作价值可以让工作更富意义，从而帮助我们在工作中获得心流体验。为了赚钱而工作，教育工作就失去了意义和乐趣。也许只有在发工资的那一刻你才会觉得满足，在节假日的时候你才会觉得快乐。为了升迁、提职称而努力工作，地位的提高似乎能够给你带来暂时满足，一旦升迁停止，工作的意义和价值就消失了。心流体验最重视过程，不只关注结果。将工作本身视为目的，视为实现自身能力和价值的过程，才能全身心地投入工作中，从而获得心流体验。第二，关注学生个体成长。教师可以多花点心思在学生身上，关注学生的整体状况，而非只限于其学习成绩或者课堂表现。例如，在备课中根据目前学生的水平修正教学方案；通过家访、家长会等途径，了解学生的生活环境和家庭教育方式。老师们要从心底认识到，所有看似琐碎的工作，都是培养优秀人才不可或缺的步骤；自己的工作对于学生个体的人生发展具有深远的影响力。如此，教师愿意投注额外的精力在学生身上，自我价值得以提升，便能从中获得更大的收获和满足。

3.感恩的积极作用

（1）感恩能让教师更幸福。如果教师对学生表达善意、关心和照顾，行为友善，慷慨无私，并被学生感知到，学生会对老师表达感恩，这种积极的情绪如果也被老师感受到了，教师会因此而认为自己是一个善良的人，并且被别人所认同，这种认知促使他保持施惠的行为。而且在多次建立这种刺激—反应链接之后，这种施惠行为会泛化到其他行为或者其他学生身上，良性循环建立之后，积极情绪会持续地被感知到。这样，教师的主观幸福感就会随之提高。所以，感恩作为一种具有持久性的积极情感，可以使教师在获得幸福感的同时，消除消极的情感，更可以使教师的施恩行为泛化到更多的学生身上，从而使整个生活充满感恩的味道。

（2）感恩能增强社会支持。有研究显示，感恩对于社会支持的维护有着很好的作用。教师是一个工作压力很高的行业，自身的工作业绩、学生的学习成绩、各种事务性考核是每一个老师都会面临的，丰富的社会支持可以让教师在应对压力的时候轻松、从容一些。这些社会支持包括家庭的支持、学校的支持、社会的支持。第一，当一名教师具有较高的感恩水平时，他们往往表现出更具有亲和力、更加随和，因此更容易与他人产生积极的关系。当教师给予他人恩惠的时候，他人会感知到并做出感恩的回应，这时，教师会在自我评价上对自己进行积极的评价，认为自己是一个善良的人，同时感受到的感恩也会对这个积极的评价进行验证性的强化。这使得教师更愿意做出亲社会行为，同时愿意泛化到更多的人身上。这会使得他在社会支持系统中稳固自己的地位。第二，那些受到恩惠的人，在接受到教师的恩惠时，会对自己同样做出积极的评价，他会认为这是自己的道德水平高或者人格特征优秀，而应得的恩惠，并且这种积极的自我评价是道德上的积极自我评价，会促使他做出感恩的行为来巩固这种积极评价。

（3）感恩能让教师更健康。第一，感恩让教师更宽容。一个老师如果时刻怀着感恩的心，那么他对很多事情就会有不同的归因，例如，学生有时候会为难老师，上课接话茬，如果教师把这些情况积极地外部归因，认为可能是他的家庭教育有缺陷，或者他有控制冲动的障碍，或者只是暂时的冲动行为，而不会认为他就是个品行不良的坏孩子。这种归因方式可以让我们更容易去理解学生的不良行为并产生宽容之心。这样去看学生，教师本身不会产生消极情绪来影响教学，也给学生做出一个榜样，让他们知道即使你为难老师，老师也是宽容的，学生得到了积极的关注，这种索要关注的消极行为也会减少了。第二，感恩让教师睡得更好。睡眠质量与心理健康有着重要的关系。心理学家伍德等人对睡眠与感恩的关系进行了研究，发现感恩水平高的人具有更好的睡眠质量。在生活中，我们也会发现，如果今天的心情不好，睡眠质量就会下降，由于没睡好觉，第二天的心情也会不好，如此恶性循环，生活与健康质量都会越来越差。但是，如果我们能一直保持一颗感恩的心，能对事情抱着宽容的态度，就不会有那么多烦心的事情干扰我们，我们也就更容易使自己平静下来去睡觉了。

4.做心怀感恩的教师

（1）感恩需要不断练习。记感恩日记是个有效的方法。在日常生活中，感恩之事并不少见，关键在于我们能否细心发现。例如，学生每天见到老师都会鞠躬问好，笑脸相迎，这就值得我们去感恩，因为学生们很尊重老师。或者是学生在课堂上积极地回答问题，这也就值得我们感恩，因为学生们尊重老师的劳动。逢年过节，一张小小的卡片，一只小小的纸鹤，带着学生的祝福，带着学生的愿望，送到了老师手中，这也是值得我们感恩的，因为学生很爱老师。积少成多，日积月累，我们的感恩水平就会逐渐上升，我们被一点一滴的小事感动，也会因此做出让别人感动的小事，良性循环，我们的生活也就充满了感恩与幸福。

（2）感恩需要行动去表达。感恩不仅需要思想还需要付诸行动。对个体越有挑战性的感恩行为，对个体感恩水平的提高越有作用。作为教师，其实可以做一些挑战性的感恩行为，例如，当众对学生进行感恩表达。这要求教师破除面子问题，真诚面对现实。

我们也可以对自己的父母、自己的同事进行感恩的表达。这样也同样增强我们的感恩意识，因为这种表达中包含一个非常重要的因素，就是让施恩者知道受惠者因其行为而感动，并愿意付出行动来回报这份恩情。这种刺激强化的过程能很好地提升彼此的幸福感、感恩水平和人际关系的紧密度。教师可以经常做出一些强力的行为去表达自己的感恩心情，让感恩成为一种习惯，让感恩成为一种平常化的表达方式。

（3）感恩需要氛围。感恩的环境有助于人们感恩。感恩也是这样，每个人都希望自己处在一个感恩的氛围里面，自己感恩别人的恩惠，别人感恩自己的恩惠，良性循环就能进行下去。但是，殊不知，这种氛围是靠我们自己建立起来的。作为一个理性的人，如果你对我施恩，那我也会愿意去对你施恩。如果你总对我表达感恩之情，那我也会慢慢地愿意对你表达感恩之情，这样感恩的氛围也就建立起来了[2]。

（二）教师走向成功注意事项——"10诫"[8][9]

1.保持一颗平常心

人生最短的路是心路，人生最长的路也是心路；人生最大的障碍是心的山、心的河；人生最大的敌人不是别人而是我们自己；人生最大的困惑也莫过于不能走出自己，超越自己。教师要有平常心，不能老迷恋于过去坚守你自己。

2.抛弃浮躁，立即行动

生存才是第一位的，为了生存，时代的滚滚潮流逼迫你不得不去拼搏，不得不去奋斗。教师要平心静气用行动胜过千言万语。

3.用笑声感染每一个人

笑是理解，笑是关爱，笑是温情。

笑容如同阳光，会温暖身边的人，会在心中播种快乐。

展现魅力的语言：笑声，让同事欣赏你；笑声，让学生走近你。

4.做一个受欢迎的教师

如果你有学问，可以尽情地在学生面前展露；如果你有才气，可以全力地在学生面前发挥。也许你的身材不够高大，外形不怎么漂亮、潇洒，但由于你有学识，有奉献精神，在学生心中你就是最美的，最有魅力的。"厚德载物"：受欢迎的教师之本；"学高为师"：受欢迎的教师之魂。做最受欢迎的教师。

5.着眼细节，造就专业

生活中总有些细节会深深打动我们，改变或决定我们对人、事的看法。成功的教育者深知细节看似简单，却简单中孕育深刻；看似平常，却平常中蕴含智慧。细节的力量在于课堂：细节决定成败。关注细节，做专业的教师。

6.做一个用心的倾听者

如何倾听不仅是一种交往技巧，倾听还是一种你个人能力的综合表现。

倾听是一种丰富情感的体现，更是一种美德。"倾听"有两层意思，一是要求听别人讲话要用心、细心；二是要会听，要边听边想，思考别人说的话的意思，能记住别人讲话的要点。

7.艺术地表扬与批评学生

表扬的力量对孩子具有神奇的激励作用。哪怕是老师的一个微笑，一句话，一个眼神都能给孩子们的精神以极大的激励，唤起他们对生活的向往与期待。表扬不是"你真好""你真棒"的简单而又笼统的表扬公式。

作为教师既不要吝啬表扬，也不要放弃批评；既要学会表扬，又要学会批评。欣赏是最好的教育——让表扬成为孩子们翅膀下的风——批评可以是甜的。

8.永远保持求知者的姿态

学习是人类永恒的事业和追求。学习能丰富人的内涵和修养，拓宽视野，引导思考。古代大教育家荀况说："国将兴，必贵师而重傅；贵师而重傅，则法度存。"在终生学习成为了未来社会中每个人的生存和发展的必需的同时，教师的自我发展就更需要不断地学习探究。因此，教师应学为人先，与时俱进，生命不息，学习不止，活到老，学到老！

9.做一个有反思能力的教师

"反思"是近几年来被不断强调和凸显的一条路径。它被解释为成功教师成长的一个共性特征。反思的重要性正被广大教师接受和认同。但是，仅仅知道反思的重要性，还是远远不够的。"反思"在现实中的含义要丰富得多，反思在教学应用起来要难得多，反思与实践结合对教师教育智慧的提升意义重大。建立在反思精神与习惯之上的，反思能力才是真正有力量的，才能真正促进教师成长。在反思基础上的实践则是反思的检验与更深入反思的催生，是增强反思能力必不可少的环节。

10.做一名健康快乐的教师

身体是革命的本钱，是成就伟大事业的条件。拥有健康，才能获得人生的成功。对教师而言，只要你打开自己的感官，每天给自己一小段闲暇，平素里再平凡不过的点点滴滴，只要你静下心来细细地品味，都有无限风光蕴含其中。妨碍教师享受生活的，是教师自己。

二、提升中小学教师主观幸福感的策略

幸福是可以习得的，通过努力，我们可以选择幸福的终点站，而不是停留在原点。值得注意的是，积极心理学家认为，消极体验的去除并不代表积极体验的获得，也就是说单纯地消除痛苦并不代表快乐会自然产生。那么，我们如何获取幸福感呢[9]？

（一）提高教师的社会地位，改善工作环境

教育管理部门要运用科学的管理手段，为教师提供更好的人文环境，让教师在和谐的环境中快乐地工作，从中获得更多的成就感与幸福感。改善教师的工作环境，积极促进教师专业发展。环境（社会支持）对人的主观幸福感有一定影响，要增进教师的主观幸福感，一是要深化教育制度改革，改变评价制度，改革教师晋升考核制度，给教师创造宽松的环境，缓解教师的心理压力；二是学校应着力于改善教师工作的客观环境（如良好的办公条件、安静舒适的环境、丰富的图书资料、现代化的技术设备、和谐的工作氛围等），为教师提供自我实现的机会和施展才华的舞台，满足教师的成就感与创造欲。

（二）提升教师的心理健康水平，增强教师的幸福能力

社会各界必须减少给予教师的过大压力、降低对教师的过高期望，给教师更多的尊重、理解、支持与关爱，以便提升教师的心理健康水平。此外，教师自身的努力也非常重要。在具有积极的生活信念、乐观的生活态度、科学健康的生活方式的同时，教师要始终保持平和、愉快的心境，学会使用问题解决策略和具体的心理调适策略（如，及时合理地宣泄情绪、寻求社会支持、立即处理问题、转移注意力和重新调整等），学会运用具体的放松策略来调节生活（如，适度的体育运动、休闲，以及在感觉紧张时使用肌肉放松、冥想放松等），以此促进身心的和谐发展，增强幸福体验。

"幸福是一种能力，是一种有关幸福实现的主体条件或能力，教师的幸福就是教师在自己的教育工作中自由实现自己的职业理想的一种教育主体生存状态。"教师的幸福能力不是与生俱来的，它需要教师在学习、工作中不断提高自己对幸福的认知、体验和创造的能力，将这些能力转化为自身的需求，并把个人的幸福融入教书育人的事业中去。为了增强主观幸福感，教师还应理性地进行自己的职业生涯规划，使生活、学习、工作各方面协调发展，在提升自

我幸福能力的基础上，感受到人生的幸福[9]。

（三）积极改善人际关系

高质量的人际关系，跟个人的主观幸福感息息相关。有爱、有家、有朋友，这样有安全感的人生，必然能带来巨大的力量，足以让你分享喜悦或化解忧伤。

那么，我们要如何做，才会对改善人际关系有所助益呢？一方面，我们可以积极增加社会交往，与他人更多地进行信息交流和情感沟通。在沟通过程中，尽可能采用积极的方式，如提供信息、面带笑容等，减少消极方式的使用，这样才能提高交往的有效性。在人际交往过程中，我们也应该培养自己的同理心，增加我们的利他行为。送人玫瑰，手有余香，通过主动帮助他人，不但可以使他人愿望得到满足，心生感激，体验到幸福感，也可以使我们自身收获幸福。另一方面，培养自己良好的内在品质和品性。社会心理学家建议，要想维持和增强自己的持久吸引力，培养自己的良好品质和品性是一个非常重要的条件。人与人之间是否能建立真诚友好的朋友关系，归根到底取决于个人的优良品质。研究还发现，"真诚"是令人喜欢的一个最为重要的特质之一。所以，以诚待人，以心待人，必然会拥有良好的人际关系。

（四）保持身体健康

运动和锻炼不仅是增进身体健康的手段，也有助于提升人的幸福感。短期的锻炼带来积极的情绪状态，长期的锻炼则产生更强的幸福感。Thayer（1989）发现，10分钟的散步能减轻紧张和疲劳感，并带来随后两个小时的精力充沛。另外一些研究也发现，锻炼1个小时之后，被试者普遍会感到这一整天都精力充沛，而且减少了紧张、烦恼、抑郁、恼怒和疲劳感。锻炼的短期效果归因于锻炼导致大脑产生的内啡肽和类吗啡的释放，因为这些物质能使运动者产生一种欣快的感觉。长期锻炼带来的幸福感的持续提升是因为有规律的锻炼减少了抑郁和焦虑，提高了我们工作的准确性和速度，优化了我们的自我概念，促进了心血管的健康。整个成年时期有规律的锻炼能够降低心脏病和癌症的发生率，使人更加长寿。另外，有规律地锻炼的人经常和别人结伴运动、愉快交往，因此他们的幸福感也能从这种额外的社会支持中受益[3][10]。

（五）针对意向性活动的干预

根据持续幸福模型的观点，从行为、认知和意志三者着手更有可能带来幸福感的持续提高。很多干预方法可以被纳入意向性活动这一框架下。

行为上的意向性活动确实能提高主观幸福感。例如罗依、贝斯米尔和汤森（Roe，Busemeyer，&Townsend，2001）要求被试者练习做好事，包括帮助身边人或者陌生人等等，结果发现活动的种类和时间安排影响主观幸福感提升的效果。

从认知角度看，学会感恩，即认识到积极结果且认为其他人促成了这些结果，可以提高主观幸福感，并且其效果能持续3周以上。埃蒙斯和麦卡洛（Emmons&McCul-lough，2003）的研究发现，在头脑中重新体验愉快的记忆（但是不要试图从中发现意义）可以有效提高主观幸福感。

锻炼个人意志也能提高主观幸福感。谢尔顿等（Sheldon，Kasser，Smith，&Share，2002）在一项研究中，教被试者帮助他们达成个人目标的策略。结果发现，目标达成能预测幸福感的增加。并且，只有目标适合其兴趣和价值观的被试者才能从干预中获益。

主观幸福感生活满意度积极情绪消极情绪：第一，主观幸福感指个体根据自定的标准对生活质量进行整体性评估而产生的体验。第二，主观幸福感由认知成分和情感成分两部分构成。认知成分指生活满意度，情感成分则包括积极情感和消极情感。主观幸福感的各个成分相对独立。第三，主观幸福感有主观性、稳定性、整体性三个特点。第四，我们可以通过积极改善人际关系，悦纳自己、相信自己，保持身体健康，培养个人爱好等来获得主观幸福感。

参考文献

[1]张旭东, 张世晶.积极心理学与教师心理生活调适[M].武汉：武汉大学出版社，2019.

[2]周国韬, 盖笑松.积极心理学与教师心理调适[M].北京：中国轻工业出版社，2012.

[3]刘翔平.积极心理学（第2版）[M].北京：中国人民大学出版社，2018.

[4]郑雪.积极心理学[M].北京：北京师范大学出版社，2014.

[5]杨莹, 寇彧.亲社会互动中的幸福感：自主性的作用[J].心理科学进展，2015（7）：1226-1235.

[6]邹琼.主观幸福感与文化的关系研究综述[J]. 心理科学，2005（3）：632-633+631.

[7]周一帆.积极心理学——人生中容易被忽略的10种乐趣[M].北京：台海出版社，2018.

[8]项国庆.教师积极心理健康养成[M].北京：国家教育行政学院出版社，2015.

[9]刘经华.教师走向成功的22条军规[M].长春：吉林大学出版社，2006.

[9]邓坚阳，程雯.教师主观幸福感的影响因素及其增进策略[J].教育科学研究，2009（4）：70-72.

[10]张忠仁.幸福教育的主题:提升主观幸福感的心理学策略[J].辽宁教育研究，2007（3）：117-118.

第七章　中小学教师心理健康

心理健康是指个人生活适应能力上所表现的和谐状态。具体地说是指个人内部心理和外部行为的和谐、协调，并适应社会准则和职业要求的一种良性状态，即具有崇高的理想境界、正常的智能发展、稳定的情绪、坚强的意志、良好的性格和自我意识、和谐的人际关系。心理健康是人学习和工作的基本条件。一个人只有智能发展正常、情绪稳定愉快、心胸豁达开朗和具有坚忍不拔的毅力，以及与人相处友善和睦，才能一心一意致力于工作并取得良好成绩。尤其对教师这个职业来说，心理健康具有双层意义，显得更加重要。但由于种种原因，致使相当一部分教师产生了程度不同的心理冲突和人格障碍，这无疑对教育工作造成危害。因此，从某种程度上说，心理健康是比生理健康更为重要的一种健康[1]。心理健康是心理生活质量的重要因素，故而，要提高中小学教师心理生活质量，需要从提升其心理健康水平出发。

第一节　中小学教师心理健康概述

人怎样才算健康?有人说："身体没病就是健康。"这种看法至少存在两个误区：一是只关注生理健康而忽视了心理健康，其实心理健康是联合国教科文组织衡量人是否健康的重要标准之一。二是只看到了健康的底线，其实健康不仅是没有疾病，而应是充分发挥自身效能、实现自身价值。人是一个身心统一体，人的健康相应地也包括生理健康和心理健康。生理健康是为了保持一个健康的体魄；心理健康则是保持一个健康的心理状态。心理健康能直接地影响着人的生理健康，如情绪低落会导致食欲不振，心情烦躁会导致失眠心悸，等等[2]。

一、心理健康的概念

人既是一个生物体，又是有复杂的心理活动、生活在一定社会环境中的完整的人。因此，1948年世界卫生组织（WHO）成立时，在宪章中把健康定义为："健康乃是一种生理、心理和社会适应都臻完满（well-being）的状态，而不仅仅是没有疾病和虚弱的状态。"健康同时包括了生理健康和心理健康两个方面，一个人生理、心理和社会适应都处于完满状态，才算是真正的健康[2]。

实践证明，人的生理活动和心理活动是密切相关、互为依存的；不存在无生理活动的心理活动，也不存在无心理活动的生理活动。因此，人的生理健康与心理健康是辩证统一的。若能善于调节情绪，经常保持心情愉快，可以起到未病先防、有病早除的效果。

为此，心理卫生学认为健全的心理寓于健康的身体，而健康的身体有赖于健全的心理。

第三届国际心理卫生大会曾为心理健康下过这样的定义："所谓心理健康是指在身体、智能以及情感上与他人的心理健康不相矛盾的范围内，将个人心境发展成最佳的状态。"还具体地指明心理健康的标志是："身体、智力、情绪十分调和；适应环境，人际关系中彼此能谦让；有幸福感；在工作和职业中，能充分发挥自己的能力，过有效率的生活。"

关于心理健康的标准，不同的心理学家有不同的看法。基于各种心理学理论和生活实际，归纳中外多位心理学家的观点，以下6条标准为人们所广泛接受[2]。

1.对现实的有效知觉

这意味着个体拥有相当的智力水平，在认知与解释周围发生的事情时，能持客观态度，重视证据；对他人内心活动有较敏锐的觉察力，不会总是误解他人的言行；很少有错误的知觉和不切实际的幻想；能正视现实，并与环境保持良好的接触；对学习、生活、工作中的困难与挑战充满准备。

2.自知自尊和自我悦纳

个体对自己的能力有正确的认知，对个人动机、情感比较了解；能现实地评价自己的长处和短处，并能接纳自己；在对事尽力、对人尽心过程中体验自我价值；不过于掩饰自己，不刻意取悦于人，以保持自己适度的自尊；在努力发掘自我潜能的同时，对于自己无法补救的缺陷，也能安然处之；生活目标和理想切合实际，从不产生非分的期望，也从不苛刻地要求自己，因而也不会产生自责、自卑、自怨等心理危机。

3.拥有自我调控能力

个体能控制自己的行为，必要时能遏制自己非理性的冲动；有调节自己心理冲突的能力；有成长的意愿，能有效地调动自己的身心力量，在有关领域实现较高水平的目标；能调节自己的言行对环境刺激做出适度反应；能在困难面前保持旺盛的斗志，顽强地达成自己的目的。

4.能与他人建立和谐的人际关系

个体有正确的人际交往态度和有效的人际沟通技能，关心他人，善于合作；不为满足自己的需要而苛求于人；人际关系适宜，有知心朋友，有亲密家人；在与人交往时，积极的态度多于消极的态度；有较强的社会适应能力和充足的安全感；心胸开阔，对人宽容，对他人有基本的信任，善于化解人际冲突。

5.稳定协调的人格结构

个体的各项心理机能完整而平衡，具有较高的能力、合理的思维、完善的性格、良好的气质、正确的动机、广博的兴趣和坚定的信念；思想和言行是协调、统一的，认知和情感是和谐的，手段和目的是适应的；本我、自我和超我处于动态平衡状态，理想自我与现实自我差距适度；由于形成了稳定的内部调节机制，故个人具有独立的抉择能力，行动上表现出自主性。

6.生活热情与工作高效

心理健康的人能珍惜和热爱生活，能对学习、工作产生积极的态度，并在这些活动中体验到一种乐趣。他们有从经验中学习的能力和创造性解决问题的能力，在学习和工作中尽可能地发挥自己的个性和聪明才智，并从工作成果中获得激励和满足。他们有独立谋生的能力和意愿，能在学习、工作、娱乐、享受活动的协调中追求生活的充实和人生的意义。

二、中小学教师心理健康教育的目标

（一）发展性目标：促进心理成长

人是主动地、理性地成长并追求有价值的目标，因此，教师心理健康教育的目标应当建立在对生命内涵的完整把握上，建立在对人性的深层理解上，应以教师的心理成长作为主要的发展方向[3]。第一，心理成长即主动发展。教师心理健康教育的目标需要关注人"应当怎样"的超越性问题，应当把对人的关注放到首位，应当将人的内在需要的提升、人的心理成长作为心理健康教育追求的目标。第二，心理成长即提升素质。心理品质优化的目标：一是培养和训练教师具有较高的认知能力，通过常规或特殊训练，帮助教师挖掘和认识自身的心理潜能，学会对认知进行调控；二是培养和训练教师具有情绪自我调控能力，学会科学地调控自己的情绪，使其经常保持良好的心境和乐观的情绪；三是培养和训练教师具有健全的意志；四是培养和训练教师具有正确的自我观念，具有健全统一的个性。

（二）适应性目标：学会心理适应

一个完整的教师心理健康教育目标应当是发展性目标与适应性目标的统一，而发展与适应则代表着教师心理健康教育的不同层次。发展性目标注重心理充分发展的状态，是心理素质协调发展的最佳表现，是心理机能发展的最高境界，表现出其发展性的一面，适应性目标指维护心理状态，预防适应性心理问题的产生，达到良好的社会适应，表现出其适应性的一面。心理适应是教师个体心理品质的外化，教师自身的心理品质经过不同方式的组合，与社会对教师的要求相结合，经过教育教学实践活动，又可外化在教师活动的不同领域，带上一些新的特点，表现为社会适应性的不同，具体将体现为教师不同的角色。作为一种培养人和塑造人的精神活动，教师的工作具有其自身的特殊性。教师心理学的研究显示，教师承担的主要角色是：学生个性的塑造者，科学文化知识的传递者，学校集体的领导者，学生的示范者，心理卫生工作者。在社会和教育发展的今天，教师不应固守在单一角色之下，不仅要做科学文化知识的传播者，更应当做学生心灵的播种者，虽然做到这一点不容易，但这是教育的真谛所在。

第二节 中小学教师挫折感的成因、预防及调适

教师的挫折感是指教师在通向目标的道路上遇到自感不能克服的阻碍时，所产生的一种沮丧、失意、焦虑、紧张或愤怒的心理状态。教师遭遇某种客观的挫折情境后，是否就一定会随之产生有主观体验的挫折感，要取决于受挫教师是否有正确的认知、较强的心理承受力，学校群体氛围以及运用应对策

略的有效性等因素。教师在事业上和生活中遭遇挫折是难免的，只是教师遭受挫折后，如何积极应对、尽量减少挫折感的产生，这是摆在中小学学校管理者和广大教师面前的重要课题[4]。

一、中小学教师挫折感的成因分析

中小学教师挫折感产生的原因可概括为客观和主观两个方面。

（一）客观方面

1.自然环境和地理环境

自然环境因素指来自于自然界或具有自然性质的对个体心理发生影响的方面。对个体心理来说，自然环境因素主要有两个方面，一是胎儿在母体内的生物环境，二是人出生以后的地理环境。从对个体发生作用的顺序来说，母体环境是人的第一环境，地理环境是人的第二环境。对于中小学教师来说，其工作单位、家庭住址自然环境和地理环境不佳，会成为他们挫折感产生的原因之一。

2.不良的学校环境

教师的教育教学活动主要是在学校环境中进行的，学校环境不良极易引起教师的挫折感。第一，工作、生活环境差。如工作未得到合理安排，缺少进修提高的机会；学校限制过多、过死，缺少以人为本的气氛，人际关系不良；住房条件、福利待遇较差等。第二，学校组织环境不良。主要有：政治思想工作的不力，学校领导管理作风和方式的不当，校风不佳；学校目标的设置与客观情况不符，评价失真，赏罚不明等。诸如此类的情况，都会造成教师的挫折感。

3.复杂的社会环境

这是指个体在社会生活中所遭受的人为因素的限制而引起的挫折。第一，作为社会成员的每一位教师，时时都会受到社会政治、经济、种族、宗教、道德及人情、风俗、习惯、偏见等因素的限制，使教师的需要、动机与目的行为难以实现。如教师的住房、工资待遇等对比其他行业相对低下，有的家长对教师持消极态度，这些都可能使教师行为受阻，进而心理受挫。第二，社会环境变迁给中小学教师，特别是青年教师带来困扰。生活环境的变化（如先是独立过单身生活、然后成家立业）会增加他们适应新环境的困难。第三，对社会风气的强烈不满导致理想与现实的冲突加剧，多数中小学教师对目前的社会风气不满意。

（二）主观方面

1.才智因素匮乏

主要表现为教师个人的认知方式不正确：第一，由于知识经验、从业资质、个性特征、需要结构、人生观、价值观、判断力和心理成熟度等的不同，导致认知方式的差异，因而同样的挫折情境，对每个人造成的挫折感是不同的。如，部分青年教师在生活中很少身处逆境、遇到不顺心的事情不多，尽管遭遇较小的挫折，但由于对挫折抱有不正确认知，也会产生较强的挫折感。第二，由于职业的影响，部分中老年教师追求尽善尽美，但他们对新课程不太适应、接受能力较年轻教师差、所学知识相对陈旧、学历层次相对较低等，一旦过高的自我期望目标不能实现，就较易产生挫折感。第三，不正确的应对策略。当部分青年教师遭遇挫折时，由于缺乏相应的知识经验，较易使用自我防御机制，只能治标、不能治本，结果屡屡产生挫折感。

2.非智力因素欠佳

表现在：第一，各种潜在的心理冲突。它是教师产生挫折感的直接内因。主要有：教师角色与现实存在状况的冲突、渴望提高待遇与现实可能性的冲突，教师高抱负与失落感的冲突，成就需要与成功可能性的冲突，自尊心与自卑感的冲突，以及教师与领导的矛盾冲突等等。第二，教师主体的抱负水平过高。抱负水平是指一个人对自己所要达到的目标的标准。一个教师在心理上是否体验到挫折，与他的抱负水平有密切关系。抱负水平高的教师，由于目标不容易达到而要比抱负水平低的教师更容易体验到挫折感。第三，教师的挫折承受力较弱。挫折承受力强的人，能够忍受重大的挫折，并以理智的态度和正确的方法对待它，在挫折面前能够保持正常的行为能力；挫折承受力弱的人，则常常遇到轻微的挫折就不知所措，以非理智的态度和不正确的方法来应付，甚至可能使人格趋于分裂而导致行为失常或心理疾病。

3.思想观念、道德行为问题

当部分教师的思想道德、职业理想与社会的道德标准不一致时，也较易产生挫折感。教师是社会上掌握较多文化知识的群体，思想中具有较多的超前意识，个人的超前意识往往为当前社会现实所不接受，为绝大多数人所不理解，这也是形成他们挫折感的原因之一。还有的教师自身品行有问题，如有的青年教师不努力钻研业务、自由散漫、不能自觉地遵守学校的规章制度，一经领导批评就易产生挫折感。近年来，中小学教师普遍存在着职业倦怠问题，这也是他们遭遇挫折感的影响因素之一。

4.主体生理的局限性

生理方面，如有某种缺陷、身体矮小或肥胖、身体疾患、容貌欠佳等都会影响教学工作的成绩。一个身体健康、发育正常的人，一般对挫折的承受力比一个疾病缠身、有生理缺陷的人强。

此外，一个人的适应程度、心理准备状态、生活态度（如理想、信念、信仰）和兴趣爱好等与挫折感的产生也有直接关系。

综上所述，中小学教师产生挫折感的原因是多方面的，严重挫折感的产生是多种原因综合引起的。同时，易产生挫折感的中小学教师，在主观上多对自我缺乏正确估计或抱负脱离实际，对成功的期望值过高或对挫折缺乏正确的认识，没有经受挫折的实践经验。

二、中小学教师挫折感的预防

在学校管理工作中，应采取预防为主的方针，尽量减少教师挫折感的产生，做到防患于未然。

（一）提高管理水平，优化组织环境

教师产生心理挫折，学校管理工作出现失误和漏洞是个重要原因。为预防教师出现心理挫折，作为管理者必须做到：

1.知人善任，民主管理

对教师的工作安排、评优、晋级等要公正、科学、合理。要做到识才、爱才，用人之长，唯贤用人；要职责明确，赏罚分明，坚持民主管理，评优、晋级时要多听取群众意见和学生的反馈信息。

2.关心支持，满足需要

学校管理者要想方设法满足教师的基本需要，使他们在学校里产生温暖感。从而提高工作积极性，减少产生心理挫折的可能性。要帮助教师解决种种难题，指导他们提高业务水平，改善教师的生活和工作条件。

（二）创设民主氛围，改善人际关系

学校管理者要真正做到人尽其才，充分发挥每个教师的才能和智慧，使

绝大多数教师能保持心理平衡。

1.以身作则，树立威信

作为学校管理者，事事应身体力行，先人后己。若教师对领导者有成见，应以宽阔的胸怀耐心地听取他们的意见和建议，对他们所表现的失落情绪和行为设身处地予以理解，对他们提出的意见有则改之，无则加勉，对他们提出的好建议尽量采纳，使教师产生主人翁责任感。

2.重视交往，融洽沟通

教师在一个充满团结友爱、轻松愉快的集体中工作，一人有难，大家帮助。一个人即使遭受一点挫折，也能从大家的关心和爱护中获取感情上的补偿，从而增加克服困难的勇气和力量。相反，在一个关系冷漠，充满敌意的环境中，一个人受到挫折得不到关心和同情，挫折感就会大大加深。有时紧张的人际关系也可能直接导致挫折感的产生。因此，建立良好的校风，形成良好的心理气氛，创设一个轻松愉快、友爱温暖的心理环境是预防教师心理挫折的重要措施。

（三）超然对待名利，准确把握自我

1.知人者智，自知者明

自负与自卑的自我意识极易导致心理挫折的产生。要避免由不正确的自我意识导致挫折感的产生，就要有恰当合适的自知。一是用他人对自己的评价来调整自我评价，二是与周围的相似者相比较来调整自我评价。最终能自尊、自知、自信、自制。只要选准适合自己的目标，定会成为一个正视自身价值的自信者。

2.淡泊名利，人生常乐

人的很多心理挫折往往是缘于把名利看得太重而又满足不了时产生的。因而，每位教师应在物欲上知足，而在精神上、知识上、人生境界上要知不足。知足与否无非涉及到物质与精神两方面。若能在物欲上知足常乐，又能在精神上知不足以常自更新，到了这种知足与知不足的大境界，想有一次心理失衡都难。故"知足加知不足等于常乐"。

三、中小学教师挫折感的调适

教师的挫折感形成后，学校管理者要想方设法消除教师的挫折感造成的消极影响，减少不良后果。

（一）正确面对现实，真诚善待教师

1.澄清认识，加强指导

教师受挫折了，这是他个人成长的必经之路，应给予正确的认识。对受挫教师表现出的失常行为和情绪应予谅解。学校管理者必须有宽阔的胸怀，较强的忍受力。灵活而机智的容忍态度是管理水平和能力的表现。也只有这样，才能创设解决问题的气氛。

2.真诚相待，解脱烦恼

创造和谐的学习和工作环境，良好的心理氛围能够让人有一种安全感和归属感。教师如果处在一个充满互相关怀、互相学习、互相沟通气氛的集体中，不仅能减少产生挫折感的可能性，也有助于教师经受挫折后尽快地解脱烦恼，重新振作精神，积极工作。学校管理者的责任之一就是和教师建立命运共同体，形成一个相互学习、各取所长、相互合作、真诚相待的学习型组织。

3.公平合理，激励内因

对于教师可能因校内因素而产生的挫折感，首先，要注意教师工作量和质的考核与评定要合理，为评先进、评职称等提供客观依据，做到让人口服心服。其次，要注意克服平均主义思想。不应为了迁就教师的心理平衡，而搞大家轮流坐庄。平均主义不能满足教师的成就感，不利于调动积极性。另外，对于教师因社会因素产生的挫折感，管理者要尽可能帮助解决。当管理者与教师有同样的需求时，管理者能主动谦让，这对教师是最有说服力的教育。

（二）补偿升华自我，加强自我调节

人生受挫折是不可避免的，关键看怎么应对。对于教师个人来说，遇到挫折后，一定要妥善处理，确定正确的挫折观。

1.启发疏导，自我激励

学校管理者对受挫折教师要帮助其端正态度，启发其正确理解动机与效果的关系，分清是非，选择符合社会要求的行为目标；对受挫折的教师要给予关心、理解、同情和体贴。同时，管理者一方面要帮助教师正确分析受挫原因，让他们形成对挫折的解析能力，另一方面要帮助他们确立适当的目标，使他们感受到教育工作的兴趣和价值。

2.补偿升华，争取成绩

教师在遇到挫折时，要能自我控制，让理智、意志去摆脱或消除因挫折而引起的消极情绪。补偿是指为个人所追求的目标、理想信念受挫，或因自己的缺陷而失败时，选择其他能够成功的活动来代替，借以弥补因失败而丢失的自尊和自信。升华是改变不被社会所接受的动机、欲望，使之符合社会规范和时代的要求。尤其是在遇到严重挫折时，要将原有内部动机升华为更高的社会性动机。

3.明确责任，调节自我

首先要有乐观向上的生活态度，树立必胜的信心。切记：上帝只能拯救那些能够自救的人。其次是培养义务感。鼓励自己干一行爱一行，从学生取得好成绩中得到乐趣，相信一分付出会获得一份报酬。作为教师，应有点甘为"孺子牛"，愿作"春蚕""蜡烛"的精神和品质，甘为人梯、诲人不倦。这样，挫折感和压力就会减少或消失。

（三）合理宣泄释放，保持健康心态

实践证明，针对教师心理挫折的成因或表现，有的放矢地采取"合力"教育，他们就能够自觉地克服心理障碍，摆脱挫折感带来的烦恼，为完成教书育人的重任而努力奋斗。

1.提供机会，释放积郁

在心理治疗中经常采用疏导和宣泄的方法。一个人在受挫折后，在未弄清主、客观原因的情况下，往往会找客观理由，抱怨、感到有苦无处诉，一旦遇到自认为是有机会可以诉说时，发出的怨言多是激烈的，并伴随一定的情绪，会说出平时不敢说的带有攻击性的、不合理的话语。学校管理者要让其发泄和释放不满的情绪。然后，再指出其合理的和不合理的部分，指出哪些是他自己应负的责任，哪些是组织上或领导应负的责任，从而引导其积极工作。

2.减轻压力，防治疲劳

教师的心理压力可能来自社会，升学率仍是教师的主要心理压力。有些教师长期超负荷工作：白天，教师之间抢时间、争课时搞课外辅导；夜里，备课、分析试卷、批改作业，造成身心过度疲劳。究其原因，仍是受应试教育的影响所致。因此，学校管理者和教师要端正教育思想，向教育科研要质量，向45分钟要质量。要实行科学管理，合理安排教师的时间，保证教师有足够的休

息、学习、教研和备课的时间。经常开展文体活动，促进教师的身心健康。

3.投身实践，锤炼意志

教师可以走出课堂，到大自然中去；或与亲朋好友促膝长谈，倾诉心中的不快；或常听欢快的乐曲，让音乐轻轻地抚慰受伤的心灵。教师还应在教学、生活实践中锤炼坚忍不拔的意志品质，这样，在挫折面前才会有很强的挫折承受力，保持沉着、冷静，采取积极的行为补救，才能愈挫愈坚、百折不挠。

第三节　中小学教师心理健康与辅导

心理咨询的目的是帮助精神正常但又存在某种心理冲突的来访者解决其在学习、工作、生活、人际交往、恋爱、婚姻、家庭、发展以及疾病和康复等方面的心理不适或障碍，提高其正确对待自己和适应环境的能力，促进其自身发展和完善[5-7]。

一、什么是心理咨询

所谓心理咨询是指心理咨询人员通过与来访者（又叫咨询对象或咨客）的商谈、讨论、劝告、启发和教育，帮助他们解决各种心理困惑和心理障碍，以便他们更好地成长，提高适应能力，增进心身健康。咨询一词的含义是征求意见，寻求帮助，通过商谈，求得解决。心理咨询就是人们打开心扉的钥匙。心理咨询的范围和内容非常广泛复杂，凡是人们碰到的心理问题都可以通过心理咨询的方式寻求解脱或帮助。这正是"心病还须心药治"。

心理咨询的特点：（1）双向性，即指咨询人员在一个心理咨询过程中起主导作用，而来访者则是这个过程中的主体，双方必须相互配合又相互影响，从而使咨询活动在融洽、愉快的气氛中进行，取得圆满的结局；（2）多端性，即指人的心理问题或心理障碍可以表现在认识、情感、意志、行为等各个方面，但一般而言认识是起点，行为是归宿，情感是中介，故在心理咨询过程中可以选择最重要、最迫切的方面作为咨询工作的开端和突破口。"（3）社会性，即指心理咨询必须与社会的各个方面如家庭、学校、社会其他机构等联系起来，统一步调，共同帮助来访者；（4）渐进性，即指心理咨询工作一定要由浅入深、循序渐进、耐心细致、由量到质逐渐取得成效；（5）反复性，即指任何心理障碍或心理异常的克服和消除都可能有反复，故咨询人员对重点来访者要定期回访，以巩固疗效，减少复发。

心理咨询类型：（1）按咨询对象数量来划分为个别咨询和团体咨询。个别咨询是指咨询员与来访者一对一的咨询活动；团体咨询是指根据咨询对象所提出的问题，将他们分成课题小组，进行集体咨询，引导他们解决共同的心理问题；或由咨询对象自愿组成团体，咨询员根据其共同的心理问题进行咨询。目前的心理咨询主要采取个别咨询方式进行，心理教育多采用的团体咨询形式。（2）按咨询途径来划分，有门诊咨询、电话咨询、通信咨询、网上咨询、专题咨询和现场咨询等。门诊咨询是通过心理咨询中心进行的咨询；电话咨询是通过电话进行交谈，是一种较为方便而又迅速及时的心理咨询方式；通信咨询是通过书信形式进行心理咨询；专题咨询是就针对某一共同心理问题进行磋商、讨论和分析，寻求解决方法；现场咨询是咨询者深入到班级、宿舍或其他活动现场，对学生们提出的心理问题给予帮助解决的一种形式。其中门诊咨询也是社会上最基本的咨询形式。

实践经验证明，通过心理咨询可以帮助来访者认识到：（1）他们自身的问题很大一部分是由于尚未解决的内部心理冲突，而不是外界影响造成的；（2）为他们更快更有效地面对现实问题提供了机会；（3）帮助他们深化对自身的认识，引导他们去发现真实的自我并适应生活；（4）为他们提供一种建立新型人际关系的机会；（5）增强他们心理的自由度，给他们更多的心理自由；（6）启发他们纠正某些错误观念，从而使他们更好地适应环境，保持身心健康。

二、如何做好中小学教师的心理咨询工作

（一）一个"核心"、两个"基点"、三个"阶段"、四个"指标"、五种"态度"

1.一个"核心"

授人以渔而非授人以鱼；治本而不单治标；他助到自助；不是说服而是劝导；不仅管一时，更要管一世。如，工作压力过大或挫折，常用的方法是用酸葡萄心理、甜柠檬心理和合理化等防御机制：这只能治标，不能治本。正确的做法是查找失败的原因，这是解决问题正确途径。

2.两个"基点"

（1）解决具体心理问题。第一个"基点"包括：一是教会中小学教师管理自己的情绪，使他们拥有积极稳定的情绪，避免罹患各种情绪障碍，如抑郁症、躁狂症、歇斯底里症等；二是帮助中小学教师摆脱因失业、失恋造成的痛苦，教会他们应对生活中各种挫折的方法；三是为中小学教师提供职业咨询指导，帮助他们在人生重大问题上正确独立地抉择。

（2）提高心理健康水平，积极促进人生的发展。第二个"基点"包括：一是帮助中小学教师学会正确认识自我和周围世界，使他们拥有完善的认知体系，避免因为错误归因、非理性思考而导致种种失败。二是帮助中小学教师恢复爱的能力，使他们学会幸福地生活，拥有健康的人格，摆脱自卑、自恋、自闭等不良心态，从而更好地投入到学习，工作和生活中去。三是帮助中小学教师度过人生各个发展阶段的种种危机，平安地完成人生的发展任务。

3.三个"阶段"

（1）心理咨询的初期。对于心理咨询的步骤和阶段，不同的咨询心理学家有不同的提法，参照国内外一些咨询心理学家的建议，主要是保密原则，以消除来访者的紧张情绪和顾虑，从而初步建立起来访者对咨询员的信任，创造出适合来访者谈出自己问题的良好氛围。

（2）心理咨询的中期。第一步：收集信息。咨询员应主动引导来访者讲清自己来求助的原因及问题，主要是通过来访者的自述。收集的信息包括：来访者的情况如性别、年龄（或年级）、系别、籍贯等；来访者存在的心理问题情况，如什么问题、严重程度、持续时间、产生原因、采取过什么措施，必要时还可深入了解其家庭和其过去的经历等。咨询员在这一阶段还要对来访者的谈话态度、眼神、手势等进行观察。在心理咨询的初期阶段，对咨询者最重要的课题，是如何确立与来访者之间相互依赖的协调关系，在这一阶段，第一印象非常重要。心理咨询中期则是紧逼问题的本质、使来访者开始洞察迄今为止自己自身尚未意识到的问题的时期。这一时期是心理咨询的关键，是援助来访者并帮助来访者解决问题的时期。第二步：分析诊断、确定咨询目标。在收集信息的同时，咨询员要不断地对来访者的问题做分析。在分析诊断中必须弄清楚的问题是：来访者的问题属何种类型的，如学习方面、人际交往方面、情感方面、适应方面等；问题的程度如何，如只是正常人矛盾和困惑、心理不适，还是有心理障碍；问题产生的一般原因和深层原因是什么等。咨询员主要依第二阶段获得的信息来进行分析诊断，有时也可借助于心理测验作为诊断的辅助手段。在分析诊断的基础之上，就可确定哪些问题是可以通过下一步帮助指导逐步解决的，哪些要借助其他力量进行对接干预以免发生不测的，如严重精神病患者、自杀倾向者等。第三步：帮助指导。心理咨询是咨询员帮助来访者自己解决其面临的心理问题，因此，咨询员要与来访者一起探讨有关的信息，将自己对信息的理解和分析不断反馈给来访者，以保证信息的准确。在分析诊断的基础上双方共同制定咨询目标，商讨解决问题的对策。在这个阶段，咨询员的责任是对来访者心情和处境充分理解的基础上，帮助他们分析其心理问题的性质和根源，从各方面启发他们新的思路，提供指导意见，至于最后解决问题主要靠来访者自己，咨询员决不应包办代替或理性规定来访者应该怎样做。

（3）心理咨询的后期。咨询者与来访者在咨询初期（导入期）相互确认的咨询目标，或在咨询过程中协商修订的新目标，如果得到解决，特别是达到了核心目标的话，心理咨询就迎来了终结期。咨询进入尾声，这时来访者可能会谈谈自己现在的感受、收获、领悟和下一步的行动，咨询者应给予鼓励和支持，并可对咨询要点适当回顾。对于有些要进行下一次咨询的来访者，要约定时间和布置一定的作业；对于一次性咨询的要欢迎他们有问题时再来。为了提高心理咨询水平，在可能的情况下，咨询员可追踪研究一些结束咨询的来访者，以便总结经验教训，改进工作。

总之，心理咨询是一个过程，以上步骤并不是机械分开的，根据具体情况而定。

4.四个"指标"

（1）自我接纳及拉近主客观自我。迄今为止咨询者往往从负面去考虑、认识、谈论并抨击自己，如："自己不行""没有人会喜欢自己""自己是世上最不幸的人""自己头脑太笨"等自我概念逐渐被肯定的自我概念取而代之。如"自己虽然笨但可以笨鸟先飞""自己虽然是不幸的人，不过世上比自己还不幸的人多着呢""虽然可能不会有什么人会喜欢我这样的人，不过，一切还是取决于我自己，只要自己变了，别人的态度也肯定会随之改变""自己虽然不行，但决不气馁"，就像这样达到接纳自我的程度，理想的自我即逐渐与现实的自我拉近距离。

（2）接纳他人并能接纳来自他人的评价。伴随着自我厌恶、嫌弃感的减少，来访者开始接纳现实本来的自我，随之也就能够接纳他人。也就是说，抨击他人、埋怨他人的现象减少。在咨询过程中，来访者自发地向咨询者报告来自他人的评价。"老师最近在同学们面前表扬我了……见到了过去的朋友，说我比以前明快多了"等一些表现他人对自己评价的话语，说明了咨询已进入尾声。

（3）症状缓和及时对将来的志向性增强。咨询初期所提出的问题或症状（如不喜欢学习、对人紧张恐惧、人际关系不好等）得以解除、缓和或减轻，由此而引起往好的方面变化。在咨询初期，来访者的主要话题往往集中在过去痛苦的经历、现在的困难处境，如果咨询的话题开始转向对将来的打算、志向的话，说明咨询已经进入后期。

（4）对咨询者的客观态度由漠视到关心。存在着心理问题的人往往头脑里只会考虑自己的事，很难周全地考虑他人的事，也不会有注意并帮助他人的心思。不过，一旦问题得到了解决，来访者就会注意到平时自己不注意或注意不到的事情，也开始客观地看待咨询者并注意到咨询者的某些细节的变化。"老师您自己有烦恼的时候会怎么办呢？"等话语就表明了来访者与咨询者之间逐渐成为平等关系，咨询者也开始像一般的社交谈话那样与来访者交谈。

5.五种"态度"

依照马斯洛所说，心理咨询的终极目标是协助当事人发展成为一个健康、成熟而能自我实现的人。所以，心理咨询工作要求咨询人员对来询者表现出热忱与真诚。做心理咨询工作需要具有爱心、耐心、诚心、虚心与细心这五个"心"，这是做心理咨询工作的基本态度，也是心理咨询工作成败与否的关键。换言之，一个咨询员的培训过程，也是这五个"心"的熟练运用过程。

（1）爱心。爱心是对来访者的人格表现出充分的尊重与爱护，并对其处境表现出真诚的理解与关注。将自己放在当事人的地位和处境中来尝试感受他的喜怒哀乐，经历他面临的压力，并体会他做决定和所作行动的因由。它使来询者畅所欲言、毫无顾忌，并激起自我改变的信心和勇气。心理咨询工作要求人具有强烈的爱心与助人为乐的精神。

（2）耐心。耐心是对心理咨询的成效有长期的思想准备，不急于求成，不轻易放弃。要求咨询人员对心理咨询过程中出现的挫折与反复报以积极、乐观的态度，理咨询工作需要极大的耐心，咨询人员切忌有急于求成的心理。

（3）诚心。诚心是咨询人员在来询者面前真实地表现自我，不骄矜做作、不装腔作势、不摆架子、不讲空话。这样才能使来询者有以诚相待的感觉，它要求咨询人员在心理咨询过程中讲真话、讲实话、能帮多少就帮多少忙，而不要去刻意地包装自己，掩饰自己，那样会给人虚伪与不诚实的印象，它会破坏心理咨询关系的基础。

（4）虚心。虚心就是要咨询人员充分尊重、接纳对方，不以个人的观念对来询者的行为做是非判断或影响其决策。这样即可强化来询者的自尊自信及其在心理咨询过程的自我剖白。反之，咨询人员不尊重来询者，讲话主观武断，凡事都要求对方接受自己的判断与主张，则无法与来询者产生同感共鸣，也就不能获得其信任。

（5）细心。细心是指咨询人员对来询者在心理咨询过程中的言行举动做细致的观察。心理咨询工作有句行话，在心理咨询室内，做什么事情都是重要的，即咨询人员应留心注意来询者言谈语吐、面部表情以至手势动作的每一点细小变化，借以深切体会其内心活动，并做出相应的反应。由此，细心观察可以大大促进咨询人员与来询者的沟通，并有效地传达了前者对于后者的尊重与关注。

总之，心理咨询工作是十分微妙细腻的工作。它需要咨询人员有效地表达出上述的爱心、耐心、诚心、虚心与细心五个"心"。它们表达得越充分，越深切，则心理咨询关系越牢固，越有效。

（二）六条"戒律"、七个"不是"、八项"注意"

1.六条"戒律"

心理咨询工作是听与说的学问和艺术。它要求咨询人员尊重来询者的个性，理解其处境，并鼓励其独立决策。在此过程中，咨询人员对来询者的成长起辅佐作用，而不是主导作用，咨询人员尤其要注意以下六个"戒"。

（1）戒主观武断。咨询人员帮助来询者排忧解难，出谋划策是建立在充分的同感基础上的。因此，咨询人员在与来询者的交谈过程中，应尽量保持客观、公正的立场，做到不主观武断，不强加于人，借以表达对来询者的尊重与信任，强化其独立决策的信心。心理咨询不是一个说教的过程，而是一个讨论的过程。咨询人员纵使有个人的见解，也应以商量的口吻提出，启发来询者积极思考，而切忌要求来询者完全接受其个人的意见。

（2）戒好为人师。好为人师是自我偏向与自我中心的表现，也是对来询者不尊重，不理解，不信任的表现。罗杰斯主张咨询人员和来询者的关系应是平等的关系，并力戒咨询人员将自己看成是权威的人物来指导教训他人。

（3）戒宣扬自己。在心理咨询过程中，咨询人员常常希望通过讲述个人之以往经历来启发来询者积极思考，克服困难。但咨询人员过分讲述其个人的生活经历，则会转移心理咨询的注意力，使来询者一味认同咨询人员的行为方式而忽略其个人独立性的培养。那样做会使来询者把咨询人员看成英雄似的人物。而心理咨询的真正目的应该是使来询者自树英雄形象，确信个人有能力去战胜生活中的困难，对此所向披靡。咨询人员在谈话中应尽量少谈个人的"光辉业绩"，以戒自我宣扬之倾向。

（4）戒随意插话。心理咨询谈话不同于一般日常生活中的谈话，它要求咨询人员全神贯注地听对方讲话，努力体验其内心感受，并做出积极的回应。因此，切忌咨询人员在谈话中随意打断来询者的讲话，加以个人的评论。它会使来询者思路中断，感情受挫，终而不能很好地表达自我，并对心理咨询产生厌恶感。强调了咨询人员在咨询当中认真倾听对方讲话，竭力认同其内心体验，并做出具有同感的反应。

（5）戒悲天悯人。心理咨询不需要同情，而需要同感。对当事人处境的怜悯，是一种居高临下的、恩赐式的反应，应该完全从对方角度看问题的反应，因而是平等的、共鸣式的反应。所以咨询人员在谈话中切忌流露出悲天悯人的态度。

（6）戒大事化小。心理咨询中另一常见的错误是对来询者面临的困难采取大事化小，小事化无的策略，使来询者竭力淡化其对面临困难的反应，以不变应万变。这种做法不能使来询者从困难中总结经验教训，提高自我认识、自助能力，因而十分有损于来询者的成长。例如，当一个失恋之人来寻求心理咨询帮助时，如果咨询人员为了减轻其精神痛苦而鼓励他（她）忘记现在，着眼未来，或去与比他更不幸的人相比，则不但会否定其精神痛苦的合理性，还会使其失掉从失恋经历中总结经验、吸取教训的好机会。因此，它是一种权宜一时却贻害长久的做法。相反，咨询人员与来询者认真讨论其失恋的经过，寻找其失败的主、客观原因，并探讨下一步行动的策略，则会有助于来询者心平气和地面对其感情挫折，获得内心的平衡。

上述之六个"戒"本质上都是要求咨询人员排除对来询者言行中的主观性与武断性，增强客观性与同感性，以使来询者在心理咨询过程中积极开发个人的潜能与独立性，从而促进个人的成长。

2.七个"不是"

心理咨询工作是一项严肃、认真的工作。心理咨询工作意在使人健康成长，而这种成长是自发的，主动的，并非说教性的。在这当中咨询者应该注意心理咨询的七个"不是"。

（1）心理咨询不是心理治疗。心理咨询针对人在日常生活中种种心理冲突与压力，采取必要的心理咨询与支援，以使来询者摆脱其精神痛苦。心理治疗则针对人的行为变态与人格障碍采取必要的诊断与治疗，以使患者摆脱其病态行为，恢复常人的生活。在心理咨询中，咨询人员与来询者的关系基本是平等的、非权威式的关系。而在心理治疗中，心理医师与来询者的关系基本上是医患关系，前者对后者具有很大的权威。

（2）心理咨询不是生活咨询。心理咨询以发展来询者的独立思考与决策能力为最终目标。生活咨询是规劝式、说教式的，以帮助对方解决当时问题为直接目标。

（3）心理咨询不是社交谈话。心理咨询是很严肃认真的思想交流，不是一般的社交谈话。它一定要在正式的心理咨询室内举行，并以保密为其首要原则。因此它不能在大庭广众、人声嘈杂的公共场合举行。

（4）心理咨询不是逻辑分析。心理咨询不应该是一个冷冰冰的逻辑分析过程，而是一个以同感为基础，以探讨为手段的反思过程。倘若一位咨询人员在面对来询者时，只作逻辑分析，他就不是在进行心理咨询。因为在心理咨询过程中，基本的条件是我们陪伴着来询者去面对人生；事实上，人生是个心理过程，而非逻辑过程。

（5）心理咨询不是交朋觅友。心理咨询是一种特殊的人际关系。它以平等为前提，以同感为基础。它希望以这种关系的确立来协助对方认识自我，接纳自我，进而欣赏自我，开发自我，从而迈向自我完善与自我实现。它要求咨询人员与来访者的关系始终保持一段距离，以确保前者对后者的客观立场和同感能力及后者对前者的充分尊重和自主能力。心理咨询需要有"距离美"，需要区别友谊与心理咨询的关系。

（6）心理咨询不是安慰别人。心理咨询不是去安慰人，也不是去替他（她）分担痛苦。虽然咨询人员在谈话中，应该尽量对来询者的处境表示同感与关切，但是这样做的目的不是要使他宽心，而是为了启发他更好地面对生活中的困难，以寻找自救良方。在心理咨询过程中，若要彻底地帮助来询者，其中的重点就是要对方能勇敢地面对自己和自己的感受，然后进一步积极作出处理。而不是不合时宜和不必要的安慰和劝解。来询者要面对的问题却仍然存在，他内心的痛苦也还始终没有根除，而日子一旦拖长了，对来询者的伤害必然会增加。

（7）心理咨询不是替人除难。助人自助是心理咨询的最终目标，也是其最高境界。如果将心理咨询看作是简单地替人出谋划策，排忧解难，则实在是误解了心理咨询的基本精神。单单解决问题并不是心理咨询。因为倘若每一次心理咨询都只是替来询者把问题解决了，这种"头痛医头，脚痛医脚"的情形就会继续下去，来询者日后面对人生的种种复杂问题，岂不是永无休止地需要咨询人员的帮助。心理咨询关系不是医患关系，也不同于一般的友谊，它不是能在一般的社交谈话中进行，也不可以做纯理性的逻辑分析。它力图通过提供一个充满温暖、尊重与信任的环境来推动来询者认真地认识自我，剖析自我，从而成为一个具有自主决策能力的人。

3.八项"注意"

（1）不要以自我为中心，要以来询者为中心。初学者的一个常见毛病是在谈话中按照自己的既定议题讲话，而无视来询者的情绪变化及其感兴趣的话题。初学者要学会在谈话中灵活变化讨论议题，不要以不变应万变。

（2）不要对来询者的情绪表露麻木不仁。咨询人要学会敏锐地察觉来询者在谈话过程中的情绪变化，并做出恰如其分的回应。而初学者的一个通病是对来询者的喜怒哀乐毫无反应，其态度之冷漠犹如法庭之法官。

（3）不要谈话漫无边际。咨询人员要善于扣住一些对心理咨询进展有重大意义的话题，展开深入的讨论，以使心理咨询有目标和方向性。作为初学者尤其要注意不要使心理咨询谈话变成聊家常，那样便无助于来询者的反省与个人成长。

（4）不要想一下子解决来询者的所有问题。初学者的另一个常见问题是试图帮助来询者解决其所有问题，这是不可能的。初学者应学会选择重点问题，并帮助来询者全力以赴地加以解决或克服。如此以局部变化带动全局变化，较力图使全局一举变化要容易得多。心理咨询是人的转变过程，是慢功夫，急不得。初学者尤其注意不要盼望一两次的谈话即可彻底改变一个人。

（5）不要只谈问题不谈人。心理咨询者在与来询者谈话中，不要只讨论他的问题及其危害，也要讨论他有什么能力加以解决，以前有过什么成功的经历。作为初学者，尤其注意不要在谈话中过多讲来询者的问题，过少讲其个人的潜能，那样使得来询者对自我充满焦虑而缺乏自新自立的决心与信心。

（6）不要苛求自己。初学者的另一个常见问题是在心理咨询中追求完美，将心理咨询的失败看成是个人的失败，这是不必要的。初学者不可因为一时的挫折与失败而丧失对自我的信心，否定自己的心理咨询能力。

（7）不要怕暴露自己的观点。咨询人员在来询者面前承认自己的不足与弱点，是坦诚与尊重的表现。咨询人员切忌不懂装懂，不能装能，那样势必会矫揉造作，弄巧成拙。作为初学者，更有理由承认自己的经验不足。

（8）听话不要东张西望，分散精力。心理咨询谈话中切忌东张西望，心不在焉。全神贯注是心理咨询的基本要求，也是建立同感、尊重与真诚等心理咨询基础的条件。初学者首先要学会控制自己的精神，做到一进心理咨询室就排除各种杂念，全身心投入到心理咨询的交谈之中。

（三）九大"误解"、十项"原则"

1.九大"误解"

九大"误解"表现在：精神病患者才需要心理咨询；看心理咨询一定要去精神科；心理咨询师是替人解决问题的人；心理咨询的谈话内容不会绝对保密；心理咨询师具有透视人心的本事；好的心理咨询看一次就有效；心理咨询就是思想政治教育；只有弱者才去心理咨询；心理咨询只是心理咨询师的事。

2.十项"原则"

（1）平等待人。因为咨询的含义就是参谋、顾问，双方要平等的商量问题。咨询者不能居高临下，要以最大的支持和接受，亲切关怀，平等待人。要明确咨询的人际动力学是友谊关系而不是一般的医患关系，取得当事人的依赖是咨询顺利进行并收到成效的保证。避免与个案形成多重关系，进行专业关系以外的交往。

（2）以启发和劝导为主。咨询者面对当事人不能简单说教，只能启发使其面对现实，实事求是，明辨是非。劝导他们改变态度，调整看问题的方法，建立新的思考方式。咨询者对被咨询者面临的问题，不能大包大揽，包办代替。任何事情和任何困难，都应动员他们自己去解决、去克服。

（3）稳定情绪。一般情况下，凡个人前来接受咨询者，无论是当事人或代理人，都会有不安情绪。情绪会使人失去理智，凭感情和激情对待问题。咨询者必须首先平息对方的情绪。因此，支持性心理治疗便成为一项不可缺少的咨询干预措施。

（4）尊重信任与细心、耐心相结合。无论被咨询者提出什么样的问题，都要沉着冷静地对待，不奉承、不鄙视、不怀疑、不漫不经心。很多当事人常不能一开始就直言不讳，吐露真情隐私，要耐心等待。这种细心询问，耐心等待，往往是了解问题实质的好办法。

（5）中立态度。咨询者面对被咨询者的问题，属于本职范围应当积极处理，属于非职能所及的事情或困难，最好不做是与否的表态。不要把看法强加给当事人，不替对方搞"创意"，尤其是属于介入干预的情况。涉及到矛盾的双方，咨询者的中立更为重要。

（6）整体看问题。咨询者不能就问题的一点发表个人看法，而应当全面掌握当事人的事态情况和心理内容，更不能忽视社会人际背景。因此，对复杂问题不宜过早下结论。必要时要经过社会调查，从侧面获得资料，再做出一个完整的判断和结论。

（7）保守秘密。不仅要对咨询内容保密，而且对本人的姓名、地址保密。这种保密程度有时不论亲疏远近，甚至当事人的配偶、单位组织、父母等也不能例外。被咨询者应受法律保护，任何泄密都是对被咨询者的伤害，轻者是不道德，重者要承担法律责任。

（8）咨询与治疗相结合。这中间有双重意义：一是咨询本身就带有治疗的成分。有时当事人在咨询者面前不停地叙述，甚至哭泣：激愤，就等于一种宣泄，有助于情绪的稳定和内心紧张的缓和。二是咨询结果必然涉及处理。有的需要做社会家庭工作，有的需要进一步深挖心理内容，就是一般的支持、接受、保证和解释也具有一定的治疗意义。至于正规的心理治疗和药物辅助治疗，根据病情需要，恰当配合，亦属必要。

（9）既要注意共性又要注意个性。一般来说，被咨询对象的共性是寻找支持、道理、寻求出路、寻求治疗。还有他们的共同心理特征是疑虑、不安、自卑、警惕、紧张、焦虑等，但每个人的年龄、性别、职业、家庭及社会状况以及健康情况却各有不同，问题的性质则更是各有千秋。因此，咨询者不能以共性窥其一般，而必须结合其特殊之点，

（10）咨询具有预防的价值。一般说来，咨询具有心理卫生的意义。在咨询过程中的解释劝诱本身就等于对当事人做预防工作。据有人调查，习惯遇有心理问题就请教心理医生的人，比不求心理医生的人其心理冲突与心理危机的发生机会较小。因此，咨询者进行心理咨询，如同公共卫生的防疫消毒一样，它的预防价值要大于治疗价值。

心理咨询是一项新兴的事业，要想把这项工作开展得好，除专业技术需要熟练外，取得各方面的支持，特别是社会支持是非常重要的。如果仅做表面工作，把这一有意义的咨询机构置于次要和陪衬的地位，不予以人力和物力上的加强是很难收到预期成效的。

参考文献

[1]张旭东, 张世晶.积极心理学与教师心理生活调适[M].武汉: 武汉大学出版社, 2019.

[2]林崇德.心理健康教育教程[M].北京: 人民教育出版社, 2004.

[3]刘晓明, 孙文影.教师心理健康教育[M].北京: 中国轻工业出版社, 2008.

[4]张旭东, 何宏俭.中小学教师挫折感的预防及调适[M].中国教育学刊, 2007（8）: 76-78.

[5]张日升.咨询心理学[M].北京: 人民教育出版社, 1999.

[6]陈家麟.学校心理健康教育——原理与操作[M].北京: 教育科学出版社, 2002.

[7]李粤, 张旭东.青少年心理咨询策略探析[J].中国青年研究, 2007（11）: 72-74.

第八章　中小学教师职业生涯发展
与心理成长

费斯勒（Fessler，1985）的教师生涯循环论将教师职业生涯分为八个阶段，即职前教育期、职业初期、能力建构期、热情与成长期、职业挫折期、职业稳定期、职业消退期以及职业离岗期。在这个阶段理论中，职前教育期是指教师尚未上岗的阶段，称不上真正的教师。职业初期即我们所说的入职阶段，在这个阶段教师需要完成角色的转换，出现问题的可能性很大[1]。

在能力建构期和热情与成长期，教师已经基本适应本职业，无论教学能力还是工作职位都处于不断提高与上升阶段，这两个阶段出现问题的概率比较小。接下来的职业挫折期就是职业倦怠和职业高原的高发期。最后，在职业消退期以及职业离岗期，教师已逐渐退出岗位。本章主要就教师职业生涯中比较容易出现的几个问题来讨论。另外，人际关系问题也是教师职业生涯中的一个重要问题，因此在本章的最后，将探讨一下教师的人际关系问题[2]。

教师往往是终身的职业，因此，从职业生涯发展的角度了解自身的心理与心理健康，以积极的职业心态去面对专业成长的酸甜苦辣，最终成为一名受人尊重的优秀教师，是任何一位跨入这个行业的人必须面对的。庄子云："吾生也有涯，而知也无涯。"生涯即人生的发展道路，教师的职业生涯发展是个体在主动的学习和实践过程中，形成良好的心理素质，成功扮演教师角色，实现教师职业专业化的过程。

第一节　中小学教师职业适应

在教师职业生涯中，无论是初上讲台的新教师还是执教已久的老教师，都会遇到职业适应不良的问题。教师职业适应不良的表现多种多样，归结起来主要有以下几种[3]。

一、中小学教师职业适应不良的表现

（一）角色失当

车尔尼雪夫斯基说："要把学生造就成一种什么人，自己就应当是什么样的人。"教师担负着影响人、造就人的重任，教师角色要求教师必须以自己的知足智慧和人格道德为学生做出典范。教师角色失当常常表现为角色转换迟滞、角色意识淡化，直接影响着学生身心的健康成长。

1.角色转换迟滞

角色转换迟滞现象多发生在新教师身上。新教师初入教坛，从学生转变为教师，形式上完成了身份的转变，但内在的思想意识常常仍未脱离学生角色。有些教师由于固有角色的影响太大，思想转变比较困难，有些教师因为对新角色缺乏认同，迟迟未能进入新角色，也有些教师因为被动地选择了教师职业，需要更长的时间才能慢慢接受教师角色。

2.角色意识淡化

担任某种社会角色的人，由于长时间固定在该角色规定的范围内，或是由于外部环境的影响和冲击，常常对自己担负的角色有意识或无意识地淡化，表现出对角色要求不再敏感，甚至有意识地回避的现象。角色意识淡化的教师常常表现在语言和行为上，语言欠文明、体罚学生，失去了一个教师最基本的职业要求。淡化较严重的教师尽管身在课堂，但内心已不在学校，职业热情不高，事业心不强，工作随意、被动，常常引起教学事故，导致教育失败。

（二）能力失衡

教学能力是教师为了完成规定的教学目标、运用有关知识经验、在教学活动中采取的教学行为方式。由于专业能力不足，以及教育形势的发展变化，教师的教学能力与目标要求之间常常会出现失衡的现象。

1.能力达不到要求

教师的教学能力不足主要表现在两个方面：第一，知识素养欠缺。教师职业需要具备比较全面的知识结构，由于知识素养的欠缺，许多教师不能有效地开展教育活动，常常出现备课不深入、处理教材不灵活、教学手段运用不恰当、课堂驾驭无力等各种问题。第二，实践能力不足。教学活动是一种实践性很强的活动，一些教师处理不好教师与学生的关系，不能灵活运用教材，导致教学效果不理想。教师必须对学生的身心发展规律有所了解，能够按照学生的年龄特点和知识储备来开展实践活动，这样实践的效率才会更高，针对性才会更强。

2.能力跟不上发展

教育的发展要求教师职业专业化。尽管当前教师整体的专业化水平在逐年提高，但与教育发展的要求相比仍有很大的差距，很多老教师缺乏先进的教育理论，知识结构更新慢，计算机和外语能力不足，难以接受先进的教育技术和教学方法，缺乏科研的能力，跟不上教育现代化的发展要求。

（三）人际失序

教育是与人打交道的职业，教育活动能否有效开展，一个重要的因素就在于教师处理人际关系的能力。由于个人的能力、经验以及自身心理水平的限制，一些教师常常在人际关系上出现问题，难以形成协调的职业关系。

1.教师与学生

师生关系是学校最基本、最主要的人际关系，不良的师生关系常表现为以下三种类型。一是紧张型师生关系：表现为教师以自我为中心，主要依靠强制力量来影响学生，对待学生简单粗暴，师生情感对立、人际关系紧张；二是冷漠型师生关系：表现为教师对学生不冷不热，不闻不问，师生之间交往时间少，互不信任，彼此漠不关心；三是庸俗型师生关系：师生交往实用性、功利性、商业性色彩浓厚，师生关系沦为庸俗的物质利益关系、商品交易关系和金钱关系。

2.教师与教师

教师不利于同事关系的行为主要有以下几种类型。一是孤芳自赏型：一些教师盲目自大，总认为自己是最优秀的，自己的能力是最强的，常常过分夸大自己的优点，无视别人的优点，甚至抬高自己而贬低他人；二是彼此对立型：彼此对立型教师在情绪、语言、行为上常相互排斥、互不相容，不仅影响双方之间的感情，常常还会影响到教育教学工作的开展；三是自我疏远型：自我疏远型教师心理上漠视人际关系，不主动融入团体，不愿意与同事交往，刻意将自己边缘化，对同事感情冷漠。

3.教师与领导

学校领导与教师行政上分属不同的层级，具有管理与被管理的关系。教师与学校领导的不良人际关系主要有两种类型。一是无谓型：无谓型教师常常表现出事不关己、高高挂起的态度，工作缺乏组织观念，漠视领导的安排，缺乏积极性，思想上随波逐流、对人对事缺乏热情，态度消极；二是反对型：反对型教师常常将自己放在领导的对立面，喜欢以对立和冲突的方式处理领导与自己的关系，工作中看不到双方的共同利益，难以与领导产生交集，与领导合作困难，有时甚至故意刁难破坏。

（四）前景失望

教师工作压力大、任务重，机械性、重复性的劳动多，当教师心理和生理上的疲劳得不到合理缓解时，就会产生厌恶工作、逃避工作的想法，出现工作情绪衰竭、工作成就感降低等负性症状。

1.情绪衰竭

教师群体中，情绪衰竭是一种较常出现的心理现象。研究结果显示，教师情绪衰竭大致出现在工作两年或三年后，此时，教师对职业已经不再感到陌生，业务能力已渐渐成熟，教学已经能够得心应手。工作开始失去新鲜感、失去挑战性；如果教师没有及时提升自己的追求目标，最初的热情消失后，工作变得只剩下忙碌和机械重复，发展陷于停滞，心理上会感到失落和迷惘。

2.工作成就感低

教师职业成就感是教师在从教过程中体验到的一种轻松、愉悦的幸福感和满足感，是教师工作的内部动力。高成就感的教师常常表现出"乐教、爱教、愿教"的积极职业情感，低成就感的教师则表现出"做一天和尚撞一天钟"的消极职业情感。低成就感的教师常常倾向于消极地评价自己，工作能力体验和成就体验不足。

教师职业成就感低与教师的职业特点密切相关。教师历来被认为是一种辛苦、清贫的职业，大量常规性、重复性、机械性的工作，会消磨一个人的工作激情。另一方面，随着社会的发展，整个社会对教师的要求越来越高，教师背负的责任越来越重，过重的责任要求教师具有更强的工作能力，增加了教师体验职业成就感的难度。

二、中小学教师职业适应的调适策略

教师能否良好地适应学校，外在环境固然重要，个人自身的调适能力同样不可忽视。学校工作中总会遇到这样或那样的问题，教师只有直面问题，努力找出解决问题的办法，及时有效地调节，身心才会永远保持健康[2]。

（一）职业意识：自我教育，自我激励

黑格尔说："人是靠头脑站起来的。"对教育工作而言，教师的职业意识就是教师的"头脑"，一个职业意识强大的教师才是真正强大、真正有抵抗力的教师，他的心理才不会轻易地被击垮。培养教师职业意识需要不断地自我教育、自我激励，要求教师学会学习，学会自省，永远保持一颗热爱教育工作的心。

1.学会学习，学会自省

教师首先要学好教师职业道德理论。通过理论学习明确师德修养的标准，分清教育活动中的是与非、善与恶，自觉地抵制消极思想观念的影响，从而提高遵守教师职业道德的自觉性，不断升华自己的道德境界。其次，教师需要学会自省。自省是一种高度自觉性的表现，它使教师在任何时候、任何情况下都能坚持按照教师职业道德规范去行事。做到自省不是一件容易的事，自省需要不断练习，不断跳出自己、反观自己，要经历从不自觉到自觉的长期过程。

2.保持爱心，留住激情

爱是人类的永恒话题，是人类最基本的情感，教师情感的中心就是爱，热爱教育、热爱学生是教师爱的两大主题。只有热爱教育，教师才会有真正的职业幸福感，才能真正实现自我价值。对学生的爱，是教师爱的核心，教师只有热爱学生、平等地对待每一个学生，才能营造出和谐的学习氛围，才会形成一个良好的育人环境。教育需要爱，也需要激情。教育有了激情，教学活动就会生动、形象，教学过程就会跌宕起伏。有激情的教师一定会成为学生喜欢的教师，学生会跟着教师一起欢笑、一起沉思、一起快乐地遨游知识的海洋，学生的情感会深深地受到教师的影响。

（二）专业意识：加强素养，关注成长

在一个急剧变化的时代，只有具有与时俱进的意识，才能跟上教育发展的要求。因此，教师必须树立终身学习的意识，及时更新与完善知识结构，必须不断提高自己的业务能力，找准自己的专业发展方向，走好专业化发展之路。

1.完善知识结构，提高职业技能

教师要完善知识结构，就是既要有精深的专业知识，又要有广博的知识面，教师要成为杂家，兼收并蓄，对社会文化的各个领域、各个层面都要有所涉猎。同时要博采众长，面对学生尽己所能地做到得心应手、举一反三。在教学过程中，教师必须不断丰富和发展自己的教学艺术，形成自己独特的教学风格，全面把握自己所任学科的教学内容和重难点，以居高临下、一览众山小的宏伟气势来驾驭教材、驾驭教学过程，让学生在教学过程中得到美好的享受。

2.树立终身学习的意识

进入21世纪以来，社会发展、知识激增，学习越来越变成个人日常生活的一部分。终身学习成为教师的一种责任和义务。任何一门学科的知识体系，都随着时代的发展需要不断充实、调整、提高。教师必须认识和掌握学科知识的新动向、新研究、新发展、新成果，只有掌握学科的前沿知识，才能不断激发自己的思考，不断提高自己的教学研究能力。必须不断进行学习，只有这样才能适应培养高素质创新人才的需要。

3.走专业化发展之路

教师的终身发展有四个层次。第一层次是最低层次，要求教师能胜任教学，满足学生基本的学习需求；第二层次是合格层次，要求教师能驾驭教学，能够较好地因材施教，成为教学中的骨干；第三层次是较高层次，要求教师能研究教学，追求教师在教学工作中个人价值的实现，在学生的成长中求得自我发展；第四层次是最高层次，要求教师追求自我超越，致力终身学习，博采众家之长，创造自己的教学实绩、构建自己的理论研究特色，成为"学者型"的教师。在知识经济时代，教师工作的内涵已经发生了深刻的变化，时代呼唤更多具有专业特长的专家型优秀教师。教师的工作越来越成为高度复杂的创造性工作，成为具有独特职业特点的不可替代的专业化活动。

（三）团队意识：注重整体，和谐共存

环境与个人是相互影响相互转变的，环境可以改变人，反过来人也可以改变环境。教师工作顺不顺利、开不开心，既取决于学校固有的环境状况，也与教师个人的主动性密切相关，教师只有积极主动地面对环境，迎接环境的挑战，才能创造出一个既有利于自己也有利于他人的和谐环境。

1.组建团队，明确职责

教师彼此之间的利益有时是互斥的、排他的，但从长远来看，则是相容共存的。教师不要着眼于当下的一时一事，应该把眼光放长远一些，谋求更长远的利益。教师还应该将自己放在学校这个大背景来看待问题，树立团队意识，从整体角度来看待个人得失，在团队中寻求发展。学校是教师组成的团队，和谐的教师团队是每个教师内在的渴求，教师想走得更好、走得更成功，需要彼此间宽容悦纳，需要相互协作、相互帮助，优势互补，它是教师实现个人价值、获得职业幸福感的基础。教师应该树立团队意识，同时也需要根据现实情况调整自己的目标，明确自己在团队中所扮演的角色，真正了解自己该做什么、能做什么？在脚踏实地中寻求发展和突破。

2.接纳别人，悦纳自己

和谐的团队意味着接纳，既接纳别人，也接纳自己。接纳自己喜欢的人是一件既轻松又愉快的事，然而，接纳自己不喜欢的人，尤其是那些排斥和反对自己的人，却是很多人难以做到的事。这就需要你具备善意，具备容人之量，需要你能够全面地看待别人，既要认识到别人的缺点，同时也要认识到别人的优点。悦纳自己也不是一件容易的事，悦纳自己最重要的是能够正视自己。一方面，能够正视自己的优点，不拿自己的长处和别人的短处对比；另一方面能够正视自己的缺点，不夸大缺点，不因为缺点全盘否定自己，积极地面又自我、不断地完善自我。

3.学会尊重，学会赞美

和谐的团队还意味着尊重和赞美，团队中要学会尊重他人、赞美他人。良好的人际关系源于人与人之间的相互尊重。尊重是对他人人格与价值观的肯定，不管对方地位如何、才能怎样，只要与他打交道，就应给予尊重在交往中。首先要学会尊重别人，要让对方感到在你心目中他是受欢迎和有地位的，尊敬别人要把握先人后己的原则，要善于换位思考。尊重他人还需要学会赞美他人。渴望被欣赏、被赞美是人最基本的天性，每个人内心的最深处都渴望得到别人的肯定和赞美。赞美要发自内心真情实感，同事之间掌握好赞美原则，有助于协调交往气氛，容易拉近彼此的关系。

（四）调节意识：快乐从教，挑战自我

教师要对自己的情绪和心态保持一定的敏感性，要有主动调节的意识。

要有意识地调节自己的情绪，使情绪积极而稳定；要有意识地调节自己的心态，从而良好地适应学校工作，达到保持身心健康的目的。

1.快乐从教

追求快乐是人类永恒不变的主题，古希腊哲学家伊壁鸠鲁曾明确指出："快乐是生活的开始和目的，幸福是人们天生的善，人们的一切取舍都从快乐出发，人们的终极目的仍是得到快乐。"作为教师，从事教育的目的不仅仅是为了生存，同时也是为了体验到人生的快乐。教师要从职业中获得快乐，必须学会调节自己的心理，要善于掌握自我，学会控制自己的情绪，及时缓解心理的紧张。要善于挖掘自身的快乐潜力，开发内在积极潜能，正向地看待自己、正向地面对问题，真正从心态上做一个积极从教、快乐从教的教师。

2.挑战自我

困难和问题常常蕴藏着机会和希望，磨难和挫折常常是我们成长的力量。失败可以造就成功，危与机可以相互转化，关键在于我们拥有什么样的心态。一个乐观的教师在追求自我价值的过程中，会倾注所有的热情，并对自己的努力坚信不疑，即使路途中遇到挫折和失败，目标仍然不会迷失。一个乐观的教师，他或她的追求是坚定的，即使遇到挫折和失败也不会埋怨，是与个人需要、社会需要内在统一的。乐观的人会相信，所有完善的自我都是在磨砺中成就的自我。对一名教师来说，挑战自我要善于发现事业的兴奋点，要确立自己的追求目标，要有长期的发展规划。一个带着任务和问题工作的教师，才不会消极懒散、无所事事。挑战有了主题，就像航船有了方向，才能积极主动地驶向远方。教师要勇敢地面对挑战，乐观地接受挑战，理性地应对挑战。在挑战中寻找工作的意义，在挑战中发现人生的乐趣，在挑战中成就快乐。

案例分析[4]：窦桂梅：一名特级教师的成长箴言。

从小山村到人民大会堂，从普通文书员到"全国十大杰出教师"，窦桂梅老师走过的历程凝聚了一名特级教师成长的艰辛与思考。2004年3月27日，在北京市海淀区新课程与教师发展系列活动中，窦桂梅老师总结了自己从教以来的十个体会，对从事教师职业的人来说，细细品味一位特级教师的成长箴言，从中或许能获得一些有益于己的经验与启示。

（1）激情不老。激情不老应该成为为师品格的重要追求。马克思说，激情是人追求自己的对象世界的一种本质力量。只要生命在，激情就在。教师的激情就是要点燃学生的情绪，照亮学生的心灵。对教育的激情，应该从现在的外在表象化为内在的精神气质。不因年龄的增长、环境的改变、地位的升降而改变。

（2）读书一生。好教师的知识结构应当由三块组成，即精深的专业知识，开阔的人文视野、深厚的教育理论功底。古典文学修养和哲学修养的不足，决定了我要以为学生生命奠基为追求，必须靠读书学习进行自身的弥补和进修，要像永不干硬的海绵一样不断地吸收和纳取。

（3）宁静致远。一个好教师不全是靠培训成长起来的，更不是靠检查、评比造就的。教师很苦很累，比如各类名目繁多的学历进修，课改通识培训：市级的、省级的甚至国家级的教学比赛压得教师喘不过气来。教师自由发展的空间，已被剥夺殆尽——整天忙着读人家的"书"，自己的"书"却没有读。这种过重的外在负担将导致"肤浅后遗症"。因此，与其忙忙碌碌，不如围绕自己的特色钻研下去，深化、细化，创造属于自己的心灵财富，在浮躁的现实中寻求一分属于自己的宁静心境，并置身其中朝着理想的目标默默地努力，静静地成长。

（4）以写促思。写作不仅是积累经验的一种方式，更是逼迫自己勤于阅读和思考的强劲动力。因懂得这些，虽工作辛劳，文笔稚嫩，但我仍坚持用文字记录自己的教育生活，让忙碌的我不断与宁静的我进行对话，让冲动的我不断接受理智的我的批判，让实践的我不断接受理论的我的提升。

（5）慎独养身。个人独处，他人不知，能严格按照慎独去做，没有其他杂念，实实在在按照道德准则去做。面对荣誉，要拿得起，放得下。不要在乎别人的毁誉，而要自信自醒，打击你的力量就是前进的力量。但问耕耘，莫问收获，竭尽全力，就是胜利。可以说，慎独是最好的善待自己。

（6）伸展个性。教师不能没有独特的风格，不能没有鲜明的个性。随波逐流，循规蹈矩是自己成长的最大敌人。"独立之思想，自由之精神"也应成为我们为师的座右铭。我想对自己说的是，人云亦云的尽量不云，老生常谈的尽量不谈，要学会独立思考，而不是跟着"风"跑。对自己的教学，不要考虑完美，要考虑最有特色。

（7）爱在细节。教师要学会爱，爱在细节，因为教育就是一堆细节。比如，对待生活在当今社会环境的学生，教师缺少的不是强力和果断，缺少的是教养和耐心，需要的是更多的等待和细心。"随风潜入夜，润物细无声。"尤其对所谓的学习、心理有"障碍"的学生，要学会做"寒里"和"雪中"去"送炭"的人，更要成为学生在困难或痛苦中及时送去精神安慰的人。

（8）海纳百川。无论是现在还是过去，谁走在我的前面，谁就是我的老师，包括学生，尤其是那些老教师——敬业、博学、钻研、激情、严谨、刻苦等教育传家宝，已经成为我们"通向现在和未来美好教育境界的阶梯"，把我们引领到当今课程改革的风口浪尖上。我心中永远铭记他们，并在今后的工作中时时记得向周围的教师学习。

（9）合作同进。如果说以前的成长靠的是个人奋斗，那么新的时代与环境，强调的却是团队的力量。尤其是激烈的竞争环境，需要真正的合作。没有合作之心的人，内心是焦躁而绝望的，也不会取得什么真正的成功。你有什么样的情怀，就有什么样的处世方式；你有什么样的期许，就有什么样的行为。因此，强调个人发展与竞争，一定要依靠环境和伙伴的合作——学会沟通、学会倾听，同行彼此理解，彼此支持，共同分享经验，以减少由于孤立而导致的个人行为。

（10）海星角色。教育，不变的永远不会变，改变的必将会改变。创新不是推倒历史更不是在沙漠上建设大厦。回顾过去是有益处的，如果我们对前人视而不见的话，我们身上的独创性不会很好地保存下来并取得快速的发展。教师要成为一名真正的审视者、反思者、继承者，但应当永远把自己定位在是教育海洋中微不足道的一颗海星的角色——也许这是一种理性状态。

第二节　中小学教师工作压力管理

越来越重的压力让人们越来越远离健康的轨道。工作需要一定的压力，压力可以转化成不断发展的动力。压力好比一把大提琴上的弦，没有一定的压力，不能弹奏出美妙的乐曲，但压力过大，弦就会绷得过紧，最终以绷断而告终。诱因导向的压力缓解策略，主要就是减少、消除或控制压力源，目的是通过解决问题的方式来化解工作中的压力，也就是我们常说的减压[5]。"师者，所以传道授业解惑也"，其职业定位是崇高的。教师的职业特点决定了教师工作的繁重、复杂和艰辛程度，决定了教师要比其他许多行业的人员面对更为繁多和沉重的压力。研究发现，适度压力有益于个体的生活和工作，一但过度的工作压力对教师的工作、身心健康及生活质量有消极影响，严重的将导致教师产生职业倦怠[3]。

一、教师工作压力概述

心理学上所说的"压力"（stress）通常包含两个部分：一部分是现实存在的具有威胁性的刺激以及个体对该刺激的评价，即压力源。另一部分是指人对压力事件的反应，即压力反应。教师职业压力也包括压力源和压力反应两个部分，是指让教师感到需要付出较大努力的工作要求以及由于适应要求所产生的各种生理和心理反应[6]。

（一）压力的概念

1.压力与压力源

压力是人在适应过程中的一种身心紧张状态，即承受的负担。当刺激事件打破了有机体的平衡和负荷能力，或者超过了个体的能力所及，就会体会到压力。这些刺激事件包括各种外界和内部的情形，称为压力源。并不是任何具有威胁性的刺激事件都能引起人的压力感受。在对压力源的反应中，存在着显著的个别差异是否有压力？压力大小？关键在于当事人如何根据自己的经验对刺激事件作认知评估。一般来说，压力过程常被视为压力源、压力中介及压力反应的混合体。压力源泛指生活事件及个体对该事件的认知评估，包括偶然事件的发生和连续问题的出现。压力中介变量包括许多方面，在此只涉及三个主要方面，即人格特征、社会支持和应对方式，其中应对方式是重要的中介变量，它在压力源和压力反应之间起到中枢的作用。

2.压力反应

中小学教师的工作压力反应主要表现为：生理反应、心理反应、情绪反应、行为反应和认知反应。

（1）生理反应。在压力状态下，机体必然伴有不同程度的生理反应。有压力时出现正当的生理反应是必要的，它动员了机体的潜在能力，保证了机体的能量和氧气的供应，提高了机体对外界刺激的感受和适应能力，从而使机体能更有效地应对外界环境的变化，如果压力不能及时解除或机体不能有效应对压力，那么，就会使生理变化的深度和广度加强，导致平衡系统的失调而引起疾病。生理指标的压力警告：第一，头痛的频率与强度增加，若非生理原因引起的，则很可能是压力反应；第二，肌肉紧张，经常发生在头部、颈部、肩部和背部；第三，皮肤过于干燥，已出现斑点及过敏反应；第四，消化系统出问题，例如患胃溃疡；第五，经常心跳急促、胸痛。

（2）心理反应。机体是生理与心理的统一体。处于压力情境中有生理变化，必然也有心理变化。心理变化有适度与过度之别。适度的心理反应，如情绪的唤起、注意力的集中、动机的调整和思维活动的变化，它能唤起和发挥机体的潜能，增强抵御和抗病能力；过度的心理反应，即强烈和持久的心理压力，超过了机体自身调节和控制能力，就可能引起各种生理或心理问题。心理指标的压力警告：第一，容易生气，缺乏耐心；第二，心情忧郁，意志消沉；第三，当外在要求超过自己的能力时，容易失控，对自己失去信心；第四，因为有太多事情萦绕心头而无法关注；第五，即使是做日常琐事，也常犹豫不决。

（3）情绪反应。压力的形成是动态过程，它包括三个环节：压力源、压力感受和负性情绪反应。负性情绪反应是压力最普遍、最普通的表达形式。作为教师工作压力的外在表达，它当然也是最普通的表达方式。情绪的产生是以需要为中介的。反映到的事物与自己的某种需要相投，人就感到愉快，这种愉快的体验成为一种力量，推动人们更清楚地反映该事物，以便采取适合于接近或取得该事物的行为；反映到的客观事物与自己某种需要相抵触，人就感到不愉快，这种不愉快的体验也成为一种力量，推动人们更清楚地反映该事物，以便采取适合于远离或消除该事物的行为；反映到的事物与自己不相干，人就不再去反映该事物，因为无需对它采取什么行动。这些愉快或不愉快的体验，心理学上总称为"情绪"。心理指标的压力警告：第一，容易生气，缺乏耐心；第二，心情忧郁，意志消沉；第三，有疏离感。

（4）行为反应。伴随压力的心理反应，机体的行为也会发生改变，这是机体为缓冲压力对个体自身的影响、摆脱身心紧张状态而采取的行为策略，以顺应环境的需要。如，攻击。攻击是在某些压力刺激下，个体以攻击方式做出反应，攻击对象可以是人或物，可以针对别人也可以针对自己，攻击分为直接攻击和转向攻击两种形式。行为指标的压力警告：第一，经常睡不好、失眠或总也睡不醒；第二，为了疏解压力而比平常喝更多的酒或咖啡，抽更多的烟；

第三，性需求下降。可能有因此变化而引发新的忧愁，影响夫妻亲密关系；第四，从人际关系中退缩；第五，难以放松，坐立不安。

（5）认知反应。当人感受到压力时，常出现不同程度的认知功能障碍。其原因有两方面：一是造成机体内稳定的紊乱而损害人的认识功能，如作为压力源的一些疾病，可以直接损害人的智能；二是压力引起的消极的情绪反应降低了人的认识能力。在压力状态下，由于认识功能障碍，人们往往会做出一些错误的判断，出现一些不适当的冲动行为。这往往是由于压力引起的机体内部稳定的紊乱使人的自主感和自信心受到破坏。认知指标的压力警告：第一，对自己要求过高，因而感到心力交瘁，缺乏热情；第二，记忆力变差；第三，压力会影响判断力，若你常做出错误决定，须考虑压力的影响；第四，经常对自己及其处境作负面思考。

（二）教师的工作压力源

所谓教师工作压力，是指由教师的教育教学活动及生存状况相关的烦恼事件或学校工作环境等因素引起的一种精神状态及相应的行为表现。鉴于中小学教师工作的质量标准和考核指标，结合国外已有的研究，将中小学教师的工作压力源确定如下[3][7]。

1.中小学教师内部压力源

（1）工作繁重，心理承受压力大。教师工作负担重主要指所承担工作的难度要求超过了个人能力，也就是个人能力不足以胜任其教学和管理职位。其中一些工作负荷重，是由应试教育引起的不得不过分重视学生学习成绩造成的；在规定期限内必须完成的工作量过多，自身的时间和能力条件又很难顺利完成预期的工作任务。比如，一个人既是毕业班的主科教研组长，又是班主任，还要教两个毕业班的课，工作任务过分繁重，总是担心个人所承担的教学和管理任务难以按时完成。有一些教师除课堂教学、备课、批改作业、课外辅导等教学工作以外，还有指导课外活动、上公开课、教研活动、班主任工作等。教师工作名目繁多，无尽无休的繁重的教育教学任务给教师带来心理压力。教师的工作时间远远超过每天8小时，特别是在中心城区小学，班级学生偏多，学科繁杂，教学任务偏重、超负荷。平时每天的备课、上课、辅导、改作业这些常规工作方方面面的落实已经让各位教师有些喘不过气，再加上一些流于形式的、被动应付的工作也日益增多，如每学期应上级部门要求不得不组织参加各级各类活动竞赛。

（2）地位悬殊，心理安全感不足。近几年来，虽然教师待遇在不断提高，但与其他行业比较悬殊较大，教师的社会地位、物质待遇"不尽人意"，很多政策得不到很好的落实。当然还有近几年大行其道的事业单位人事制度改革，新的竞聘制使不少处于弱势的老师不适应，感到职业危机，导致心理恐慌、行为冲动、易激动、情感失常、暴饮暴食或食欲不振等现象时常发生。而这些不良行为将损害教师的身体健康，降低教师的生活质量，并可能诱发所谓体罚学生之类的"师德事件"的发生。

2.中小学教师外部压力源

（1）不科学的教育评价制度。教育评价是对学校教学中的管理过程和业绩做出价值判断的过程，它对教师的教学观念和行为起导向作用。单纯地以学生的学习成绩来鉴别教师的教学业绩。职业绩效评价简单化，使人不容易得到成就感的心理满足。全社会对升学率的狂热追求，成绩面前学生排队，实质上就是教师座次的排序，考学生实质就是考教师。

近年来，虽然提倡素质教育的呼声不断，但是一些学校仍然把学生的考试分数、班级的升学率作为教师业绩的主要标准，甚至是唯一的标准。有的学校以学生考试成绩高低为教师排名，实行末位淘汰制。学生考试不好，教师就得转岗、待岗、下岗。有的地方教育行政部门也拿升学率排座次。不少教师说："学生考试，我比学生还紧张。"不少教师连做梦都在挖空心思地想高考模拟题的解法。

同时，绩效考评和工作奖酬挂钩，往往会对教师产生较大压力；绩效考核对个人的职务、职称晋升有重要的影响，也会产生较大的压力。

调查及访谈表明：单一的以学生学习成绩来鉴别教师教学业绩的评价理念与方式，限制了教师发挥积极性和获得成就感，削弱了教师对自身可持续发展的需求动机，加大了教师对其职业的忧虑。

（2）评职称的压力。在许多地方通常把教师所带班级学生的考试成绩、升学率与教师的职称评定挂钩。特别是近年来，职称评定越来越与学历挂钩，并要求教师有一定的科研成果，计算机、外语也被作为考核教师的重要内容。不管实际工作中有用没用，政策就是这样规定的，教师就得随着这根指挥棒转而疲于奔命，忙于听课，忙于通过考核，忙于拼凑"论文"，否则就永远处于职称的最底层。巨大的压力带给教师的是极大的困惑和对工作的极度恐惧。

（3）学生问题和学生家长的过度干涉。学生的品行及学习情况与教师的职业倦怠密切相关。国外专家弗瑞德曼与法伯在1992年的报告中指出，学生品行不端、对事情漠不关心、对学习缺乏热情，这些都易使教师产生倦怠。现在学生的素质参差不齐。一部分学生迷恋上网络，没有心思学习；一部分学生自暴自弃，不愿接受教师的管教；一部分学生又对教师怀着极高的期望，希望教师通过高超的教学技巧让自己轻轻松松地学会所有知识。家长对每个孩子的高期望，在孩子入学后就自然而然地转化为对教师的高要求。不少学生家长认为，教师是孩子学习成绩好坏、能否上理想学校的主要责任者。现在哪个班分数稍微低一点，有的家长就会不满意。由于通信便捷，家长几乎可以随时向校长或教师本人提出自己的要求，甚至有的家长把意见反映到教委，要求撤换教师。这些事情最后大多都会给教师带来压力。

（4）工作内容高重复性。教学工作是一项常规性的工作，教学内容的不断重复，教学方法的不断熟练，容易使人产生不新鲜感，逐步丧失对教学内容和教学方法的研究、探索兴趣。当一个人感觉在机械重复做事情的时候，倦怠感就不可避免地产生了。当前教育改革的大趋势，决定了教育组织中的各类变化、变动与变革事件大量增加。除了课改以外，用人制度、师资管理、教法改进等等变化，不断打破教师已经适应了的比较稳定的局面。稳定性下降、习惯状态被打破、工作要求提高、教学活动对象变化、组织中相互支持与帮助的改变，对人的工作心理产生重大的冲击与震动，形成教师工作压力。

（5）成就感的滞后性、不确定性。教师所面对的受教育个体是成长中的个体。学生之间存在着差异性，并且学生始终处在发展变化的过程中。即使教师付出巨大的劳动对学生因材施教，也可能获得不了满意的成就感，因为学生的改变从单一的学业成绩上较容易衡量，但学生在兴趣、态度、价值观方面发生的改变是缓慢的、难以准确评价的。有的时候学生所发生的改变与教师付出的努力不成正比。如果教师对自身产生的过高要求长期得不到实现，就容易使教师产生内疚感和无力感，损害教师的自我形象。在很多情况下教师难以证明所取得的成就，成就感就在无形中被破坏了。

（6）新课改的职业压力。在新课程改革的条件下，有些地方的教学评价没有与新课程理念统一起来，促进教师教学水平不断提高的评价体系尚未健全，因而有的教师不敢放手参与课程改革实践。新课改的重点之一，是让学生的学习产生实质性的变化，提倡自主、探究和合作的学习方式，逐步改变以教师为中心、以课堂为中心的局面，促进学生在教师指导下主动地、富有个性地学习。教师需要从教学方式、教学活动和师生关系等方面进行反思和实践，许多教师对此感到困惑和不知所措，职业压力随之而来。

（7）教育体制改革和职业竞争带来的学校人际关系复杂化。同事之间的积极和谐的竞争，带给教师的压力是良性的。但是学校领导有意无意地涉足恶性竞争，任由消极或恶性竞争发展，就使得教师生活在危机之中，使教师时刻担心自己的岗位，教师之间的人际关系也相对紧张，心理压力很大。有些学校领导对教师的要求层层加码却又缺乏人文关怀，直接影响了教师和学校领导的关系。这种不良的管理与被管理的关系，更强化了学校领导简单低效的管理方式，进而导致恶性循环。

（8）付出——回报不平衡。工作付出回报通过三种媒介实现：金钱、社会尊重和工作机会。在消费（付出）与获取之间不能互惠时（如高付出和低回报），就会在情绪和生理的层面上使个体产生持续的紧张反应。在一些地方，一方面，社会各行业平均收入的比较会使教师感到收入与付出不成正比，久而久之就会产生严重的挫折感；另一方面，一些地方的教师工资本来很少，还不能保证足额发放，有的地方拖欠教师工资长达两三年。在许多地方，教师待遇得不到相应提高，住房、医疗和养老保险等福利待遇比较差。教师夫妻分居，配偶就业问题长期得不到解决，中高级职称评定在农村中小学更是难上加难。在普遍存在的高付出—低回报的条件下，在劳动力市场上没有其他机会的情况下，教师不会放弃自己不喜欢的工作；由于策略性原因，在教师职业生涯的特定时期，教师会接受不公正的工作安排。但是，社会的互惠水平与教师内心默认的期望值会发生严重冲突。这种中小学教师的付出与回报显著不平衡，造成教师职业倦怠，成为教师心理压力的来源。

（9）职位不适当。职位不适当是常见的教师工作压力源，其主要表现是人与事不匹配。个体长期处于这种不匹配的工作状态下，会因为这种不适当性而造成工作情绪的不稳定性。这是造成教师个体压力的重要原因。人与事不匹配包括两个方面：第一，个体不具备所担任职位要求的技能或能力，如一个刚毕业的大学生因为不熟悉教材以及缺乏教学经验，很难胜任高三毕业班的语文课教学，又比如让学英语的教师去教数学课；第二，教师在所担任职位上没有能够全力发挥技能或能力的机会，即大材小用。

（10）非主科任课教师不受重视产生心理不平衡。在当前教育实践中，学生、家长甚至学校领导重视语文、数学、外语等主科，轻视体育、音乐、美术等学科，使得这些学科的任课教师感到心理失落，由此带来有形无形的心理压力。

（三）教师心理压力形成的原因

了解了教师心理压力的内涵，那么这些压力究竟从何而来呢？其实心理压力并不是凭空产生的，说到底仍然是客观事物在人脑中的反映。因此，我们可以找到它的源头。教师的心理压力形成原因不外乎以下四个方面[3]。

1.教师个人因素

（1）需求与发展方面的压力过大。需求压力，是指来自教师个人需求与发展方面的压力。如晋升职称、进修提高、科研成果、实现自我价值等。一方面，总认为自己的职业或职业的某些方面不如别人，因此而苦恼，常伴随着一些特殊的情绪体验。另一方面，有些教师看见别人某些方面（才华、成就、品质、相貌、物质条件、地位）高于自己而表现出心怀不满的情绪，甚至在行为上冷嘲热讽。

（2）教师自我期望过大，追求"完美主义"。从社会心理学的角度来看，教师常常扮演着为人师表的角色，这种职业的神圣感在客观上迫使教师不得不掩盖自己的喜怒哀乐。人们通常认为，理想的教师是学识渊博、灵魂高洁、品行堪称典范的人，即"学高为师，身正为范"。追求"完美"的心态，容易忽略自身条件的限制，如个性、能力、机遇等。一旦过高的自我期望目标不能实现，就会有很强的挫败感，必然影响心理和生理的节律，对自己过分责备，对他人怀有敌意，以致产生对立情绪，其实这些都是过度焦虑、躯体化、强迫症的直接诱因。因此，教师只有放弃"完美主义"的心态，积极面对工作中的挫折，调整、确立切合实际的工作目标，才能在真实的世界里发挥工作的潜能。

（3）教师过强的感受力。教师扮演的是为人师表的角色，这种职业的神圣感在客观上迫使教师不得不掩盖自己的喜怒哀乐。因此，教师是否感到有压力及其大小，更多地主要取决于教师的个人内心的感受。面对家长的望子成龙和学校的以升学率论英雄，以及社会的沉重期望，不少心理承受能力稍差的教师往往会感到心力交瘁。

2.社会因素

（1）社会提供给教师的待遇给教师带来压力。社会地位不高、工作条件较差、劳动强度大、福利待遇缺乏保障等都使得教师产生一定的潜在的压力。由于长时间超负荷运转，使得教师疲惫不堪，身心疾病增加，心理负担沉重。另外，农村拖欠教师工资严重，城市学校也有不能全额发放的现象，即使能够全额发放，教师的收入也基本上属于中等，与付出的劳动相比，单位时间收益并不算高。

（2）社会发展和教育改革对教师提出了越来越高的要求。教育要适应社会的变化和要求就必须进行改革。目前，我国中小学教育教学改革已经全面展开，并且正在不断深化。新的课程标准相继出台修订，教材更新力度加大、速度加快，新的先进的教育教学和课程理念得到广泛传播，现代教育技术手段纷纷涌现，所有这一切都对教师的素质提出了更高的要求。

（3）社会各界对教师的角色期望太高，让教师感到压力。教育的成败关系着未来社会的发展，因此，社会各界都关注着教师的工作质量，对他们的要求和期望都很高。要求教师的知识体系要博大精深，做什么和怎样做都有自己的看法，对学生关心体贴，并且无所不知。这些角色期望与教师自我价值观产生对立和冲突。

3.学校因素

（1）教师的评价体系有待进一步完善。怎样评价教师，教师能否接受评价的方式，对教师心理有很大的影响。教师的工作若能得到积极的评价，便会以饱满的情绪和更大的精力投入工作；教师若对评价结果不满，担心由于人为的偏差，使自己在评价中受到误解、不信任，则会产生心理负担，增加工作压力。

（2）学校的人际关系影响教师的心态，更加重了教师的压力。老师们需要面对的人际关系除了任何人都要遇到的与家人的相处之外，最有职业特点的当然是师生关系。除此之外，干群关系，同事关系，家校关系也是老师们必须面对的几大问题。在现在的教育现实下，本应是有着共同目标，属于协作关系的教师与学生，似乎变成了敌人，冲突不断，各种师生矛盾频频曝光，几十年前那种淳朴真挚的师生情越来越稀缺了；何止师生，就是原本像一家人团结的兄弟姐妹般的学校领导与普通教师、普通教师与普通教师之间也因为职称的竞争、荣誉的争夺、绩效奖金的分配闹得山雨欲来风满楼；另外，教师与家长的关系也在这个物欲横流的时代变得一切以利益为纽带，俗不可耐。此种状态下，大多数教师总是生活在压抑之中，只有少数被迫看破红尘，不争名利，安享平淡的老师能够解脱出来，赢取轻松的心情，只是这种被动的放弃也总是心不甘情不愿的，多少会有些失落无奈之感。

（4）工作量大、工作时间长、工作担子重是造成教师身心健康问题的主要因素。一名小学教师一周的课时量，考试学科（语文、数学、英语）在12～14课时，考查学科（音、体、美、劳、社会、科学等）在16～18课时。教师每天除了正常的课堂教学外，还有许多工作要做，如要研究和落实个性化教学、创新教学、学生的有效发展、科学发展、个性发展，以适应新时代新理念的需要。

（5）教师的工作环境。教师整天在校除了高强度的工作以外，还有一项不容忽视的因素——工作环境的嘈杂，特别是在小学。学生年龄小的特点，决定了校园从早上学生入校到下午学生离校这长达9个小时的时间里，整个校园都是沸腾一片。而身在其中的教师们不得不在这9小时里时时"享受"这"潮水"之声。再加之现在小学开设的都是托管班，学生中午也在学校就餐与午休，这就意味着我们的教师在"被嘈杂"中之外，一周内至少有两天没有午休的时间。对于小学众多的班主任而言，更是每天长达9小时以上连轴转的工作量。可想而知，长此以往，教师的精神状况又会怎样。

4.学生因素

独生子女的特点增加了教师工作的难度。独生子女存在着许多个性方面的缺陷，如以自我为中心、依赖性强，具有较强的民主意识、参与意识、自主意识。面对独生子女，教师工作的难度加大了，他们不得不花更多的时间和精力去了解学生、研究学生，探究教育学生的有效策略，力求不同的学生得到不同发展。

留守儿童和单亲家庭子女是教师的心头重压。这些学生或因监护人对其学习关注不够而造成态度差，成绩不理想，或因教育方法不当而引起行为不规范，或因缺少亲情的抚慰而导致心理不健康等问题。这些无形中也增加了教师的工作担子，有时甚至让教师在教育过程中大伤脑筋，造成过重的心理负担。

以上这些诱因并非独立存在，而是互相联系、共同作用于教师。

二、中小学教师压力管理策略

（一）缓解教师压力的策略

俗话说："没有压力就没有动力。"于是乎，人们在面对压力时往往努力承受，以表示自己是生活的强者。那么真的是这样吗？心理学家研究发现，当人承受的心理压力超过个体适应的最高限值时，人就会出现焦虑、烦躁、不安等不良情绪，身体的免疫功能也会下降，严重时甚至会出现伤害自身或他人的悲剧。这一研究结果让人们重新认识了心理压力。现代医学证明，心理压力过大会削弱人体免疫系统，从而使外界致病因素入侵引起机体患病。由此看来，缓解压力，保持心理健康是极其重要的[3]。

1.树立自信心

每个人心中都有一幅自我肖像，即关于"我属于哪种人""我是谁"的自我观念。作为人的潜能是十分巨大的，我们能做的比我们想到的要多得多。所以在自我发展方面，有这样一个观点："你想什么，什么就是你。"其核心就是自信。自信心对我们个体的发展具有十分重要的导向作用，人们的自信心决定我们个人成就的界限，它决定着我们能做什么和不能做什么。有了自信就能使我们富有新的能量、新的才华，就会勇敢地应对压力。

同样，教师悦纳自己并自信能更好地面对工作中的问题，较好地适应、调节职业压力。试想，一个不喜欢自己、不相信自己的教师在工作时需面对多大的工作压力？而一个喜欢自己、信任自己的教师工作时会更有兴趣做好，那么他面对工作压力时的弹性就要大得多。因此，鼓励教师欣赏自我，发现自我的优势，每天鼓励自己，都能提高教师的自信。

2.提高自我认知

面对压力，魏书生老师说得多好，"多改变自己，少埋怨环境"。"埋怨环境不好，常常是我们自己不好；埋怨别人太狭隘，常常是我们自己不豁达；埋怨天气太恶劣，常常是我们抵抗力太弱；埋怨学生难教育，常常是我们方法太少。"只要改善自己，定能改善环境。在工作之外，通过欣赏文学名著和名人传记，看电影、电视，听讲座都可以从别人的人生轨迹和看待人生的观点中领悟到自己的人生道路和人生价值，从别人的心路历程和战胜困难的经验中充实自己的方法和经验，努力成为热爱生活、勇于创造、充满生命活力的人。只有这样才能更好地成就育人事业。现实派心理学大师威廉·格拉瑟曾经说过，那些把教师职业当作谋生手段的人，会更多体验到来自职业的压力；只有热爱并将其视同事业的人，才能更多地体验到快乐。要知道，当我们在生命价值和人生意义实现的层面上去反思我们的职业，从人的发展而不仅是知识传递的角度去审视我们的职业时，才能以生命激发生命，职业才不会成为我们的异己力量，不会成为我们心理健康的对立面，教师才能焕发真正的活力！

3.良好的人际沟通

这是一节常规课的片段：一位教师在给学生上下午课的时候发现学生无精打采，教室里沉默难耐。教师一上讲台，望着精神疲惫的学生，大声问学生："你们想不想喊？"学生为之一振，愣愣地望着老师。老师再次微笑着说："我很想喊。"接着振臂高呼："我要上好这堂课！"如雷鸣似闪电划过学生心灵的原野。同学们随即高呼："我要上好这堂课！我要上好这堂课！"顿时教室里沸腾起来，气氛空前活跃，一个个精神抖擞。结果这节课上得出奇的好。这个片段告诉我们，良好的人际沟通，是教师顺利工作的基础。

4.保持宽容平和

保持宽容与平和能有效缓解压力。要知道苦恼之源常来自于不合理的比较方式：报酬总爱与比自己多的人比，地位总爱与比自己高的人比，生活水平总爱横向比不爱纵向比，比上不足则越比越不足，越比越憋气，越比越不平，越比越悲观，越比越失望。教师不应该拿自己的付出、收获、待遇与别人的差别来比较，要把自己与周围的同事、朋友进行比较，与自己的理想比较。教师职业毕竟不同于其他行业，注定没有轰轰烈烈、大红大紫的人生。我们从事的职业要求我们以学生的成长为自己价值的体现，这才是教师的人格魅力所在。为此需要我们有一颗平常心，以平静的心态看待自己和看待得失。只有心态平和，才能正视自己，脚踏实地。俗话说"知足常乐"，记住：你有你的生活，我有我的天地，不嫉妒不眼红，只有这样，才能摆正心态，淡泊从容。

5.适当的运动、娱乐和幽默

运动消气。法国出现了一种新兴的行业：运动消气中心。中心均有专业教练指导，教人们如何大喊大叫，扭毛巾、打枕头、捶沙发等，做一种运动量颇大的"减压消气操"。在这些运动中心，上下左右皆铺满了海绵，任人摸爬滚打，纵横驰骋。压力过大时可以通过运动或娱乐活动，如看小品、看幽默故事、听音乐、唱歌等方法减压。有的老师发现了幽默故事就把它发到QQ群里，让大家一起来分享快乐。办公室里经常是笑声不断，这样既放松了心情，又大大地提高了工作效率。老师们不能控制他人，但可以掌握自己；不能改变他人，但可以改变自己；改变不了环境，但可以改变态度；不能样样顺心，但可以事事尽力；不能改变天气，但可以改变心情；不能改变生命的长度，但可以增加生命的宽度……希望这些心理维生素能让我们拥有阳光心态，赶走压力[3]。

（二）教师自信心的自我调适策略

教师的自信，是学生产生自信的生命种子。难以想象，一个不自信的教师会培养出什么样的学生。教师的一言一行，会对学生的整个人生起着潜移默化的作用，俗话说："有其师，必有其徒。"所以，教师首先要做一个有自信心的教师。教师只有以自己旺盛的生命之火，才能点燃学生那旺盛的生命之火；教师只有以自己充沛的生命激情，才能点燃学生的生命激情；教师只有以自己远大的生命理想，才能培植出学生那远大而又辉煌的生命理想[3]！

1.重新认识自我，悦纳自我

在新课程改革中，教师只有重新认识自我，清楚地了解自己，才能正确地评价自己，才能为自己确立适当的奋斗目标，提高成功的可能性。从而达到自我价值的实现，而不至于目标脱离实际，以致因为无法实现预期目标而产生无谓的紧张、焦虑、失望，更加自卑。同时也形成合理的自我评价，能够使自己正视自己的弱点，对真实的自己持一种悦纳的态度。这样，面对人才辈出的教师集体，教师就能坦然接受别人的优点，虚心向别人学习。在承认与别人差距的情况下，依然保持自信心。

2.积极认知，增强自我效能感

积极认知就是在看到事物不利的同时，更看到事物有利的方面。这种看待问题的方式，容易使人看到希望，增强信心，始终保持愉快乐观的情绪。增强自我效能感的途径主要有以下几点：

（1）重新调整期望值。也就是给自己确定个适合实际情况的工作目标，避免因目标不切合实际而导致无谓的挫败感。教育家魏书生说："我不是主张不向别人学习，而是主张坚持自己的长处，学习的目的是为了发展而不是抑制自己的长处。一个人有很多长处，当然好。长处不多，只有一点儿，只要努力发展，同样能取得突出的成绩。"一个努力"扬长"的老师，容易成为一名优秀的教师。

（2）注意从积极的体验中去积累和增强自我效能感。新课程的改革要求教师既要重视结果，更要重视过程，既要重视知识技能的学习，更要重视情感、态度和价值观的培养，对于我们的学生如此，对于我们教师个人来说更应如此。

有这样的一个小故事：三个工人在砌一堵墙。有人过来问："你们在干什么？"第一个人没好气地说："没看见吗？砌墙。"第二个人抬头笑了笑说："我们在盖一幢美丽的高楼。"第三个人边干边哼着歌曲说："我们正在建设一座崭新的城市。"十年后，第一个人仍在工地上砌墙；第二个人坐在办公室中画图纸，他成了工程师；第三个人呢？成了前两个人的老板。又十年过去了，第一个工人还在砌墙，第二个人也成了老板，第三个人则成了主管城市建设的副市长。

很喜欢这个小故事，因为寓意很深，颇有哲理，可以使人产生很多联想。我们可能都是普通劳动者，或砌墙盖房，或躬耕乡间，或治病救人，或执教课堂，很平凡但也很伟大。如同莎士比亚所言："卑微的工作是用艰苦卓绝的精神忍受着的，最低陋的事情往往指向最崇高的目标。"因而，不论干什么，我们都应该真诚地热爱工作，让工作神圣起来，从积极的体验中去积累和增强自我效能感，从而愉快地劳动、奉献，尽可能实现自己的人生价值。正确的积极的认知、信仰是自信的基础。

3.教师自信心的培养与维护

在现实生活中，我们每个人几乎都知道自信对事业、对人生的重要性，但是知道自信的重要性，却并不意味着拥有自信。如何培养与维护自信，也是一个一直困扰很多人的问题。

（1）要善于分析、倾听自己。著名教育家苏霍姆林斯基说过："一个善于分析、倾听自己的教师，才能成为得力的有经验的教师。"心理学研究表明，人在内心深处，都有一种渴望得到别人尊重的愿望，更渴望得到自己的尊重。作为教师，只有学会倾听自己，学会自我反思，学会自己与自己心灵沟通，才能够成为自己情绪的主人。生气时，学会制怒；忧愁痛苦时，学会化解；失败时，学会积极地自我鼓励，使自己倍增勇气。

（2）作为教师，要学会微笑，每天都能保持甜美的笑容。笑是快乐的表现，笑能使人产生信心和力量；笑能使人心情舒畅，精神振奋；笑能使人忘记忧愁，摆脱烦恼。有一种表情叫作微笑，有一种力量叫作微笑的力量。对于教师来说，微笑是拉近与学生距离的一种有效手段，它表达着教师对学生的亲切、友善、支持、鼓励。教师微笑，不仅可以调整自己的心理状态，还能培养学生健康愉快的心理。

（3）正确地表现自己，大胆表达自己的思想。很多人在众人面前不敢表达，是由于缺乏自信。总是担心别人会嘲笑自己，于是就尽量减少当众讲话的机会。其实，很多人最初面临听众时，都会有一些恐惧，一些精神上的紧张，这是正常的。只要你以积极的心态面对，不断地鼓励自己，不断地练习。要想提高自信心就要尽量减少对自己的否定性评价，增加肯定性评价。如"我现在的自我状态不错""我做得很棒""别人不会看不起我"。另外还要多参与那些容易成功的活动或社交场合，当你的周围都是肯定和赞赏的目光时，你就获得了最大的信心支撑。很多人不敢当众讲话，并不是因为他们不能当众讲话，而是因为他们的心里面也默认了一个当众讲话的"高度"，这个高度常常暗示自己的潜意识：相信当众讲话是不可能的，这是没有办法做到的。

第三节 中小学教师的职业促进

一、中小学教师职业倦怠的预防与调适

（一）中小学教师职业倦怠

1.职业倦怠的概念

职业倦怠是指人们不能顺利应对工作压力时所处的情绪、态度和行为的衰竭状态，体现为以下三个指标：情绪衰竭、去个性化以及个人成就感丧失。情绪衰竭是倦怠的代表性指标，指的是个体的情绪和情感处于极度疲劳状态，其特征是缺乏活力，工作热情完全丧失，有一种情绪资源耗尽的感觉。情绪耗竭经常伴随着挫折、紧张，使人在心理层面上自认为无法致力于工作；去个性

化指的是以没有人情味的、非人性的方式对待他人，其特征是把服务对象视为"物"而非"人"，对他人否定、消极、麻木不仁、漠不关心；个人成就感丧失指的是消极评价自己工作的意义与价值，其特征是自我效能感降低，倾向于对自己作出消极评价，觉得自己没有能力履行工作职责，有无力感，对自己的工作满意度降低[8]。

2.教师职业倦怠的表现

教师因为工作性质本身对于情感投入的强调以及工作负荷的巨大而成为职业倦怠的高危人群。经受着倦怠的教师一般表现为四个方面的症状：身体的、智力的、社会的和情绪的。每个方面所描述的症状都不是孤立的，而是与其他方面紧密结合、相互关联的。

（1）智力方面的表现。倦怠对智力也存在着不可忽视的影响，表现之一就是决策能力降低。由于压力，决策容易变得草率、拖延或犹豫不决。个人对决策缺乏理智的判断和热情，一旦做出决定，又害怕承担相应的责任。倦怠还表现为获取信息的不足，在工作时，会随时随地接受周围的大量信息，并对此做出判断和反馈。倦怠的教师往往会感到这些信息带来压力，无法很好地处理这些信息，经常被头脑中的不良情绪困扰，注意力难以集中在一件事情上。

（2）社会方面的表现。第一，社会退缩。面对各种刺激纷纷袭来，很多教师感到精疲力竭，对一切都失去了兴趣。为了避免与人接触，有些人试图逃避。第二，师生关系紧张。在面对学生的时候，教师变得越来越缺少同情心，不愿意深入到学生的问题中去。第三，私人关系恶化，家庭问题增加。有些教师把他们的问题带回家，把这些忧愁和麻烦、压力加诸于家人和朋友身上。这样与周围人关系的逐渐恶化，会使倦怠的教师在生活中能得到的支持和帮助更加缺乏，因而他们的问题也就会更加严重。

（3）情绪方面的表现。第一，否认或责备。倦怠程度较轻时，表现为某种程度的否认合理化，随着倦怠程度的增加，责备替代了最初的防御。当责备他人无济于事时，就会产生自我谴责。第二，愤怒与压抑。在工作压力下，人们往往有两种表现形式：一种是外在的，即愤怒。另一种是内在的，即压抑。第三，偏执性。偏执行为常产生不良的工作关系，会使教师陷入更深的苦恼。第四，自我贬损。一些教师经历工作的失败，最初表现缺乏信心，然后出现无事感，最后是无望感。一旦遇到压力事件，就会觉得要失败。这样就形成一种思维习惯，即任何问题都是自己造成的，没有其他人的责任。第五，刻板态度与抵抗变化。教师一旦经历倦怠过程就变得刻板和不易改变，任何建议与新观点都很难起作用，他们认为老方式比较安全，喜欢旧程序，不愿迎接挑战。

（二）中小学教师职业倦怠的预防与调适

1.改变自我：预防职业倦怠的个体策略

（1）问题解决：诱因导向的策略。面对沉重的压力，要保持冷静，寻找解决问题的方法，并积极行动起来。一般而言，这一过程包括下列步骤：认清压力事件的性质；理性思考及分析问题事件的来龙去脉；确认个人对问题的处理能力，积极寻求能帮助解决问题的信息，包括如何动用家庭及社会支持系统；运用问题解决技巧，拟订解决计划；积极处理问题。如果自己已完全尽力，问题仍不能在短时间内解决，则表示问题本身处理的难度甚高，有可能需要长期奋战，除了必须培养坚忍不拔的斗志之外，可能还需要其他的精神力量支持。

此外，还有一部分教师压力大的原因是生活规模过大，超出自己的能力和精力范围。有些教师很忙，不仅要忙学校里的工作，还在校外做兼职的工作，认为这样可以获得更多的收入，使自己的生活质量更好。实际上，这些教师在身体上和心理上付出了很大的代价。如果你是一个非常忙的人，而且感到疲惫不堪，就可以清点一下自己的生活，看一看自己所做的每一件事情是否都是必须做的一些兼职的工作；如果不影响到你的生存，就可以考虑缩减生活规模，不要再去做兼职工作，这样就减少了自己的压力源。有时候生活规模过大了，我们的要求就会很高，其中很多的要求是物质上的，而满足这些物质上的要求对身心会造成很大的压力。可以考虑一下，这些物质的需求真的能让我们更幸福吗？当我们让自己的生活简单一些的时候，就会觉得不再那么不堪重负了[9]。

（2）自我改变：反应导向的策略。在物种中能够生存下来的，既不是最健壮的，也不是最聪明的，而是最能够适应变化的那种。

第一，改变生活习惯。许多教师存在重工作轻生活、重业绩轻健康的想法。人的时间有限、精力有限，有所得，必有所失，很难面面兼顾。殊不知失去健康，将付出何等的代价！很多教师，谈业绩也许兴致勃勃，说起养生也许就没有多大兴趣，甚至认为养生是退休老人的事，自己年轻力壮还需要养生吗？再说，养生是需要时间的，自己工作忙、时间紧，哪有闲暇时间顾及养生呢？这些都是由于对"养生"的含义产生误解所致。但是，鲜为人知的是，饮食与心理健康的关系也异常密切。大脑中负责管理我们行为的神经递质会受到我们每天饮食的影响。多巴胺、5-羟色胺、肾上腺素都是神经递质的传导物质。当大脑分泌5-羟色胺时，脑神经处于休息放松的状态。当分泌多巴胺及肾上腺素时，我们会思考、动作敏捷，也较有警觉性。也许我们认为，每天吃饱就可以了，但是这里的学问很多，饮食对每个人的身心健康是一个非常重要的影响因素。

第二，改变思维方式。哈特教授在他的著作《优质思考的十个习惯》中，为我们详尽地论述了健康思维习惯的养成对现代人的积极意义，这些健康的思维习惯包括：欣赏别人的优点、允许自己失败、保持良心清醒、按本相接纳自己、不与现实脱节等。其中，对现代社会人士最有帮助的当属允许自己失败、按本相接纳自己和不与现实脱节。改变思维方式有助于减压。教师如何才能化压力于无形？如果你无法彻底消除这种压力，那么不妨缓解或分散压力。方法多种多样，根本原则只有一条：要么改变你的处境，要么改变你对处境的反应，要么改变你看待处境的方式。如看心理医生，倾诉、及时宣泄、找人倾诉，放慢工作速度，保持一颗平常心，量力而行，与人为善，忙里偷闲。

（3）身心放松：症状导向的策略。当我们长期处于压力状态时，总会表现出各种各样的身心症状。通过一些身心放松的技术，可以在一定程度上缓解压力，从而达到预防职业倦怠的目的。

第一，冥想减压。早晨或傍晚选择一个较安静的地方，避免外界干扰，坐在椅子上，把全部注意力都集中在一个东西或一个字上，冥想20分钟。请记住，放松的一个黄金法则是不要使劲。经常练习，它就会变得很自然，但是就像许多新的技巧一样，它需要多些努力。如果你愿意多学习一些放松的技巧，如冥想或瑜伽，你可以参加当地的一些培训班，或从音像制品店购买一些放松训练的光盘。

第二，运动减压。运动减压是通过一定的身体运动来达到减轻心理压力的目的。通过运动，教师可以劳逸结合、脑力劳动与体力劳动相结合，从而提高工作效率。运动可以有多种方式，你可以做一些诸如散步、清扫屋子等低强度的运动，也可以针对不同的情绪状态进行不同的运动。有氧运动是人体在氧气充分供应的情况下进行的体育锻炼，可以提高心肺的耐力，使得个体从事更长时间或更高强度的运动时，身体不易疲劳。因此，有氧运动也是减压和抗疲劳很有效的运动方式。有氧运动是一种恒常运动，常见的运动项目有步行、慢跑、滑冰、游泳、骑自行车、打太极拳、跳健身舞、做韵律操等。

第三，音乐减压。音乐不仅能够影响人的情绪，而且不同的音乐对不同的疾病具有一定的治疗作用，现在，世界上大多数医生已对此不再怀疑。人们把这种用音乐来治疗疾病、增进健康的新型治疗方法，叫"音乐疗法"。在心理学的研究中，音乐疗法的效果与行为、态度、压力改变的关系已得到了证实，它越来越受到人们的重视，广泛地应用于压力处理和健康维护等方面。例如，《高山流水》和《阳春白雪》可以让听者完全融入清幽静谧的大自然中，心灵随着丝竹之声而荡漾在天际之间，心理的压力和烦恼就随之消散了。

第四，休闲减压。现代意义上的休闲，是指在非劳动及非工作时间内，以各种"玩"的方式，求得身心的调节与放松，达到生命保健、体能恢复、身心愉悦的一种业余生活。其价值体现在两个方面：一是解除体力上的疲劳，恢复生理的平衡，二是获得精神上的慰藉，成为心灵的驿站。

2.寻找新的动力元素：教师职业倦怠的调适

如果你不幸正处于职业倦怠的状态，而倦怠又给你的工作、学习和生活带来了沉重的负担，那么毫无疑问，你需要正视倦怠，与之周旋。

（1）正确看待教师职业。教师在日常教育和教学工作中传授给学生诸如做人的道理、人生观、价值观等，对学生情感、态度的影响，教给学生的学习方法和思维方式，都是内隐知识的传授。然而，内隐知识在标准化测试中却很难被测量和发现。正如"十年树木，百年树人"，教师的工作存在明显的后效性，教师长期努力带给学生的变化也往往是"润物细无声"，短期内无法"立竿见影"。因此，教师们应该了解自身工作的性质，进而在自己所从事的职业中发掘激情，不应因工作的长期性和无法快速看到效果而对自己职业的价值产生怀疑和低成就感。同时，教师职业也是具有很强创造性的职业，教师每天面对的是变化发展的学生和不断更新的知识。是选择"以不变应万变""做一天和尚撞一天钟"和抱着陈旧的教案不断"重复昨天的故事"，还是选择主动更新教育观念、拓宽知识视野、更新知识结构，努力在平凡生活中创造性地工作和享受工作中点点滴滴的乐趣呢？想必大家心中都有一个清晰的答案。

（2）合理宣泄。研究表明，如果不良情绪积蓄过多，得不到适当的宣泄，就容易造成身心紧张甚至影响免疫系统的正常工作，带来疾病；而如果能够及时宣泄出来，则会有利于自己的身体健康。宣泄就是发泄压抑在心中的苦闷，通过倾诉、释放压抑的情绪，让心情重归平静。情绪宣泄法包括直接宣泄（如直接向对方表示不满、找朋友倾诉）、代偿性宣泄（如在情绪宣泄室内发泄情绪）和书写宣泄（写信、写日记、写博客）。目前，许多中小学除了开设心理咨询室外，纷纷设立了"情绪宣泄室"，里面放置了沙袋、各种充气玩具和球类，到这里来发泄的教师们可以任选发泄工具摔、打、大叫，通过各种方式将不良情绪发泄出来。及时宣泄不良的情绪成为心理保健的一个重要举措。那么，究竟应该如何排解不良情绪呢？第一，通过哭泣排解不良情绪。第二，通过倾诉排除消极情绪。倾诉有两种形式：一种是以谈心的形式。另一种倾诉方法是写日记。第三，剧烈的体育运动也能消除不良情绪。

（3）寻求社会支持。研究表明，各种来源的社会支持对降低教师倦怠及提升个人成就感都有着积极的意义，来源于学生和学校领导的情感支持对于降低倦怠水平更为有效。教师应该建立自己的社会支持系统，在遇到压力时要主动争取得到学校领导、学生、学生家长、单位同事、家人、朋友等多方面的理解和支持，并且争取在得到他人的反馈、建议等实际支持的同时；获得更多的情感支持，如得到他人的倾听、关怀、鼓励等。

二、教师应具备的心理素质与自我评估的准则

（一）学生心目中的教师

我们曾对省市两级重点中学中初三和高二年级627名学生进行以"我心目中的教师"为中心题目的问卷调查，结果概括如下：

1.问："您最喜欢什么样的教师？"

学生回答：认真负责，与学生和睦相处，公平对待每一位学生，没架子；讲课生动，能够引起学生的兴趣，有较渊博的知识，讲课能旁征博引，使学生受到启发，不拖堂；关心和爱护学生，和蔼可亲，年轻的应该让学生们感到像大哥哥、大姐姐，年长的则应该像慈父母；尊重学生的人格，关心学生的疾苦，能时常了解同学们对他的意见，在学生心理遇到沉重打击时，亲如父母及时关怀；思想开放，不古板，经常与学生交流感情，与学生打成一片；有风

度、有吸引人的气质；能指导学生学习方法，定期给学习差的学生辅导；能够理解学生们的某些做法，在大型活动或班级重大问题上处理妥当；工作态度认真，对自己出现的错误敢于承认，不找任何借口，以身作则，身体力行，言行一致；认真批改作业，作业留得要适量，不要不留，也不要留得太多；照顾全体同学的利益，不要单单使一些学习好的学生听懂，下课时对同学的提问要耐心回答。

2.问："您最不喜欢什么样的教师?"

学生回答：对学生板着面孔，不爱和学生接触，瞧不起学习不好的学生，偏向好学生；上课照本宣科，讲课枯燥乏味、啰唆、声音小；经常考试，作业繁多，改作业不认真；讥笑学生在学习上的错误，当着同学们的面嘲讽学生，同学回答不上的问题，老师当面使其难堪；与学生斗气、使性子，对同学的批评意见打击报复，对有缺陷的同学讽刺、挖苦、鄙视；态度粗暴，体罚打骂学生，或把学生赶出教室，维持不好秩序；没风度，自我陶醉，唠唠叨叨，办事武断，大喊大叫，对学生一有不满之处就停止讲课，回头就走；总占用课余时间补课，课上总强调课堂纪律；不爱组织学生开展各种有意义的活动，对学生的课外活动不关心、不组织；管理学生的能力不强，偏听偏信，不能妥善处理班级的重大问题。

3.问："您认为班主任老师应该怎样当才好?"

学生回答：对班级各项事情十分关心，认真负责，有强烈的责任心、事业心，经常深入班级了解情况；关心爱护同学，经常为同学排忧解难，平等对待每一个学生，用心感动学生；对学生因势利导，不一味批评，多鼓励，少批评，批评时以巧妙的方法给学生留点面子，对学生的进步及时发现并给予鼓励、帮助，对学生的缺点及时指出，并帮助他们改善；"清正廉明"，对学生能够做出正确评价，客观公正，能一视同仁，不偏袒任何一位；才华横溢，口才不凡，做事干脆利落，说话风趣，但又恰到好处；处事果断，有个性，既给人以严肃感，又不乏亲切感，该严肃的地方严肃，该松弛的地方松弛；知识渊博，使学生佩服，在组织纪律方面有较好的经验；拿得起来放得下，做事敢承担责任；为人正直，和蔼可亲，与学生打成一片，使学生们畅所欲言，造成一种民主气氛；为人师表，言谈举止注意自己的身份，言必行，行必果，果求实。

4.问："老师，我希望您……"

学生回答：是一个有感情的人，而不是一架教书的机器；您也把我当人看，而不仅仅是您记分册上的一个号码；多说多做有利于同学成才方面的话和事，能引导我走上正确的人生道路；您经常给我一点帮助，不要让您的要求超过我的能力，多教给我学习方法，帮助我提高学习成绩；您不要单看我的分数，更要看我所做的努力，在我失败的时候，急切希望老师给我以鼓舞，指引方向；请辅导我学习，教我自己思考，自己判断，而不仅仅背诵答案，能帮我发挥我的特长；只要您能保持公正，请您对我尽量严格，表面上即使我反对您的严格，但是我知道我需要您的严格；不要期待我最喜欢您教的课，至少对我，别的课可能更加感兴趣；假如我有错误，请不要点名批评我，只要在班上说了这种现象，我就知道了，尤其在大众面前，不要批评我，给我留点面子，课后单独交谈时，您怎么批评都行；在教室内，不要把另一位同学当作我的表率，我可能因此而恨他，同时也恨您。我若有成绩，不要把我当作别人的榜样，因为那样会使我难堪，还会招来不必要的麻烦；请您记得，不久前，您也是个学生，您是否有时也会忘带学习用品，提问时卡壳?在班上您是否样样第一?

（二）教师应具备的心理素质

林崇德将教师心理素质定义为："教师在教育活动中表现出来的，决定教育教学效果并对学生身心发展有直接而显著影响的心理品质的总和"。

1.教育应明确的教育定律

参考朱永新先生的教育定律，教师应有的教育观念如下：

（1）态度决定一切。米卢当时给中国足球队的一句话，"Attitude is everything"，当然米卢也收获过成功，也收获过沮丧，但不管怎么样他让我们体验到快乐足球的一点味道，尽管最后没有快乐起来，但是这句话是没有错的。

（2）说你行你就行。就是无限相信学生和老师的潜力。因为当一个老师也好，当一个校长也好，你只有相信你的教育对象具有无限发展可能性的时候才会充满激情地去对待他、去鼓励他、去激发他、去激活他，当你对学生失去信心的时候，实际上你的教育已经终结了，尽管你还在做很多"工作"，但事实上孩子已经没有发展的空间了，因为你从心理上已经宣判了孩子的"死刑"。

（3）交给学生对一生有用的东西。为什么新课程提出要从知识技能走向情感、走向价值观呢？教科书对孩子有没有用？有用！但不是一生的东西。因此你新教材、新课程编得再好，也不能解决学生所有的问题；考试有没有用？当然对学生考上理想的学校有用，但是也不能解决所有的问题，如果处理得不好，甚至我们会误导了学生的终生。因此，关键是怎么样让他有一个真正辉煌的明天，而不是仅仅辉煌的今天，我们的教育看得太近了、太近视眼了、太急功近利了，这是我们教育的悲哀。

（4）重视精神状态、倡导成功体验。前面讲了教育的第一定律，态度决定一切。培养一个人积极的态度非常重要，但培养学生能够不断地感受成功、体验成功，从而能够不断地相信自我、挑战自我，更为重要。

2.教师应有的教育观念

（1）献身教育的人生观。教师职责艰巨、复杂、教师工作平凡、辛苦。从事教育工作必须有乐于奉献的精神，甚至自我牺牲的心理准备。教育后代是一件极伟大而要紧的事，教师劳动的深远意义就在于为未来培养人才，所以说教师肩上承担着人类的希望。教师献身教育的奉献精神表现在：操伟业、淡名利、承重负、不求显赫，许多人用"蜡烛""春蚕"来赞誉教师的献身精神。广大教师要有"俯首甘为孺子牛"的自我牺牲精神，"捧着一颗心来，不带半根草去"，在教师生涯中，甘为人梯、诲人不倦、勇于奉献，培养创新型人才。

（2）尊重规律的育人观。教师的育人观是对教育现象和规律的看法体系，是教育行为的指导思想和精神力量。育人观的重点是教育目的观和学生观。第一，教育目的观。它回答为什么办教育，教育培养什么人的问题。教师要结合实际，认真学习掌握我国新时期的教育目的，时刻牢记党的全面发展的教育方针。第二，学生观。它是教师对教育对象的看法。教师有什么样的学生观，就会采取什么样的态度和教育方法。教师的学生观大致有两类：①评价性的学生观。这种学生观过多地强调学生愚笨难教、调皮捣蛋，因此批评、贬斥多于肯定、表扬，采取简单压制的办法，导致师生关系紧张，对教育失去信心。②移情性的学生观。这种学生观认为学生天真可爱，有潜力又肯用功，都是可以教育成材的。因而他们接近学生、了解学生、关怀学生，及时发现并表扬学生的微小进步，师生之间心心相印，快乐与共、相融无间。显然，第二种学生观才是教师应有的正确的学生观。

（3）为人师表的行为观。教师角色的职责决定了他的社会形象：有知识、有道德的"模范公民"。学生也往往视教师为知识的化身，行为的典范，他们也总爱自觉或不自觉地通过模仿向教师学习。所以教师的言谈举止、音容笑貌常常受到广大学生的严密注视。教师要严格要求自己，不断加强品德修养，以身立教，为人师表；注意自己的言语习惯、行为方式和举止风度，身体力行地作学生的表率；不断学习和研究，用新的教育思想、知识技能、教学艺术充实自己，做好教书育人的工作。

3.教师心理素质的构成

教师心理素质的实质内容大致由六种基本"元素"构成，也可以说是成功教师应具备的六种心理能力[10]。

（1）角色适应力——教书育人的基础。教师的适应力通常体现在教师的学校适应和角色转换适应两个方面。教师的学校适应是指教师对学校环境的适应，即教师善于根据任职学校的客观条件、人际关系、管理模式、传统习惯、学生状况等调整自己的阶段目标和行为方式，保持自身与学校环境的动态平衡。教师的角色适应力不仅指教师要适应角色转换，而且在教育思想观念、工作方式、人际关系、生活环境等多重角色转换上也要适应。

（2）心灵感悟力——尊师爱生的基础。教师应当对学生心灵有特别的感悟力，既能听"话"，又能听"声"，这样才能破译他人的言外之意，包括对声调、手势、面部表情等方面的识别能力。善于透过学生的外显行为，迅速、准确地理解学生的真实感受和行为动机，并及时给予帮助和鼓励。

（3）情绪控制力——为人师表的基础。教师的情绪控制力可使教师以积极的情绪状态投入到教育活动中。

（4）心理承受力——诲人不倦的基础。心理承受力强的教师，对教育环境、学生状况、领导素质、社会公正、自身发展等方面的问题，随时都有承受挫折的心理准备；即使在挫折状态下，也会采取正确的方式应付挫折，迅速摆脱挫折对心理的消极影响，并从挫折中学会坚强和奋进。

（5）教育表现力——教育机智的基础。教育表现力是个人本能倾向在教师职业的专业化过程中的发展。教育表现力强，不仅意味着教师敢于展示自我，更意味着教师在职业工作中善于发展自我。这就是说，教育表现力既凝聚着个体对教育教学技能的掌握，表现为良好的教育机智；同时也凝聚着个体自我意识的成熟，它是教师自尊、自信、自强、自立的集中体现。

（6）教师的人格——走向成功的基础。教师的人格包括：①宽容：宽大有气量，不计较或追究，仁者无敌；②细致：善于观察，精心周密；③耐心：心理不急躁，不厌烦，勤于静听；④善良：心地纯洁，没有恶意，仁爱友善；⑤诚实：言行跟内心思想一致，不虚假，实事求是；⑥勤奋：不懈地努力工作、学习，不断充电，终生求索。

（三）教师自我评估的准则

教师对自己行为的自我评估是份难于把握的工作。当问题涉及师生时，教师往往把责任统统推到学生头上来。在教师自我评估时注意以下几方面，可防止上述的评判不公。

1.组织性和目的性

整个教学过程犹如一项工程，使工程顺利进展的关键是有组织性。班级的日常琐事必须长远规划，以便师生都能把主要精力放在教学上。教师是教学的主导者，他的言谈举止应有明确的目的性。如教师对所布置的作业应做详细解释，学生才知道他们该干什么；引导学生做作业时，要根据学生的年龄与理解能力因人而异。请看下面三个不同的布置作业方法："现在请你们复习一下"；"我想你们需要复习一下气体原理，那么请看看这部分内容"；"接下来的10分钟，看看你们能解答出多少道有关气体原理的问题，它们在书本上的168页"。第一个问题是一个明显的"无事可做"的信号；第二个稍微明确些，而第三个是最明确的。学生大都在听到类似第三个问题时积极性较高。

2.分清事情轻重、做事要前后一致

许多教师对一些不重要的问题紧追不舍，这就很难造就一个良好的学习环境。一个数学老师要求学生带三角尺来校，并规定谁忘了带来便到办公室去。学生自有对策，最后校长不得不出面调解。显而易见，这位教师是小题大做了。如果一个教师今天对某种行为点头赞许，明天又对它大发雷霆，会使学生不知所从。教师与学生的关系应始终如一，教师特别宠爱某个学生最能引起其他学生的反感，所以，我们作为教师要尽量避免这一点。但有时对某些学生特殊照顾却是必要的。

3.注意自己的年龄、不要故意造作

因为你是教师，学生不会把你看作"朋友"或同伴，而是长辈。他们认为师生之间存在着代沟。许多年轻教师的想法是要得到学生的拥戴，但并不考虑后果。尽管一些师生间的年龄差距较小，但毕竟是成长阶段上不同层次的人。一个刚开始任教的大学毕业生对他的高一学生说，可以直接叫他的名字，接着是问题接踵而至。师生关系毕竟不是同伴关系。即使小孩也能觉察得出别人的不诚实，甚至厌恶这种行为。大多数学生喜欢教师保持自己的本色。只要我们做到这点，就比较容易与学生融洽相处。我们面对的是机灵人，任何耍弄他们的意图都会带来麻烦。

4.不要过于敏感、不要急于作出惩罚

如果一个教师过分敏感，教室将会是他的恐怖之地。许多学生说话直爽，甚至粗俗，随时随地都有可能使教师情绪受伤害，假若斤斤计较，只会使自己陷于不满、自怜与愤懑之中。更有甚者，一些教师始终用成年人的标准来衡量一个学生行为。经验表明，如果"违纪—定性—惩罚"的环节进行太快，当事者会很快地忘掉惩罚，甚至还认为自己是清白的。很多教师都发现稍慢为宜，间隔一段时间还能促使其反省和自我检讨。某中学校长奉行一个原则，就是对于较为严重的纪律问题，绝不会在当天处理。原因之一是怕自己感情用事；其二是冷静下来之后，当事者的态度可能会由敌意变为合作。

5.避免发脾气和争吵、避免使学生难堪

一个教师情感成熟的标志是：不要发怒，更不要大声叫嚷。一些学生喜欢故意使老师产生这种感情发泄。有经验的教师会冷静地对待，最不明智的做法是大发雷霆或气得面红耳赤。同样，对学生的过错行为要耐心分析其原因，不要轻易作结论，避免与学生争吵。假若甲老师发现某学生考试时偷看同桌试卷，便悄声无息地碰了他一下，该生明白了老师的用意，就连左右同学都没有觉察；而在同一场合，乙老师在教室里宣布他的发现，并较长时间地与该生争论他这种行为的对与错，还把该生叫到办公室加以严厉斥责。不言而喻，甲老师的做法是较为可取的。

三、中小学教师的发展瓶颈及突破

（一）发展瓶颈

1.内部原因

（1）教师自身知识技能的制约。从心理学的视角来审视，当人的知识技能提升到一定的程度之后，再要有所提高就比较困难。这时往往会出现一段成长趋缓、保持原有水平甚至倒退的时期，即"能力高原期"。教师发展也受到这一规律的影响，并且能力越到更高的层次，"停滞期"持续的时间一般越长[11]。在职业发展的初期阶段，教师自身的知识技能在教学实践当中不断被运用和激发，从而将理论知识向实践知识转变。经过一段时间以后，理论知识逐渐向实践知识转换完毕，如若没有新的理论知识补充进来，实践知识的转化便面临断档。在教师职业发展过程当中，由于从业最初致力于理论向实践的转变，会忽略理论知识的后续补充，在从业一段时间之后，职业发展速度会减缓，继而出现职业发展的"高原期"，职业发展停滞不前。

（2）从职意向降低。现在有很多人不愿意、不安于、不乐于从事中小学教育工作，这已经成为制约中小学教师专业化的另一大瓶颈。教师队伍中有一部分人不愿意从教、不安心从教或是不乐于从教。这部分教师由于各种原因，使得他们不再热爱自己的教学工作和教师岗位，不再有职业发展的动力，对教师工作不再有兴趣，也不再追求职业上的发展和继续进步。从职意向的减弱或是降低，会导致职业发展受到限制，停滞不前。

（3）职业定位不够准确。教师在职前教育期间受到的专业化训练相当有限，在走上工作岗位之后，大都视教师为一种工作，而不是终身发展的专业。教师对工作环境和工作流程熟悉之后，习惯于简单重复式地工作，缺乏主动发展、终身学习、成为教学名师的意识与追求。如果没有外在的动力，他们通常不会自动地做出大的改变。当教师职位成为单纯的谋生手段，仅仅是满足教师个人的生存需求，而无法满足教师成长和发展的需要，或是教师自身不断追求职业的发展和进步，在教师生涯中，自然很难取得突破性的进展，获得成就。

（4）发展的动力不足。对于中小学教师来说，当前的激励和压力主要是考试指挥棒、职称晋升和"园丁工程"项目等。对于教师来说，有了五年左右的实践经验，便可以把握考试技巧、考试规律，此后便可以吃老本，不用追求进一步发展了。职称晋升与教师的切身利益密切相关，对教师的激励作用不言而喻。但对于"好"学校的教师和其他学校则不同。

2.外部原因

（1）学校环境的影响。学校环境是造成教师发展停滞的重要因素。由于教师队伍是一个特殊的知识群体，学校管理职位越向上越少，教师的晋升机会和受重视的可能性较小，相应的，教师向上发展的职业空间不大，于是很容易出现发展停滞现象。如果学校没有合理公平的晋升机会，管理不科学、不平等，则职业停滞现象就会更加突出。

（2）保障教师权益的相关法律制度的缺失。20世纪90年代以来，我国相继颁布实施的《教师法》《教师资格条例》《教师资格条例实施办法》，从法律角度确认了教师的专业地位。与此相配套的教师资格制度也开始建立，为我国教师专业化发展提供了基础。但是已有的法律法规对于保障教师专业化进程来说还是过于宏观，在执行中存在刚性不足的问题。像《教师法》规定的教育投入比例（不低于GDP的4%）一直没有达到，在教师资格认定和教师聘用方面还存在许多人为的因素等。此外，教师专业化的标准以及教师的职业准入、从业标准、从业管理、专业发展、教育机构认证等各种制度和细则的缺失，不仅使教师专业化发展缺少保障，而且无章可循。

（3）经费投入低。教师专业化发展离不开教师的终身学习过程，而职后培训是这一过程的关键环节。缺少职后培训机会是教师专业发展的难点。众所周知，即使与发展中国家的平均水平相比，我国在教育方面的投入比例也是比较低的。

（二）瓶颈突破

1.自我内部调整

（1）自我"扩展"策略。根据哈贝马斯提出的教师专业发展的交往理性基础理论，同事指导、师徒制、批判朋友伙伴、学习小组等都应成为教师学习和专业发展的重要方式。处在"职业高原期"的中小学教师，要勇于走出自己的小天地，让交往空间和专业领域得到有效的扩展。

（2）职业高原期中小学教师的自我"提升"策略。处于"高原期"的中小学教师，要唤醒自己的专业自觉，产生自主发展的内在需求和动力，从而不断进取，自觉地超越自己，实现可持续发展。促进专业知识水平的提升，教学能力的提升，科研能力的提升。

（3）职业高原期中小学教师的自我"改变"策略。研究表明，出现职业高原现象与教师的认知评价模式和人格特征有关。从认知评价模式来看：一是表现出自我认知偏低，或是自我期望值偏高，喜欢追求完美；二是对挫折的不恰当评价。由上述原因引起职业高原感的教师，就要力图从"改变"入手，实现有效的自我突破。要改变认知评价模式，要努力培养自己广泛的兴趣。

（4）职业高原期中小学教师的自我"反思"策略。处于职业高原期的中小学教师要力求结合自身的教学实践和科研实践，在理论和个体行动之间不断地思考、修正，取得新的平衡。这种反思涉及到教学过程的安排、教学内容的选择、教学手段的运用、科研工作的开展等多个维度。对教学过程的反思，对教学内容的反思，对科研工作的反思。

（5）善于抓住机遇。机遇常常垂青有准备的人。教师的"超越"，往往与关键人物、关键事件、关键时期的影响有很大关系。要突破原有的水平，实现质的飞跃，需要抓住有利于"超越"的一切机会。专家、学者的指点要常听，同事之间观点、思想的碰撞要常进行，公开课、示范课要常上，区域或学校的重大教育改革活动等不容错过，要积极投入，等等。这些"关键"期，往往给教师的不断发展布下了许多契机，这些契机构成了教师成长的一个个里程碑，也构成了教师精彩亮丽的职业生涯。

（6）致力于同伴互助。成功教师的经历一再表明，教师专业成长实际是一个不断追求、不断反思、合作共赢的过程，必须把个人专业成长与同伴互助进步有机地结合起来。站在高的起点上关注学生的全面发展、全程发展、全员发展；成为科学处理与社区、家长、同事、教育行政部门之间关系的能手；善待自我。

2.利用外部动力

（1）挖掘自主潜力。社会变革和新课程的推进，对教师提出了新的挑战。即使是优秀教师，也丞需进行培训。当学校内没有足够的职位满足一些教师的晋升需要时，可结合课改、教改为教师制定针对性强的培训方案，让教师在专业知识和教学技能上得到发展和提高。这可转移教师对晋升的过强的愿望，有效降低达到职业停滞的教师人数。重要的是变革培训的形式和内容，挖掘教师发展的自主潜力。

（2）优化组织环境。就学校管理而言，应该根据教师的职业特点，采取有效措施、构建积极的支持系统，满足教师的发展需要。对于学校环境和硬件的建设，应当充分考虑到教师的发展需求，为教师提供便捷和舒适的教学和工作环境。在规章制度的设立方面，也应当遵循教师的发展规律，为教师的发展提供保障和依据，鼓励教师自主成长的愿望和需求。人性化的制度和发展性的平台营造了具有亲和力的文化氛围，增强了教师的发展动力，提升了教师的凝聚力和团队精神，形成了一种以合作和专业探究为基础的学校文化。这种对全体教师的发展给予的密切关注，使得教师对学校有了更强的认同感、归属感和忠诚心，促进了教师职业生涯的健康发展。

参考文献

[1]Fessler, R. A model for teacher professional growth and development[A]. Career long teacher education[C].Springfield IL：Thomas C C, 1985.

[2]连榕.教师职业生涯发展[M].北京：中国轻工业出版社，2008.

[3]项家庆.教师积极心理的培养与调适[M].天津：天津教育出版社，2013.

[4]窦桂梅.激情与思想:我永远的追求——特级教师专业成长研究[J].课程·教材·教法，2004（5）：3-13.

[5]伍新春，张军.教师职业倦怠预防[M]北京：中国轻工业出版社，2008.

[6]石林.职业压力与应对[M].北京：社会科学文献出版社，2005

[7]李虹.教师工作压力管理[M]. 北京：中国轻工业出版社，2008.

[8]王丽荣.关注教师的心理成长：职业倦怠的心理调适[M].长春：东北师范大学出版社.

[9]刘学兰.小学教师心理健康系列专题:小学教师心理压力的管理[J].中小学德育，2010（5）：43-46

[10]俞国良，宋振韶.现代教师心理健康教育[M]. 北京：教育科学出版社，2008.

[11]胡谊，杨翠蓉，鞠瑞利.教师心理学[M]. 北京：中国轻工业出版社，2012.

附录1

附录1.1　心理生活质量评价问卷

　　指导语：这是一份有关心理生活的调查问卷，您所提供的答案仅限研究之用并为您严格保密，所有问题没有对错之分，请您根据提示填写，选择最符合自己实际情况的一个选项并在相应编号上画"√"。只能单选，同时最好不要漏选，希望您能真实回答。

①非常符合；②基本符合；③说不清楚；④基本不符合；⑤非常不符合

1.我对自己的生活一直很满意。　　　　　　　　①—②—③—④—⑤

2.我感觉很快乐。　　　　　　　　　　　　　　①—②—③—④—⑤

3.我能适应各种环境。　　　　　　　　　　　　①—②—③—④—⑤

4.我希望自己是一个好人。　　　　　　　　　　①—②—③—④—⑤

5.我学习或工作思路清晰。　　　　　　　　　　①—②—③—④—⑤

6.我经常想离开人群。　　　　　　　　　　　　①—②—③—④—⑤

7.我希望能成为成功的人。　　　　　　　　　　①—②—③—④—⑤

8.我对未来的生活感到恐惧。　　　　　　　　　①—②—③—④—⑤

9.我学习新事物的能力很强。　　　　　　　　　①—②—③—④—⑤

10.我很自卑。　　　　　　　　　　　　　　　　①—②—③—④—⑤

11.我不知道怎么与陌生人相处。　　　　　　　　①—②—③—④—⑤

12.我希望能成为大家喜欢的人。　　　　　　　　①—②—③—④—⑤

13.我认为，人的经历越丰富，心理生活越多彩。　①—②—③—④—⑤

14.我学习或工作效率高。　　　　　　　　　　　①—②—③—④—⑤

15.我接受新的知识和任务的能力强。　　　　　　①—②—③—④—⑤

16.我总是处理不好与其他人的关系。　　　　　　①—②—③—④—⑤

17.我是一个做事不卑不亢的人。　　　　　　　　①—②—③—④—⑤

18.我认为，人的心理认识在不断提高。 ①—②—③—④—⑤

19.我总觉得身体不舒服。 ①—②—③—④—⑤

20.我觉得生活有乐趣。 ①—②—③—④—⑤

21.集体劳动中，我愿意帮助别人。 ①—②—③—④—⑤

22.我对自己的生活环境很满意。 ①—②—③—④—⑤

23.我没有安全感。 ①—②—③—④—⑤

24.我能承受各种压力。 ①—②—③—④—⑤

25.我希望自己能解决生活中的各种问题。 ①—②—③—④—⑤

26.我是个善待亲人的人。 ①—②—③—④—⑤

27.我愿意在集体中完善自己。 ①—②—③—④—⑤

①非常符合；②基本符合；③说不清楚；④基本不符合；⑤非常不符合

28.我经常四肢无力。 ①—②—③—④—⑤

29.我能很快地适应新的工作。 ①—②—③—④—⑤

30.我感觉生活没有目标。 ①—②—③—④—⑤

31.我经常产生逃避现实的想法。 ①—②—③—④—⑤

32.我希望获得更多人的尊敬。 ①—②—③—④—⑤

33.我是一个明辨是非的人。 ①—②—③—④—⑤

34.我是一个为了实现目标而不懈努力的人。 ①—②—③—④—⑤

35.我没有遗传疾病，如，心脏病、糖尿病等。 ①—②—③—④—⑤

36.我对未来缺乏信心。 ①—②—③—④—⑤

37.我希望能给身边的人带来快乐。 ①—②—③—④—⑤

38.我相信互相帮助是一种美德。 ①—②—③—④—⑤

39.我认为，人格可以不断完善。 ①—②—③—④—⑤

40.我认为，人的心理空间是可以无限拓展的。 ①—②—③—④—⑤

如果人的心理生活质量的总分是100分，您给自己打_____分。（请您打分！）

附录1.2 中小学教师工作压力源量表

指导语：下面的项目是根据教师在工作中经常遇到的问题所编制的。请您阅读每一项之后，在符合您实际情况的等级上画"√"。

计分方法：没有压力＝①；压力较轻＝②；压力中等＝③；压力较大＝④；压力很大＝⑤。

①没有；②较轻；③中等；④较大；⑤很大。

1.领导随机听课。 ①—②—③—④—⑤

2.领导对教师进行教学质量评估。 ①—②—③—④—⑤

3.搞展示课、公开课、评优课以及选拔课。 ①—②—③—④—⑤

4.制作课件使教学难度和工作量增加。 ①—②—③—④—⑤

5.因工作繁忙难以享受生活使我感到烦恼。 ①—②—③—④—⑤

6.学校要求教师完成教学科研论文。 ①—②—③—④—⑤

7.工作中琐碎繁杂事过多，使我感到心烦。 ①—②—③—④—⑤

8.难以处理好教师的多重角色。 ①—②—③—④—⑤

9.班级学生人数过多。 ①—②—③—④—⑤

10.工作量大使我感到疲劳。 ①—②—③—④—⑤

11.在工作中缺少必备的设备和教学材料。 ①—②—③—④—⑤

12.学校实行聘任制，同事间竞争更加激烈。 ①—②—③—④—⑤

13.教学改革对教师提出了更高、更新要求。 ①—②—③—④—⑤

14.学校各项检查、评比、考核过多。 ①—②—③—④—⑤

15.学生出问题担心学校归咎于教师。 ①—②—③—④—⑤

16.为学生成绩不好而担心。 ①—②—③—④—⑤

17.教育、教学工作得不到校领导及相关部门应有的支持。

①—②—③—④—⑤

18.学校中一些不合理的决策使我心情不快。 ①—②—③—④—⑤

19.需参加的会议过多使我心情不快。 ①—②—③—④—⑤

20.自我期望值高使我产生压力。 ①—②—③—④—⑤

21.过于注意他人评价和行为使我感到紧张。 ①—②—③—④—⑤

22.性情急躁，使我感到紧张。 ①—②—③—④—⑤

23.身体健康状况不良。 ①—②—③—④—⑤

24.在业务上缺乏有经验的教师指导。 ①—②—③—④—⑤

25.缺少能够满足自身需要的进修学习机会。 ①—②—③—④—⑤

26.我努力工作，但工作效率不高。 ①—②—③—④—⑤

27.学生听课效率不高。 ①—②—③—④—⑤

28.学生存在上课不认真听讲或课后不写作业等学习不良倾向。

①—②—③—④—⑤

29.学生出现课堂危机、不服管教等班级管理方面的问题。

①—②—③—④—⑤

30.学生个体差异较大，我在教学时感到有困难。 ①—②—③—④—⑤

31.个别学生家长素质不高，与其沟通困难。 ①—②—③—④—⑤

32.教师社会地位低。 ①—②—③—④—⑤

33.教师工资待遇差。 ①—②—③—④—⑤

34.社会对教师的要求越来越高，但福利待遇并没有提高。

①—②—③—④—⑤

35.因家离学校远，上班早出晚归，我感到疲惫。 ①—②—③—④—⑤

36.家中有老、弱、病、残者，我感到有压力。 ①—②—③—④—⑤

附录1.3 中小学教师心理弹性问卷

指导语：请在适合您的选项下画"√"。这些问题没有所谓的标准答案，但您的真实回答对我们的研究非常重要。非常感谢您在百忙之中抽时间帮我们填写这份问卷。

①很不符合；②较不符合；③不确定；④较符合；⑤很符合。

1.我的朋友相信我将来会是一名成功者。 ①—②—③—④—⑤

2.每当心情好的时候，我就容易成功。 ①—②—③—④—⑤

3.我是一个有价值、有才华的人。 ①—②—③—④—⑤

4.我喜欢新奇的、有难度的任务，甚至不惜冒风险。 ①—②—③—④—⑤

5.我感到自己值得自豪的地方较多。 ①—②—③—④—⑤

6.我能够创造性地寻找克服困难的方法。 ①—②—③—④—⑤

7.我有一些与我分享快乐和忧伤的朋友。 ①—②—③—④—⑤

8.在需要的时候，经常有人帮助我。 ①—②—③—④—⑤

9.每当困惑的时候，经常有朋友给我提出一些好的建议。

①—②—③—④—⑤

10.我有至少3位无话不谈的好朋友。 ①—②—③—④—⑤

11.当我有困难时，我常常会向朋友寻求帮助。 ①—②—③—④—⑤

12.当我遇到烦恼时，我会求助同事或组织。 ①—②—③—④—⑤

13.我已为自己设计了未来3年的具体计划。 ①—②—③—④—⑤

14.当达到了一个目标时，我会更努力工作。 ①—②—③—④—⑤

15.对近期（1年内）的工作或生活有一定的目标。 ①—②—③—④—⑤

16.我知道自己现在为什么而努力。 ①—②—③—④—⑤

17.我有自己的工作、生活目标和计划。 ①—②—③—④—⑤

18.我能够很好地实践教师的角色。 ①—②—③—④—⑤

19.遭遇挫折时，我会调整心情，尽快摆脱失败的阴影。

①—②—③—④—⑤

20.当压力较大时，我就努力改变心态，促使情况向好转。

①—②—③—④—⑤

21.当遭遇失败时，我就尽快排解自己的不良情绪。 ①—②—③—④—⑤

22.当我烦恼的时候，我能从家人那里获得支持和慰藉。

①—②—③—④—⑤

23.父母常常通过各种方式来关心我在学校的工作。 ①—②—③—④—⑤

24.我与家人间的关系很密切。 ①—②—③—④—⑤

25.父母的榜样作用使我受益匪浅。 ①—②—③—④—⑤

26.建立新的朋友关系对我来说很容易。 ①—②—③—④—⑤

27.我善于和陌生人打交道。 ①—②—③—④—⑤

28.在群体中，我能够很容易地调节好气氛。 ①—②—③—④—⑤

29.每到一个新环境，我会主动与他人接近。 ①—②—③—④—⑤

30.我会设身处地为别人着想。　　　　　①—②—③—④—⑤

31.我忠于友情又能宽容待人。　　　　　①—②—③—④—⑤

32.我从不幸灾乐祸。　　　　　　　　　①—②—③—④—⑤

33.我不会被一些小事所烦心。　　　　　①—②—③—④—⑤

34.我懂得如何控制情感的阀门。　　　　①—②—③—④—⑤

35.我理解自己的感情和情绪体验。　　　①—②—③—④—⑤

36.我认为，即使是一副坏牌，也要把它打好。①—②—③—④—⑤

37.我会从丧失中体会丰富的人生。　　　①—②—③—④—⑤

38.我知道无论成败对人都有积极意义。　①—②—③—④—⑤

39.我善于合理地利用时间来解决问题。　①—②—③—④—⑤

40.我善于学习别人的经验来解决我所面对的问题。①—②—③—④—⑤

41.当我遇到困难时，我不会一筹莫展。　①—②—③—④—⑤

附录1.4　应对方式问卷

指导语： 下列条目是人们在日常生活或工作中遇到挫折与失败时，可能采取的态度和做出的反应。请判断下列陈述是否符合您的情况，请在适合您的选项下画"√"。

当您在生活与工作中遇到了失败或挫折时，您会_____

①从不如此；②很少如此；③有时如此；④经常如此；⑤总是如此。

1. 给远方的好朋友写信。　　　　　　　①—②—③—④—⑤

2. 相信某种宗教，祈求神灵保佑。　　　①—②—③—④—⑤

3.用酒精麻醉自己，借酒消愁。　　　　①—②—③—④—⑤

4.泡网吧聊天或找人打游戏以摆脱这些事。①—②—③—④—⑤

5.事情陷入僵局时，常常拒绝承认失败。①—②—③—④—⑤

6.把失败的原因归结于他人。　　　　　①—②—③—④—⑤

7.认为挫折的原因在于外界，与自己无关。①—②—③—④—⑤

8.认为挫折是命运造成的，自身无能为力。①—②—③—④—⑤

9.失败后总是埋怨别人，不愿从自身找原因。①—②—③—④—⑤

10.遭受挫折后，常对人表现出敌对情绪。 ①—②—③—④—⑤

11.向别人出气，把火气发到他人身上。 ①—②—③—④—⑤

12.不允许他人谈及是自己做错了。 ①—②—③—④—⑤

13.总觉得自己是对的，自己不会错。 ①—②—③—④—⑤

14.常认为没有必要那么费力去争取成败。 ①—②—③—④—⑤

15.放下思想包袱，做一些娱乐活动。 ①—②—③—④—⑤

16.把注意力转移到一些轻松的事情上。 ①—②—③—④—⑤

17.看场轻松的电影或录像来放松自己。 ①—②—③—④—⑤

18.给自己放假，暂时把问题（烦恼）抛开。 ①—②—③—④—⑤

19.旅游、登山或参加文体活动，找些开心的事来做。 ①—②—③—④—⑤

20.调节自己的情绪达到最佳状态。 ①—②—③—④—⑤

21.调整心情，尽快摆脱失败的阴影。 ①—②—③—④—⑤

22.努力改变自己的心态，使情况向好的方面发展。 ①—②—③—④—⑤

23.尽快排解自己的不良情绪。 ①—②—③—④—⑤

24.认真总结经验，避免以后再犯类似的错误。 ①—②—③—④—⑤

25.借鉴别人处理类似问题的经验。 ①—②—③—④—⑤

26.事后仔细分析失败的各种原因。 ①—②—③—④—⑤

27.取人之长，补己之短。 ①—②—③—④—⑤

28.强迫自己尽量将过去的不愉快忘掉。 ①—②—③—④—⑤

29.多向好的方面想，看开些。 ①—②—③—④—⑤

30.改变自己原来的一些不实际想法或做法。 ①—②—③—④—⑤

31.降低自己不切实际的期望。 ①—②—③—④—⑤

32. 跟要好的朋友谈心。 ①—②—③—④—⑤

33. 与关系密切的同学交谈。 ①—②—③—④—⑤

34. 与有相同经历的人共同探讨。 ①—②—③—④—⑤

35.到网上找朋友倾诉。 ①—②—③—④—⑤

36.往往采取沉默的态度。 ①—②—③—④—⑤

37.尽量压抑自己的情绪而不表现出来。 ①—②—③—④—⑤

38.不轻易向人透露遭受的失败。 ①—②—③—④—⑤

39.对自己说没什么大不了的。 ①—②—③—④—⑤

40.相信自己的路应该自己来走。   ①—②—③—④—⑤
41.相信明天会更美好。   ①—②—③—④—⑤

附录1.5 职业倦怠问卷

指导语：下面是对您可能存在的感受的描述，请在每一陈述后相应的数值上画"√"。

①非常不符合；②比较不符合；③一般；④比较符合；⑤非常符合。

1.我对我所从事的教育教学工作感到有挫折感。   ①—②—③—④—⑤

2.我所从事的工作让我身心疲惫。   ①—②—③—④—⑤

3.我乐于学习工作上的新知。   ①—②—③—④—⑤

4.我对我的学生所发生的事漠不关心。   ①—②—③—④—⑤

5.我常常感到工作太难而无法胜任。   ①—②—③—④—⑤

6.工作时我感到心灰意冷。   ①—②—③—④—⑤

7.我认为我所从事的工作是相当有意义的。   ①—②—③—④—⑤

8.我在工作时总是感到精力充沛。   ①—②—③—④—⑤

9.我担心被工作折腾得越来越麻木。   ①—②—③—④—⑤

10.我能肯定我所从事的工作的价值。   ①—②—③—④—⑤

11.我把我的学生当成了不具人格的事物。   ①—②—③—④—⑤

12.我对我所教的学生日渐冷漠。   ①—②—③—④—⑤

13.我感到自己不被学生和同事理解。   ①—②—③—④—⑤

14.我感到自己所从事的教育教学工作使我逐渐失去信心。
                                                              ①—②—③—④—⑤

15.我很容易理解学生们的感受。   ①—②—③—④—⑤

附录1.6 人生意义量表

指导语: 首先, 请您花一点时间思考一下, <u>"对您来说, 什么使您感觉</u><u>到您的生活是很重要的"</u>。然后, 根据下列的描述与您的情况相符合的程度, 在1~7中作出选择。并请您尽可能准确和真实地作出回答。下列问题的主观性很强, 每个人的回答都会有所不同, 并无对错之分。如下所示, 1对应的是"完全不同意", 7对应的是"完全同意", 以此类推。

①**完全不同意**; ②**基本不同意**; ③**有点不同意**; ④**不确定**; ⑤**有点同意**; ⑥**基本同意**; ⑦**完全同意**。

1.我很了解自己的人生意义。　　　　　　　①—②—③—④—⑤—⑥—⑦

2.我正在寻找某种使我的生活有意义的东西。①—②—③—④—⑤—⑥—⑦

3.我总是在寻找自己人生的目标。　　　　　①—②—③—④—⑤—⑥—⑦

4.我的生活有很明确的目标感。　　　　　　①—②—③—④—⑤—⑥—⑦

5.我很清楚是什么使我的人生变得有意义。　①—②—③—④—⑤—⑥—⑦

6.我已经发现了一个令人满意的人生目标。　①—②—③—④—⑤—⑥—⑦

7.我一直在寻找某样能使我的生活感觉重要的东西。

　　　　　　　　　　　　　　　　　　　①—②—③—④—⑤—⑥—⑦

8.我正在寻找自己人生的目标和"使命"。　①—②—③—④—⑤—⑥—⑦

9.我的生活没有很明确的目标。　　　　　　①—②—③—④—⑤—⑥—⑦

10.我正在寻找自己人生的意义。　　　　　　①—②—③—④—⑤—⑥—⑦

附录1.7 总体幸福感量表(中国版)

说明: 我们想了解您最近一段时间生活的感受与看法, 请您根据自己的现实情况和切身体验回答, 在相应的答案上画"√"即可。

1.你的总体感觉怎样(在过去的一个月里)?

　　①好极了　②精神很好　③精神不错　④精神时好时坏　⑤精神不好

⑥精神很不好

2.你是否为自己的神经质或"神经病"感到烦恼（在过去的一个月里）？

①极端烦恼　②相当烦恼　③有些烦恼　④很少烦恼　⑤一点也不烦恼

3.你是否一直牢牢地控制着自己的行为、思维、情感或感觉（在过去的一个月里）？

①绝对的　②大部分是的　③一般来说是的　④控制得不太好　⑤有些混乱

⑥非常混乱

4.你是否由于悲哀、失去信心、失望或有许多麻烦而怀疑还有任何事情值得去做（在过去的一月里）？

①极端怀疑　②非常怀疑　③相当怀疑　④有些怀疑　⑤略微怀疑

⑥一点也不怀疑

5.你是否正在受到或曾经受到任何约束、刺激或压力（在过去的一个月里）？

①相当多　②不少　③有些　④不多　⑤没有

6.你的生活是否幸福、满足或愉快（在过去的一个月里）？

①非常幸福　②相当幸福　③满足　④略有些不满足　⑤非常不满足

7.你是否有理由怀疑自己曾经失去理智、或对行为、谈话、思维或记忆失去控制（在过去的一个月里）？

①一点也没有　②只有一点点　③不严重　④有些严重　⑤非常严重

8.你是否感到焦虑、担心或不安（在过去的一个月里）？

①极端严重　②非常严重　③相当严重　④有些　⑤很少　⑥无

9.你睡醒之后是否感到头脑清晰和精力充沛（在过去的一个月里）？

①天天如此　②几乎天天　③相当频繁　④不多　⑤很少　⑥无

10.你是否因为疾病、身体的不适、疼痛或对患病的恐惧而烦恼（在过去一个月里）？

①所有的时间　②大部分时间　③很多时间　④有时　⑤偶尔　⑥无

11.你每天的生活中是否充满了让你感兴趣的事情（在过去的一个月里）？

①所有的时间　②大部分时间　③很多时间　④有时　⑤偶尔　⑥无

12.你是否感到沮丧和忧郁（在过去的一个月里）？

①所有的时间　②大部分时间　③很多时间　④有时　⑤偶尔　⑥无

13.你是否情绪稳定并能把握住自己（在过去的一个月里）？

　　①所有的时间　②大部分时间　③很多时间　④有时　⑤偶尔　⑥无

14.你是否感到疲劳、过累、无力或精疲力竭（在过去的一个月里）？

　　①所有的时间　②大部分时间　③很多时间　④有时　⑤偶尔　⑥无

15.你对自己健康关心或担忧的程度如何（在过去的一个月里）？

　　不关心　　0—1—2—3—4—5—6—7—8—9—10　非常关心

16.你感到放松或紧张的程度如何（在过去的一个月里）？

　　松弛　0—1—2—3—4—5—6—7—8—9—10　紧张

17.你感觉自己的精力、精神和活力如何（在过去的一个月里）？

　　无精打采　0—1—2—3—4—5—6—7—8—9—10　精力充沛

18.你忧郁或快乐的程度如何（在过去的一个月里）？

　　非常忧郁　0—1—2—3—4—5—6—7—8—9—10　非常快乐

附录1.8　积极心理品质问卷

　　指导语：请您认真阅读每一项，选择与您平时实际情况最符合或接近的答案，画上"√"。希望您能反映自己的真实情况，不要放过每一项，可以吗？我们将非常感激您的合作！

①很不符合；②较不符合；③不确定；④较符合；⑤很符合

1.我常有新的主意和想法。　　　　　　　　　　　①—②—③—④—⑤

2.我喜欢创造新异的东西。　　　　　　　　　　　①—②—③—④—⑤

3.我认为自己很有创造力。　　　　　　　　　　　①—②—③—④—⑤

4.我知道什么事情是重要的。　　　　　　　　　　①—②—③—④—⑤

5.我一般都了解自己的感受和这种感受产生的原因。①—②—③—④—⑤

6.我很少做出错误的选择。　　　　　　　　　　　①—②—③—④—⑤

7.我对事情的来龙去脉感到好奇。　　　　　　　　①—②—③—④—⑤

8.我对许多事情，总是有许多的疑问。　　　　　　①—②—③—④—⑤

9.我对不熟悉的人、地方或事物总是感到好奇。　　①—②—③—④—⑤

10.我不会为了摆脱麻烦而说谎。　　　　　　　　　①—②—③—④—⑤

11.即使会惹上麻烦，我也要说实话。 ①—②—③—④—⑤

12.我会实事求是地说话，不会经常找借口。 ①—②—③—④—⑤

13.别人都信任我说的是真话。 ①—②—③—④—⑤

14.当有人欺负别人时，我会告诉这个人这样做是不对的。

①—②—③—④—⑤

15.当看到有人被欺负时，我会伸出援手。 ①—②—③—④—⑤

16.我敢于对付那些欺负别人的人。 ①—②—③—④—⑤

17.我会坚持做功课，直到做完为止。 ①—②—③—④—⑤

18.如果任务太困难，我也不会放弃。 ①—②—③—④—⑤

19.即使我不想完成，该完成的工作我还是会完成。 ①—②—③—④—⑤

20.我知道应该怎么做才能避免与别人发生矛盾。 ①—②—③—④—⑤

21.我不用问也能知道别人需要什么。 ①—②—③—④—⑤

22.对那些伤害过我的人，我也不愿意看到他们过得不好。

①—②—③—④—⑤

23.我会与朋友或家人分享自己的感受。 ①—②—③—④—⑤

24.我经常对我的朋友和家人说我爱他们。 ①—②—③—④—⑤

25.当知道有人生病或遭遇困境时，我会为他们担心。 ①—②—③—④—⑤

26.即使很忙，我也不会停止帮助那些需要帮助的人。 ①—②—③—④—⑤

27.有人遇到困难时，我会尽最大的努力去帮助。 ①—②—③—④—⑤

28.我认为每个人的意见都同样重要。 ①—②—③—④—⑤

29.做决定时，我会听取其他成员的意见。 ①—②—③—④—⑤

30.如果团队没采纳我的想法，我也仍能和团队继续合作。

①—②—③—④—⑤

31.即使我的团队要失败了，我仍会以公平的态度坚持比赛。

①—②—③—④—⑤

32.我愿意加入团队且发挥作用。 ①—②—③—④—⑤

33.如果有益处，我总是愿意为自己的团队多做点事儿。 ①—②—③—④—⑤

①**很不符合；**②**较不符合；**③**不确定；**④**较符合；**⑤**很符合**

34.在做集体项目的时候，其他人总是希望我来负责。 ①—②—③—④—⑤

35.当我和其他人一起玩耍时，他们总让我当头儿。 ①—②—③—④—⑤

36.我负责的时候，我善于让我小组的成员照我说的去做。

①—②—③—④—⑤

37.我一般不会连续两次犯同样的错误。　　　　　①—②—③—④—⑤

38.我不会做自己稍后可能后悔的事。　　　　　　①—②—③—④—⑤

39.如果有钱，我通常会有计划地花销。　　　　　①—②—③—④—⑤

40.别人跟我道歉了，我就会再给他们一次做朋友的机会。

①—②—③—④—⑤

41.我会公平地对待对我不好的人。　　　　　　　①—②—③—④—⑤

42.如果我做了件好事，我自己一般不会说。　　　①—②—③—④—⑤

43.即使我做得很好，我也不会表现出比别人好的样子。①—②—③—④—⑤

44.别人说我很搞笑。　　　　　　　　　　　　　①—②—③—④—⑤

45.我喜欢说笑话或讲有趣的故事。　　　　　　　①—②—③—④—⑤

46.我善于打破沉闷，使气氛变得很有趣。　　　　①—②—③—④—⑤

47.有好事发生在我身上时，我会想起帮助过我的人。①—②—③—④—⑤

48.经常在心里感激我的父母和家人。　　　　　　①—②—③—④—⑤

49.我经常为生命中所拥有的而感到幸运。　　　　①—②—③—④—⑤

50.我喜爱美术、音乐、舞蹈和戏剧。　　　　　　①—②—③—④—⑤

51.观看艺术作品或话剧时，我感到津津有味。　　①—②—③—④—⑤

52.观看艺术品或聆听音乐时，我总是忘记了时间。①—②—③—④—⑤

再次感谢您的支持和帮助，祝您工作顺利，生活幸福、万事如意！

附录2：小学教师生命故事访谈逐字稿

（访谈逐字稿中的人名、地名等均做了技术处理）

访谈者（以下简称访）：梁惠飘

受访者（以下简称受）：女，52岁，农村小学语文教师，23年教龄

访谈时间：20××年1月18日

访谈地点：受访者书房

访谈时长：1小时29分48秒

转录者：梁惠飘

转录完成时间：20××年1月27日

参考文献：张旭东，郑剑虹.中小学教师抗挫折心理能力研究[J].武汉大学出版社，2016.

序号	访谈过程	备注
1	访：请您谈一谈您从小到现在的人生经历，越详细越好	
2	受：（停顿3秒）从，从小到大，小小个呢，有什么人生经历，就	
3	很小的时候，我们十兄妹，十兄妹呢，就很穷，诶~（2秒）我爸爸	
4	妈妈就耕田，实际上那时就评了，嗟，土改的时候就评了富农啊，	
5	就有一些地，有些地，评了富农，那就，诶诶诶，我爸爸，我以前	
6	小时候记得我爸爸妈妈逢初一十五就去（停顿2秒），就是去修路	
7	啊，就是富农初一十五就过来这边修路的哇，那我们就小啊，经常	
8	他们修到很晚才回来，很晚才回来，过海的，过来这边就，我们在	
9	这边住，就要过海的哇，那我们就等等等等等，等到经常哭的（笑	
10	2秒），那我妹还小，我妹最小，经常等到哭的，那时就（停顿3	
11	秒），就是那样咯，我，我就是和我妹最小，那些大姐啊也嫁了	
12	啊，大哥又出去工作了（停顿2秒），那我们以前没什么的，就是在	
13	家里，读书就读书，去很远的地方读书，去那××（地名）那边读	
14	书	
14	访：嗯	
15	受：行路去，是吧，那就行路去那边读书，然后咯，又没有电影看	

序号	访谈过程	备注
16 17 18	以前，是吧，老师去去，晚上诶去大队那边，安丰那边看电影，搬上椅子，一群人啊（笑2秒）那时啊，那时很搞笑的，不过以前穷，以前穷，穷呢，我们都是，就是（停顿2秒）只是吃番薯啊，吃番薯饭啊那样	
19	访：嗯	
20 21 22 23	受：吃番薯，吃番薯饭，我妈妈诶，反正就是谁吃饭了谁没吃都不知道的（笑3秒），真的哦，有时候诶，没吃饭，趴在那里睡着了都不知道的哦，那时很艰苦的，那我就在那边读小学，在××（地名）那边读书哇，就是过海那边哇	
24	访：嗯	
25 26 27	受：那样，在那边读完，读完高，诶，嘛（停顿2秒）六年级，以前啊，就读到六年级，那时候就读到初中，那时就读到好像初二，还是什么，就很奇怪的	
28	访：嗯	
29 30 31 32 33	受：然后呢，接着就过来××（地名）这边读高中，是吧，然后读高中，那是挨的很辛苦的，又没钱买菜啊，吃饭，就每个星期回家就，弄一大罐腐乳瓶咸菜，一大罐咸菜就拿去上学，去读书，然后呢（停顿2秒）读高中，就读了三年，我就读了三年高中，读了三年高中然后就（停顿2秒），没考上，没考上就（停顿3秒），读完书的时候就到××（地名）教过一年书	
34	访：嗯	
35 36 37 38 39	受：教小学哇，就在那前面教过一年书，然后就说这么少钱不教了，然后就去广州我大哥那边煮饭，那些建筑哇，建筑那边煮饭，煮了一段时间，然后就做泥水，煮饭煮了，嗯~（4秒），82，应该是82年毕业，还是什么，就煮了几年，工作了几年，接着就嫁过来这边了（笑3秒）	
40	访：嗯	
41 42 43 44 45 46 47	受：嫁过来这边诶（停顿3秒），当时呢，结婚后就到墟市里卖药，卖药，诶诶诶，在那些药店啊，就卖了几年，就没什么生意就没做了，没做了就，就回家啊玩，然后再9（停顿2秒）92年就进了学校，进学校教书，那个时候就（停顿3秒）很少钱的，那个时候，就，唉，还是进去教啦，就有三几百，就进去教，然后教了几年，又想不到又（停顿3秒）可以考试转公办，应该教了，92年进去，不知道，诶~（3秒）教了5年，好像那年就考公办，那就考了，就是转正了，转正	

序号	访谈过程	备注
48	访：嗯	
49	受：转正就一直都在教，我原来诶，当时在这边的时候就教一年级	
50	啊，学前班啊，就和啊周细艳，和周细艳在这边教的，在这边教	
51	了，好像是教了两年还是什么，然后就去那边教，早几年都是教一	
52	年级啊二年级啊，就是包班，语文数学都是自己教	
53	访：嗯	
54	受：那个时候的学生很听话的，不像现在的那么难教，是啊，很听	
55	话的，教了几年，然后就一年级包班包了几年，二年级也包班包了	
56	几年（笑3秒），然后就一直教，然后又，诶~（2秒），教三年级	
57	啊，一直四五六这样教下去	
58	访：嗯	
59	受：那有时就，就（停顿2秒），反正后面呢，现在就没教过低年级	
60	了，都是四五六年级那样咯，就一直都是这样啦，也没什么的，在	
61	学校啊，就是统考啊就烦一些咯，反正工作都是一样的，都是一样	
	的，是吧	
62	访：嗯	
63	受：就是说当时啊，钱少，那现在就多一，就是说多也不是很多这	
64	样咯，可以这样咯（停顿3秒）一直都是这样教，这么久了都是教语	
65	文，你说有什么其他的，也没什么的，反正工作就这样做啊（停顿3	
66	秒），就是这样的咯	
67	访：就是这么多年来，有没有一些特别，诶，印象特别深刻的事	
68	情，特别深刻的记忆	
69	受：嗯，特别深刻	
70	访：嗯	
71	受：（停顿6秒）我我，自己教了这么久了觉得就，嘁，没有什么说	
72	比较深刻的，印象比较深刻的	
73	访：就是有没有和学生啊，家长啊或者是家人发生过的，记忆比较	
74	深刻的事情	
75	受：记忆，记忆很深（停顿9秒）（笑2秒）记忆很深的我就最记得	
76	以前，以前呢那个谁啊，那个郑××，那以前我就包班啊，诶，	
77	就是语文数学都是自己教的哇，那他教来教去都不会，是吧，总之	
78	你怎样问他，教来教去都不会，气愤起来呢就拧了一下他耳朵，就	
79	是这样啊拧了一下他耳朵，然后我就害怕起来，害怕起来咯就问一	
	下他，就是比如，比如说，诶，多少加多少等于多少啊，就是像这	

序号	访谈过程	备注
80 81 82 83 84 85 86	样问他哇，问他这样，他趴在那里，坐在那里又不动又不出声，问他他又不出声，吓死我了，我想死咯，就拧了（笑2秒）拧了他干嘛呢，就拧了一下他耳朵而已，这样，教来教去都不会，这样，吓死我了，后来我就按一下他头，干嘛，看他有没有反应是吧，他看着我（笑3秒），然后我再问他，问他，诶诶诶，多少加多少等于多少这样，那他就说，说出来，然后我又看看他，摸一下他脸啊，摸一下，诶诶诶，看看有什么这样啊，因为我刚刚前些天，看到报纸呢，就说有一个老师拉了一下那学生的耳朵就嘴歪了哇	做"拧耳朵"的动作
87	访：嗯	
88 89 90 91 92	受：就吓死我了，吓死我了，然后中午，中午就（停顿3秒），早上哇，那下午他没上学，没上学哇，更加吓死我了，没上学我就，以前你也知道啦，没，没手机的那是，以前一二年级那时，就没手机，什么都没有，也没电话，他没上学喔，我想，死啦，没上学哦，吓死我，不知道拧了一下他耳朵，什么事呢	
93	访：嗯	
94 95 96 97 98	受：然后我就问问，问那些其他的同学，谁和他同村的，又没有喔，我们班没人跟他同村，然后就问高年级的，谁和他同村的呢，那我就去问他，知不知道他为什么不上学啊，去喝喜酒了，哎呀，简直吓到我命都没了那件事（笑3秒），吓到我命都快没了，喔~（2秒），经过这件事之后啊，完全都不敢碰学生了，别拿来做，这样的	
99	访：嗯	
100 101 102 103 104 105 106	受：就只这样拧了一下他耳朵而已，他又不动又不出声，就低下头在那里（笑3秒），就是，以前呢，就是，很多时候都会留下学生的哇，现在就不敢了，现在没有的，现在，反正又不骂学生又不留下学生，反正就，尽自己的责任，他会就会，不会也没办法啦，是吧，反正就是安全第一，你留下他，最怕他出什么事了，他路上出什么事，要负责人的哇（停顿4秒）印象最深刻的就是这件，都是些学生啊，也没什么	
107	访：嗯	
108 109 110 111	受：还有一个呢就是，那个傻妹，那个傻妹就是恒××的，恒××的就，我就，不知道四年级还是五年级，反正每天都要去楼下拉她上来，她背着书包，拉她上来，上到课室坐着，然后她就不出去的啦，然后放学的时候又不走的喔，拉她走都不走的，抱着那根柱子，又弄不走她，来又	

序号	访谈过程	备注
112 113	要拉她上来，走又要拉她走，拉她下去才告诉她，回去啦，天天都是这样的	
114	访：嗯	
115 116 117	受：天天都要拉她上来拉她下去，就是，就是这样的（笑2秒），两件事咯，就两件事比较深刻，嗯，其他的一般没什么特别的事，什么问题这样咯，小学，是吧	
118	访：嗯	
119 120 121 122 123 124 125 126 127 128 129 130 131	受：小学就是，那些学生，安全，就主要是安全啊，安全第一，嗯，以前，以前就统考那些（停顿2秒），好什么的，就好紧张的，就那些成绩很紧张的哇，就留下那些学生啊，留下那些学生，现在就没有了，现在就没有留下了，以前就有，以前，很久以前，刚刚教的时候，现在个个都不留学生的，在学校，有时间，课余时间就教教他，没时间就不管了（停顿3秒），就是，××（人名）在那里读了这么久都知道的，都是没什么的，我教了这么久，反正来说，就是同事之间也没发生过什么不愉快的事情，大家都是打份工，是吧，打份工就做好自己的工作，最好就是教书，你教你的学生，我教我的学生，是吧（笑2秒），都没有，就是互相都没什么冲突吧，没什么冲突的，总之就是，跟那些领导之间，反正（停顿2秒）他，喜欢就喊他一声，不喜欢就，不喜欢就懒得叫了（笑3秒），反正，就是，主要做好自己的工作，就是，对得起学生啊，对得起家长，是吧	做"拧耳朵"的动作
132	访：嗯	
133 134 135 136 137	受：我啊，教了这么久是吧，二十多年了，总之就拿好自己的宗旨，就工作就要踏实，对得起学生，对得起家长，是吧，就其它的那些啊，就没有理会那么多了，你说那些荣誉啊，各方面，总之，拿就拿的不少咯，证，那些红簿，整整一大叠那么多（笑3秒）一大叠，以前的时候，就那些成绩啊都，都可以，那也就这样咯，是吧，工作都是踏实地做	做"拉"的动作
138	访：嗯	
139 140 141 142 143	受：现在，现在年纪大了，每样都看得很淡了，看淡了，全看淡了，那自己教两年后也退休了（笑2秒），就是不要争，争强好胜的那些，现在没有了，年轻的时候就有些咯，就是说，诶，争啊，争第几第几啊，很拼命，现在呢，就有点力不从心了，没这样的精力，没这样的精力（停顿4秒）教师就没说去竞争什么的，就同事和	

序号	访谈过程	备注
144	同事之间也没什么矛盾冲突的，是吧，就不像出去做其他工作，教	
145	师没什么冲突的	
146	访：嗯	
147	受：反正也不管别人的事（停顿4秒）还有什么问题（大笑3秒）	
148	访：诶诶，可以谈谈小时候的事情吗	
149	受：小时候？小时候很多东西我都不记得咯，有什么讲啊，那些放	
150	小鹅的那些也讲啊？（大笑3秒）	
151	访：就是小时候比较深刻的事情	
152	受：小时候比较深刻，很久，小时候都是（停顿3秒）我小时候就	
153	（停顿3秒）很鬼蠢的，实际上我呢就不是什么，我呢就经常呢，就	
154	很小，算最深刻的就是又一次去放小鹅，放小鹅呢，就不见了小	
155	鹅，我老爸就骂死我了，不见了一只小鹅哇，那你也知道啦，以前	
156	很穷的，一只小鹅很贵重的	
157	受：嗯	
158	访：就被他骂得很凶，就藏起来，藏到哪个竹林里不敢回家吃饭，	
159	藏起来不敢回家吃饭，就以前会骂，我和我妹妹两个人，我妹妹虽	
160	然小我两年，但我妹妹就像个男孩一样的，样样都好泼辣，好泼辣	
161	的哇，我就不出声的，就去捡番薯哇，我老爸就，我老爸是生产队	
162	的，那些番薯就不像现在用锄头锄的啦，用那些犁来犁的，犁了就	
163	就有个人接着捡的，就番薯犁松了就一串一串捡，这样的哇，就我	
164	和我妹妹就去捡番薯，那去捡番薯呢，她呢就很鬼马的，每一，天	
165	天她都是捡一箩的，我就捡得很少，都是小小条的，但是她就捡的	
166	很大条很大条，那就，我老爸就整天说的咯，看，捡番薯都不知道	
167	捡什么鬼的，这么小条的，偷懒什么的，实际上不是偷懒，我就老	
168	老实实跟着别人捡，但是我妹妹就不是啦（笑2秒），就这一行，这	
169	一行是吧，那你也知道那些番薯地很近的是吧	
170	访：嗯	
171	受：她捡着捡着就，这样，扯别人的，捡着捡着就扯别人那些，我	
172	就很老实（笑3秒），总之就跟着别人这样捡，没得捡就整天跟着	
173	别人走，就这样，她很鬼马的，老是扯别人的，大大一箩回来，我	
174	就很少，然后我老爸又会说，捡花生也是，捡花生啦（笑2秒）拔花	
175	生也是一行一行这样的，是吧，这样咯，也是跟我妹妹两个人去的	
	哇，大家都差不多这样，就捡，我就在那里死锄，用锄头锄，就老	
	老实实的，是吧，那就有得锄就锄，没有就捡咯是吧，	

序号	访谈过程	备注
176	访：嗯	
177	受：我妹妹就不是的，捡捡捡捡，捡到去那些花生边，还没收的，	
178	是吧，然后就扯，死扯死扯，扯了一把又死摘死摘，然后回去咯，	
179	回去就，我老爸又说啦，所以我最记得就是老是被我爸说的	
180	访：嗯	
181	受：最，最，印象最深刻就是，诶，我，我跟我妹妹去锄莲藕，就	
182	是有一个莲藕池哇，以前我们这里有一个很大的莲藕池，就种了很	
183	多莲藕的，种了很多莲藕，那就跟我妹妹去捡莲藕，莲藕呢就，用	
184	锄头锄啦，用锄的，因为没什么泥巴，就很硬的，就锄着锄着，跟	
185	我妹妹两个人就用那些锄头那些，那我妹妹就一锄，锄穿了别人的	
186	头哇，就锄穿了别人的头，那时吓得我，吓得我脚都软了	
187	访：嗯	
189	受：锄穿了别人小孩的头，就是十几，比我们小一点啦，就锄穿了	
190	别人的头，哇，那时真的吓得脚都全软了，就死跑死跑死跑，就死	
191	跑，都不知道叫人，就死跑，怕哇，就死跑死跑，跑回来，后来别	
192	人就干什么干什么啊（笑3秒）那另外有小孩看到就知道说，她锄穿	
193	了那谁的头啊，我老爸老妈很凶，我爸妈就，我怕他打我妹妹哇，	
194	就死拉着我妹妹跑回去藏起来，藏，藏到那些茅屋的地方	
195	访：嗯	
196	受：后来那个人就用那些烟，卷烟纸啊，卷烟纸就，用手写了两	
197	下，就不知道，画两画就止血了，真的，就拿了一些卷烟纸出来就	
198	画，画两画，就一贴他的头，这样就止血了，我印象最深刻，啊，	
199	就是，他他他，本来藏起来的，藏起来了，后来呢，就本来呢我们	
200	就藏起来的啊，后面被抓出来了，就抓我们出来了（笑5秒），就说	
201	怎样怎样怎样，然后被抓出来就看着他这样弄，就觉得，啊，止血	
202	了，那时候就诶有那么害怕了	
203	访：嗯	
204	受：就是说，意思是，啊，死不去啦（笑2秒），就以前小时候，	
205	就经常都是这样捡番薯啊，捡，捡花生啊，是吧，都是这样的，以	
206	前，是吧，还有我读书，去××（地名）那边读书啊，那我们就走	
207	路的啦，走路走很远的，很远路的，就，诶~（2秒），背着书包这	
208	样，以前读书要，自己拿椅子，拿桌子这样的，拿椅子，拿桌子这	
	样的哇，就那些，很长的那些抽屉桌	

序号	访谈过程	备注
209	访：嗯	
210	受：那就自己拿去，自己拿去咯，好像两块钱而已，以前读书啊，	
211	两块钱而已的哇，那就去读书的时候，我读书时九岁以前啊，九岁	
212	的了我读书的时候啊，在那里读书很好的，也没什么的，就是（停	
213	顿2秒），就是，那时候教我的有两个都是下乡的知青，知青哇，以	
	前就上山下乡的咧，以前啊	
214	访：嗯	
215	受：那些知青，在学校煲饭吃的哇，煲饭吃，那我们就（停顿2秒）	
216	天天都，就是说，在那些，我们屋子背后是山来的，很矮的那些	
217	山，就很多那些柴啊，那些干柴，干松很多的，那我们天天都去，	
218	拿两条扁担，就去挑一些柴，挑过去给他（笑2秒），以前啊我们	
219	很勤奋的，然后挑去给他，挑去给他煮啊，然后帮他干干活啊，就	
220	这样的，我读到，诶，应该是六年级的时候，那时，诶，就深耕改	
221	土啊，深耕改土哇	
222	访：嗯	
223	受：然后就，经常咧，举着小旗，一班同学都举着小旗去搬泥哇，	
224	就是那些犁了的田，犁了的田咧，那我们就搬那些，那些泥，就搬	
225	过来这边，又搬来这边，就是搬啦，搬开啦又犁深一点这样的哇，	
226	就那时深耕改土哇，就去搬泥，去帮附近的村子搬泥，搬田里的	
227	泥，又帮别人割稻谷	
228	访：嗯	
229	受：举着小旗去帮别人割稻谷的哇，一班人，总之就，以前，以前	
230	都是这样的咯，去帮别人割稻谷，割稻谷咧就，割完稻谷就（停顿	
231	2秒）大大，那些村民咧就挑着大大一锅粥给我们吃，那时候啊，就	
232	是割稻谷，经常都是，诶，搬泥，犁了田的时候就去搬大泥土，接	
	着割稻谷咧，我们就去帮忙割稻谷	
233	访：嗯	
234	受：那就我们读书那时候，那个都是这样的，还有我们那间，我们	做"扯"
235	那间，以前，诶，忘了读四年级还是什么，那个班主任就，诶，就	的动作
236	是我们村，在我们学校隔壁的哇，我们班主任就在隔壁的，经常叫	
237	我们帮他拔草的（笑2秒），拔草哇，诶，你们来帮我拔草这样，那	
238	我们就一班人就去帮他拔草，很勤奋的，帮他拔菜园草，帮他拔那	
239	些，那些，反正就是菜园啦，种了很多菜，就老师叫我们，快来帮	
240	我拔草，就是这样，就下课就跑去帮他拔草，拔完草又，有一年他	
	建房子，建房子就大泥砖的，是吧	

序号	访谈过程	备注
241	访：嗯	
242	受：以前啊，就大泥砖建房子的咧，那他就，诶，下课了，就带我	
243	们一班人，就去帮他搬大泥砖建房子（笑2秒），带着我们一班人，	
244	是吧，一班女生就跟着他去搬大泥砖，搬大泥砖是吧（笑2秒）就是	
245	这样（停顿6秒）	
246	访：嗯，谈谈您和父母之间的关系，一些具体的事例这样子	
247	受：（停顿3秒）我和我爸妈的关系？	
248	访：嗯	
249	受：（停顿3秒）我跟我爸妈的关系，有什么咧，是吧，我们以前，	做"扯"
250	反正又没钱，是穷人家，穷人就只知道干活，是吧，没，都没什么	的动作
251	关系，反正老爸老妈以前就穷	
252	访：嗯	
253	受：记忆里面咧就我老爸老妈，我老妈就没有出去工作的，带着我	
254	们几兄妹，就我老爸就经常出去工作，那就，诶~（2秒）我以前就	
255	跟着我老爸出去车水，就是用脚踏的那个车水哇，就三更半夜去车	
256	水也试过（停顿3秒）都没什么很特别的，诶，什么事，都很平淡，	
257	平平淡淡，没什么很特别，是吧	
258	访：嗯	
259	受：老爸老妈，以前老爸老妈，反正他又多小孩是吧，都没什么说	做"锄"
260	特别痛爱谁，每一个都一样（笑2秒），反正生活艰难是吧，又没说	的动作
261	特别喜欢哪个哪个，每一个都差不多，都是这样，我读书，到我读	
262	高中的时候都是，我大哥他们出去工作，做泥水供我读书，我老爸	
263	老妈呢，反正读书就读书，出来，就是，出来就是工作，都没什么	
264	说很特别，没什么很特别的跟我爸妈，不像你们这样的年纪，我们	
265	以前没什么特别的，好像，诶，没什么特别的（停顿3秒）什么情	
266	感，可以这样说，就是说咧，以前小时候姐妹太多了哇，是吧，那	
267	我老妈就很少话的，那我老爸就可能以前穷哇，所以动不动就死骂	
268	的咯（笑3秒），有点什么就骂这样的哇，是吧，又多小孩又辛苦哇	
269	是吧	
270	访：嗯	
271	受：那我老妈就整天带着小孩，都没什么很特别，跟现在不一样，	
272	小孩少，爸爸妈妈很疼爱小孩这样的，你觉得是吧，以前没什么特	
	别疼爱小孩这样的，总之就是，煲一锅番薯你吃啦，你吃不吃都不	
	管你的咯，总之就不管你的咯，都是这样（笑2秒），就是自己大	

序号	访谈过程	备注
273 274 275 276 277 278 279 280	（停顿2秒），就是长大了，出去工作了，就，诶，诶（停顿4秒），反正来说就是结婚了，觉得啊，自己有小孩了啊，才来说，好像才知道说，诶，孝敬父母，以前真的不知道了，太多姐妹是吧（笑2秒），想东西的那些，好像都没什么，反正出去工作就工作，以前出去工作通讯又不方便，是吧，好像现在这样啊，又没电话打，什么都没有，就是这样，没什么特别的关心，没什么关心，就是自己结婚啦，年纪大了，老爸老妈老了啊，就知道了，诶，经常会想念，去看看他们这样，以前真的没什么特别关心的。	做"画"的动作
281	访：嗯	
282 283 284 285 286 287 288	受：反正就是太多兄妹了，太多兄妹，总之就觉得，嘛（停顿3秒）没有现在的那么，嗯~（2秒），现在那些，就你们，诶，小时候就撒娇啊，怎么怎么，是吧，我们那些哪有的撒娇的，是吧，没有的，反正有的你吃饭就是了，你吃饱了快点洗澡睡觉就这样（笑2秒），反正就是吃番薯饭，就那些番薯诶好大一块，就只有很少米，就一大锅，大大一锅，找来找去都找不到两勺饭，是吧（笑2秒）真的哦，找来找去都找不到两勺饭，吃到啊，以前就吃到嘴扁扁的	
289	访：嗯	
290 291 292 293 294	受：我，诶（停顿3秒）经常诶，我大哥啊大姐啊那些，吃诶，你们吃番薯好了，饭就让给我和我妹妹啊，因为我们小，是吧，全让你吃的也是只有一点点，是吧，没什么的，以前是吧（停顿6秒），以前小时候咧，始终都是（停顿2秒）怎么说咧，小时候真的姐妹情啊那些，没什么，显示不出来的	
295	访：嗯	
296 297	受：就现在，就是说个个都成家立业了，才说重视姐妹情，以前就是，诶，出去工作就出去工作，好像，反正就是，不知道怎样，我也不知道怎样去形容。	
298	访：嗯	
299 300 301 302	受：所以现在计划生育就没错的，不要生那么多（笑2秒）不要生那么多，生得太多就辛苦，辛苦，一个人做死做活，还哪有时间管你喔，是吧，那做都做到要命似的，还哪有时间关心你喔，是吧，哪有时间管你，就吃饱了就睡了，就是这样咯（停顿6秒）。	
303 304	访：嗯，在你人生当中你觉得哪些人对你的影响很大，就是哪些人对你的影响比较大？	

序号	访谈过程	备注
305 306	受：对我的影响（停顿5秒）（笑3秒）就是自己，影响最大这样啊？	
307	访：嗯	
308 309 310 311 312 313 314 315	受：（停顿3秒）就影响最大的咧，就是，应该是（停顿5秒）我第二的那个大哥，就以前咧，读书的时候，就是我家里穷哇，那我原本说不读的哇，我说，诶，不读了，读读读什么鬼啦，去工作啦，那我第二个大哥咧，就因为他，他读书很好的，读书很厉害的，那就是咧~，我们是富农，评上了富农，那他以前在××（地名）考试，考试考了第一的，都还是没得读，那没得读咧，那就，那就，后来我读书的时候，当我说不读的时候，他就说，不能不读，一定要读哦，我那时候，就有得考了哇，他那时候就没得考哇。	
316	访：嗯	
317 318 319 320 321 322 323 324 325	受：没得考哇，那他就说不管怎样都要读，那时候很穷，没什么钱，那我，那时候，就买了个手表，他买了个手表给我，一定要读啊，不读不行的啊，诶诶诶，读出来了就，诶诶诶，没那么辛苦咧，那我才读的，因为我妹妹咧很小就没读了，读到四年级就出去工作了，就以前很大才上学嘛，就九岁才读书，我也是九岁才读书，是吧，那不知道九岁还是十岁就读书嘛，那读到四年级略就没读了，去工作了，那我当时也不想读，当时，我妹妹就读了两年就不读了，那我就读到了，诶诶诶，读到不知道是五年级还是六年级，我就说不读了，但他就喊我读，他说，怎么不读，不读不行的，一定要读哦，个个都不读，怎么行啊。	
326	访：嗯	
327 328 329 330 331 332 333 334 335	受：那我就，诶，读就读啦，就这样又重新读回书，那就全靠他这样，虽然说，就没考上师范啊，那当时报师范就没考上哇，是吧，没考上师范咧，那现在这样，读完高中，最起码读完高中才让你教书啦，是吧，才可以进学校，那没考上高中就不能进学校教书的，是吧，那就，就这样咯，我第二个大哥，就是他影响最大这样咯，当时，就是如果不是他叫我读（停顿4秒），就不读了，去工作咯，就不会进这一行咯，是吧，就不会教书咯，就是说生活怎样就不知道啦，是吧，反正现在这样，虽然不是很多钱，但有几千块，那你，你妇女不然怎样，是吧，你想发达就没可能的，是吧	
336	访：嗯	

序号	访谈过程	备注
337 338 339 340	受：几千块哇，到时没钱还有的用哇，那儿子媳妇就给你用这样咯，就现在农村，就农村的妇女这样，娶了媳妇回来，那儿子和媳妇有什么钱给你喔（笑2秒），反正给你吃，是吧，如果说真正给你钱是没可能的（停顿9秒）	
341	访：你觉得哪件事令你的人生发生了很大的改变的？	
342	受：（停顿3秒）人生，改变？	
343	访：嗯，就是像一个转折点这样的事情，详细谈谈	
344 345	受：转折，有什么转折点呢，就现在进了学校就是转折点咯，那其他还有什么转折点喔（笑3秒）	
346 347	访：就是，能不能详细谈谈，就是你怎样进学校的进行你的教育事业的？	
348 349 350 351 352 353	受：哦，当时就是，82年我高中毕业，那就在××（地名）这边教了一年书，当时就嫌钱少就，诶，就不教了，那就去广州工作了，那那后来就嫁到这边了，就开药店啦，当时就开药店，那后来没开了就教书，没开了之后就教书，那当时进来教书的时候，钱很少的哇，也是这样教在这里（停顿3秒），那就是，后来咧就是说要考试，就是说，我们要，以前有中师啦，又又（停顿3秒）考过中师入学试，中师入学试哇	
354	访：嗯	
355 356 357 358 359 360 361	受：那当时也很辛苦的，虽然说读过高中，但是考的知识，诶，就很多的，那就发几本书的，发几本书就在那里看，拼命看（笑3秒），反正咧，语文呢（停顿2秒）还行，英语呢（停顿3秒）完全是只懂一点皮毛的，英语哇，那我以前读高中的时候没怎么学的哇，以前，没怎么学英语的，所以说，考试，复习的时候（停顿2秒）真的只看一点，叫那些英语老师，那些年轻的教一下，读都读不了一样（笑2秒），那语文就可以，数学那些很难的，是吧	
362	访：嗯	
363 364 365 367 368 369	受：那我们以前高中那些，就是说是说高中，但是隔了这么多年，经过了这么多（3秒）事情，全忘了，都不记得了，就拼命复习，数学那些就复习不了的，英语也复习不了的，就是语文啊，还有心理学啊教育学啊，就要考的咧，就死背咯，就这样背，总之就是天天都死读死背，然后呢考试，考试，就会一些，英语就都是判断题多，选择题多的哇，都是撞的，很多都是撞的（笑3秒），不是很懂，就算是懂的那部分也只是会一点点这样	

序号	访谈过程	备注
370	访：嗯	
371	受：那当时又又，撞得及格喔（大笑2秒）那数学咧，数学就，其他	
372	这些计算题啊，选择题啊，都全做了，就是那些应用题，唉，那些	
373	解方程的那些啊，看到都烦啦是吧，总之有一点印象的就死命做，	
374	就做，做，那就诶，诶，诶，诶成绩出来了，那它又行了，及格略	
375	（笑2秒）那心理学啊，考心理学最搞笑的咯，就因为呢，心理学就	
376	说明考哪些考哪些这样的哇，那就死背那些，都记得，就背了的都	
377	记得，就考得很好，考得最好的就是心理学了，那些有的背哇，有	
378	的背哇，就，那是很辛苦的哇	
379	访：嗯	
380	受：不知道是不是上年纪了，还是什么，都不记得了，就要考回那	
381	些，那就入学考试，还有一个，还有一个就是大专，诶~（2秒）函	
382	授大专也是要考试的哇，就是这样略，这两个，很辛苦，因为本来	
383	我们是高中咧，那你教师一定要大专的，小学老师要有大专证的，	
384	那我们就函授，那你要去函授就必须要入学考试，就是这样的，就	
385	考入学，就三年函授，大专就，在××（地名）就三年函授，每个	
386	星期都要去学习，那段时间就比较那样略（停顿3秒）就是说，提高	
387	了那个，就是始终都对你那个教学啊，始终都有提高的，是吧	
388	访：嗯	
389	受：就是经过那个中师函授啊，大专函授啊，三年大专函授啊，虽	
390	然说不是全日制，但是都有影响，都有影响很大的，还有就是经常	
391	去听课，就我们经常去听课啊，听别人的讲座啊，听别人名师的课	
392	啊，就那些略，经常去听课啊就对教学影响很大的，就是说学习，	
393	是吧，向别人学习，就经常有那些名教师来讲座这样的哇，每间学	
394	校都，每个学期都有搞那些骨干老师的公开课那些略，就对自己在	
395	教学方面有很大帮助那些	
396	访：嗯	
397	受：特别是年轻的，更加是，是吧，特别是年轻的更加要，一般现	
398	在去听课的都是，上了年纪的都是不去的，叫那些年轻的去啦，这	
399	样的，年轻的去学习呢，是吧，我们还学什么呢，都退休了，是吧	
400	访：嗯	
401	受：我呢，就是说最什么的就是这些略，还有那个计算机，就去学	
	计算机这样哇，你也知道啦，我们一窍不通的咧，什么都不会，就	

序号	访谈过程	备注
402	学这些咯，最，总之那些教师都挺好，一个一个地教你，有时就喊	
403	那些年轻的教，那些年轻的，就例如，我和你，你就肯定容易学	
404	的，是吧，那你会了就教啦，就是这样，慢慢慢慢学，学到现在，	
405	诶，就学过了初级啊，中级啊，诶，都学了，拿到证了，现在什么	
406	都可以自己搞定，你说打字啊，做表啊，做什么啊，下载啊，各方	
407	面都是自己全部搞定，就这样，诶，慢就肯定慢一点的咯，眼慢嘛	
408	访：嗯	
409	受：就现在我们上课这样子，每一个可是都有电脑的哇，有电脑	
410	就，都用电脑上课的咯，不过就是慢，就这样看（笑2秒），那些学	
411	生就笑的，哩，老师又看不清楚了，我说，是啊，看不清楚的咯，	
412	眼慢啊，就慢慢来咯，就是说，还有一个就是普通话啊，那个，诶	
413	（停顿4秒）什么啊，那个，那个二什么。	
413	访：二乙	
414	受：二甲，什么，乙还是甲，就是最低啊	
415	访：乙	
416	受：乙，是哇，二乙，就普通话那时咯，还有一个啊，总之就要靠	
417	普通话，你要过关，要就要，你这个是硬件来的，就普通话呢我还	
418	行，以前咧，反正这么久都是用普通话教学的哇，全部都，因为低	
419	年级，以前都是用普通话教学，那现在就算，全部老师都是用普通	
420	话上课的，那以前我们都是，很多年前了，普通话考试，普通话考	
421	试，一定要过关，那就，在办公室啊，他给资料你的，给书本你	
422	的。	
423	访：嗯	
424	受：反正下课了，就读，下课了就在办公室读，读到那些不会的就	
425	问那些年轻的，他们就教我咯，××（人名）好啊，以前和他们一	
426	个办公室咧，那就我们几个年级大一点的老师就拿着本书，下课了	
427	就拼命读，读错了纠正，就说，不是这样读啊，什么翘舌音平那	
428	些，什么什么的，怎样读啊，就是这样，复习，复了整整一个月才	
429	考试，就天天都下课，那是那些时间很充实的	
429	访：嗯	
430	受：因为都没空去说笑，是吧，你想下课说说笑，聊聊天，没有	
431	的，下课了拿着一本书，读，拼命读，是吧（笑3秒），又什么儿	
432	化音啦，又什么诶，诶，诶，诶，什么啦，总之就这样读，是吧，	
433	又放录音听，跟着读，放录音听跟着读，后来就考，诶，还行，	

序号	访谈过程	备注
434	不知道是七十八分还是（大笑2秒）那个，那个，诶诶，做那个，	
435	诶，说，啊，看你这么大年纪还可以哦，我就说这么久都是普通话	
436	教学的哇，有准备呢，我说，复习了这么久，读了这么久，是啊，	
437	就是这几个啦，一个中师，一个大专，跟一个学，学计算机，还有	
438	普通话，这些全都是后面学的，高中我们读书哪有的，没有的，全	
439	部都是以前，就是说进学校了，这些证件啊硬件啊，入学校才拿	
440	到，才学的，就是说进修咯，进修咯，是吧。	
441	访：嗯	
442	受：那都是，全靠进学校了才，怎么说呢，是吧，知识啊，诶~（2	
	秒）有提高咯，那个教学水平啊，跟之前啊，有提高，有一点提高	
443	咯，就是积累经验啊，听那些课积累经验啊，还有就是教学生啊，	
444	知道怎样去教，是吧，知道怎样去教，还有知道怎样去教学生，还	
445	有学生的安全啊，各方面啊，这样，都是要积累经验的哇，就是	
446	说，刚刚进去教的时候什么都不知道，什么都不知道，是吧。	
447	访：嗯	
448	受：就这样拿着一本书去上课（笑2秒）那现在什么都知道啦，要注	
449	意一些什么细节啊，是吧，怎样去教学生啊，怎样教学生注意安全	
450	啊，总之就是，是吧，教得久就什么都明白，什么都懂这样咯，对	
451	于现在，新来的那个教英语的，就什么都不会啦	
452	访：嗯	
453	受：她，被那些学生欺负得很厉害，欺负得很厉害，是吧（停顿4	
454	秒）不做，那些学生就直接顶撞她，不做这样子的，我们就，那个	
455	英语老师就说，语文老师又怎样怎样，要你做你又不敢讲，他说当	
	然啦，语文老师看一下我们都不敢出声哦（大笑3秒）	
456	访：（笑2秒）	
457	受：她主要是没有经验，不知道怎样去教学生，是吧，不知道怎样	
458	教学生，然后她就只是上完一节课就回来咯，就是她又不布置什么	
459	作业啊，现在我们复习啊，拼命复印试卷来考试，是吧，她没有	
460	的，就坐在那里玩电脑看电影，就在那里看电影，就是这样咯，	
461	那些学生啊，都没什么作业，就不用做了，发了两三张试卷就说，	
462	诶，英语不用做了，不做的咯，我说做，要做的，不做怎么行	
463	呢，都要复习的嘞，她都没事做的，就是，还有教了这么久嘞，年	
464	纪大一点就有经验咯，是吧，但如果说真正的知识啊，各方面的那	
465	些啊，你没有那些师范生高文化的，是吧，就不够他们掌握的知识	

序号	访谈过程	备注
466	多咯，但你说经验，刚刚进来是没什么经验的，别人教得久就有经	
467	验，知道怎样教学生，他懂，是吧	
468	访：嗯	
469	受：（停顿10秒）	
470	访：那，这么多年了，当你遇到一些挫折或困难的时候你是怎样去	
471	应对和解决的？	
472	受：遇到挫折有什么的，碰到挫折，诶，就平常心态咯，有什么	
473	的，是吧，那每个人都有遇到挫折的啦，人生哪有说一帆风顺的，	
474	是吧，那这些事情都是说，诶诶，不是很顺的时候都有的哇，那就	
475	想开点啊，想通点啊这样咯，就很多的，有什么的，就比如学校那	
476	样（停顿2秒）它就不是说，诶（停顿3秒）一开学就分班，它不是	
477	抓阄来分的，那你等他安排，等他安排咯，那（停顿2秒）他安排到	
478	那些，就是又差，又有傻妹傻仔的那些给你，那你就你肯定，不好	
479	的啦这班学生啊，绝对是不好的咯，那你怎么说啊，别人权利比你	
480	大是吧，难道你跟别人吵吗，是吧	
481	访：嗯	
482	受：他一开学，他一分班的时候就说明，不可以提意见这样的啦，	
483	没有，没有绝对公平的，那他分班就说没有绝对公平的，不可以说	
484	话，那你都不能出声咯，就只能平常心态咯，反正你就是，那些烂	
485	泥扶不上壁的，就不管他的咯，讲真心的那句是吧，那些总之都扶	
486	不了的，那你怎么扶，就是说那些还可以扶的，那就当然尽自己	
487	的，最大的那个能力去扶的啦，是吧	
488	访：嗯	
489	受：那些傻傻气气的没得变的，是吧，那些家长也知道的啦，就	
490	是，他就说没有绝对公平的，没有公平的，什么都没有公平的这	
491	样，这样，你说没有公平，那谁说，有一个老师就说如果你抓阄	
492	的，抓到差的我就，没话说是吧，那你安排的，每次都是你安排的	
493	（停顿2秒）那这些就不公平啦，就是例如，那现在就少班级啦，现	
494	在就多数都只有一个班，就没得说啦，是吧。	
495	访：嗯	
496	受：那以前呢，多数都是两三个班，两三个班的咧，那你应该抓阄	
497	才对的，比如我和你大家都是教四年级（停顿2秒）就这些事一	

序号	访谈过程	备注
498	班，这些事二班，就抓到有傻的，那你抓到就没话说啦，你不走运	
499	是吧，那你硬是塞给我的，我心里就肯定不平衡的啦，是吧。	
500	访：嗯	
501	受：现在就习惯了咯，他，总之每个校长都不一样的，以前的那个	
502	校长呢就是，那个时候就全部抓阄的哇，就是说抓到，老师就心服	
503	口服，就是说大家都教三年级，大家都教四年级，就你教四年级的	
504	两个老师来抓，教语文的，就是你当班主任，我这么久都是当班主	
505	任的，就两个班主任抓阄，那我抓到这个是一班，那它无论差还是	
506	好，都没话说，那我抓到这个是二班，那它好还是差，我都没话	
507	说，以前都是抓阄的，都没意见的哇	
508	访：嗯	
509	受：抓到有傻的，啊，你这么好运的，就这样啦，是吧，但是现在	
510	就不是啦，近几年，反正就是随他安排，他他他，跟他好一点的就	
511	安排那些好班给他教，那些不拍马屁的就安排那些不好的班他教这	
512	样咯，就是这样（笑2秒），反正就是这样的咯，天下乌鸦一般黑，	
513	是吧，反正就是这样，你会拍马屁的就教好班，不会拍马屁的就安	
514	排那些又多人，又差的给你教，就是这样咯	
515	访：嗯	
516	受：我们诶，反正我的看法就是平常心态，反正抓着一个宗旨就	
517	是，尽自己的最大努力对得起学生，一定要对得起学生，对得起家	
518	长，是吧，就是尽职尽责，那他，他，这些（停顿2秒）没有说那	
519	个，没有说绝对公平的，是吧，没的说的，你要公平是吧，他都明	
520	说没有公平的，没有公平的咯，（笑2秒）那你就平常心态咯，是吧	
521	访：嗯	
522	受：工作都这样的啦，你越多计较，心里就越不舒服，你放开点，	
523	什么都不计较，就，就好过点咯，是吧，平时在办公室经常都讲的	
524	啦，总之随便他啦，唉（叹气声）你，你说这个班，自己班差这	
525	样，那在三年级都是最后的，就算我们班也是啊，我都是三四年	
526	级，四年级这样教哇，就现在这个班最后，我最后这样，也没有心	
527	理压力的，那如果你是第一的教到最后，那就变成有压力的啦，是	
528	吧。	
529	访：嗯	

序号	访谈过程	备注
530 531 532 533 534 535 536 537	受：就有什么的咧，就现在我教的这个班级，是吧，最差的那四个，一分，两分，三分，六分，这四个哇，这样的，四个人加起来都没有十二分，那你，你考试就绝对是拉低你分数的啦，是吧，那没得说的哇，你，你你怎样，你你你，诶，教授来教都教不了的啦，谁来教都教不了的了，是吧，那就只好提高其他的那，学生的成绩咯，那些就没得救的咯，那你，那你天天都，天天都说，唉好辛苦，怎样怎样啊，憋在那里，都不知道多，多，那个心啊都不知多辛苦，所以我现在都没有什么，是吧。	
538	访：嗯	
539 540 541 542 543	受：那些差的每个人都要教，差班每个人都要教，那教就教咯，无所谓的了，是吧，就是说没去多想，总之遇到挫折或者是不顺利的事啊，就想开点，相通点，是吧，反正就是放开心态，放开心态，就什么都看开点啊，就什么事都没有咯，是吧，我们，我们就是说，我儿子也经常说的咯，周末就去打打麻将，出去玩，不要老是呆在家里	
544	访：嗯	
545 546 547 548 549	受：所以我每个星期都会，早上就没去，早上就，就周末就晚起床啊，搞搞清洁啊，做做其他事啊，下午就去打麻将这样，一年都是这样的咯（笑2秒）一年都是这样的咯，都没什么说特别，反正遇到什么困难都好啦，就想开点，就是说有什么挫折啊，就想开点，是吧，那就什么事都，都没有，是吧	
550	访：嗯	
551 552 553 554 556	受：刚刚我才看了一个微信，我大哥发过来的，就说，诶~（2秒）病，心，就是说一个人，你的病就是在心里来的，就是你的心啊，压力大啊，什么都想，心里不舒服就引起各种病啦，意思就是说，要想开点，要开心点（笑2秒）就要开心点，不要整天在那想，什么都想，这样咯，就是说你，你就好点，就这样咯（停顿3秒）。	
557	访：嗯，就是谈谈一些难以解决的事情，你是怎样解决的	
558	受：难以解决的事情？	
559	访：嗯，就是你用什么方法去解决的	
560 561	受：（停顿7秒）难以解决（笑3秒）好像都没有什么特别难以解决的问题。	
562	访：嗯，就是比较困难，比较受挫的，后来使用什么方法去解决的	

序号	访谈过程	备注
563	受：（停顿4秒）那借钱那些算不算（大笑7秒）	
564	访：（笑3秒）	
565	受：我是，就是建这个房子的时候，应该是九六年，就建这个房子	
566	的时候咧，我呢就是，因为结婚回来的时候什么都没有的哇，就只	
567	有一间小屋，那两个老人又很穷的是吧，那时候就没什么钱，那我	
568	就九（停顿3秒）五，好像是九五年就建了这个房子，那当时我就	
569	想只建一层，建一层，唉，就不建那么，不建那么好了，就先建一	
570	层，因为没什么钱，那我在那里卖药，租的那个屋主很好的，这样	
571	咧，我们就在那里玩，他说，建一层，反正都是建咯，你那个井头	
572	那里，我要运东西上来，那个井头就要砸开一块，那到时就要弄回	
573	来这样的，那他就说你车东西上来，他说你不不不，你建一层，那	
574	到时你加一层的时候又运东西就上来了，是吧，那他就说借钱给我	
575	（停顿2秒）那他借钱给我都不够的，就不管咯，他说不是啊，你	
576	你你加多一层啦，你你你，我借一万给你啦，到时不够再看看怎样	
577	啦，我想了想，诶，就真的（停顿3秒）建了一层又加了一层，加了	
578	一层呢，那个时候就人人都不是很有钱的，是吧	
579	访：嗯	
580	受：那就（停顿2秒）只好，就是说（停顿3秒）自己做，就自己做	
581	散工，就，诶诶诶，就没有请，自己做散工，晚上就自己混水泥，	
582	第二天就去上学，他们做，那就自己晚上把砖全拉进来啊，那后面	
583	咧，就买水泥啊，就先记账，就等我出薪水了就再给，那买这些地	
584	板这些砖啊，那时也是先记账，市墟那里有熟人咧，是吧，就又出	
585	薪水了再给这样咯，那当时啊，每样都是这样的咯，我啊，建这个	
586	房子啊，嘛，都算是艰难的咯。	
587	访：嗯	
588	受：就~（2秒）这样做，自己又做得辛苦，是吧，辛苦咯，又要那	
589	个，所以现在我看见别人建房子都害怕的，见到都怕的哦，真的，	
590	那我就，因为自己很困难，自己都这么困难是吧，就建这个房子那	
591	么困难，那所以现在自己呢，就很节俭很节俭，供两个儿子读书，	
592	那现在我呢，就是是不是（停顿3秒）怎样都好啦，就是，你不剩一	
593	点钱，就想起，诶诶，以前那些老的没有剩点钱给自己，你说那多	
594	辛苦，是吧，（停顿4秒）就建这个房子的时候就最，最困难的咯，	
	建这个房子	
	访：嗯	

序号	访谈过程	备注
595 596 597 598 599 600 601 602	受：建了很久了，就是可以说是，你建好了，建了一层，以前在我二叔公那里有一个房，就在那里住，夫妻俩每晚都做，有时做到12点都还在那里做，那些漆油啊，我就混水泥，他就弄，就这样，我记得那一年，就准备入伙，就准备入伙，过完年，就想弄好过完年就入伙，所以弄这个楼梯，应该是（停顿2秒）做到年初一，就是做过了12点，那就是年初一，是吧，年三十那一晚，夫妻俩就拼命做，做到12点，真的做到了年初一的哦，（停顿4秒）做了整整两年了，真的笑死了，做了两年	
603	访：嗯	
604 605 606 607	受：真的很辛苦那时，我们就，每一样都是自己做，什么都是自己做，再加上要在下面拉上来，那些砖啊，要在下面拉上来，那时就这样，当时建这个房子就最什么的啦，都是这样去克服，总之就是自己做，这样去熬，还有记账啊，这样咯，后来再还钱，是吧，我们都算是熬得很辛苦的咯，是吧。	
608	访：嗯	
609 610 611	受：（停顿4秒）熬得最辛苦的咯，那些年轻的，两个儿子不知道的，那时还小，以前不懂的，那现在读完书出去工作，不知道父母熬得辛苦的，是吧（停顿4秒）	
612	访：那教学经历上有没有一些类似比较难以解决的事情呢？	
613 614 615 616 617 618	受：教学，教学那些（停顿2秒）都没有什么的，反正我又没有上过公开课，又没出去上过公开课，又没有说其他的比较特别的那些，诶诶，需要解决，你说如果是电脑的那些，诶，又很简单的，是吧，反正你在办公室，这个不会哦，就叫个年轻的教，都没什么特别，在教学上没什么特别，都可以，都可以说是很顺利这样咯，教了二十几年了，都没什么很特别的事情，没什么很特别（停顿5秒）	
619 620	访：嗯，你能谈谈到现在，你经历过的事情之中，诶，令自己觉得最快乐最幸福的事情是什么？	
621	受：（笑4秒）最快乐？最幸福？	
622	访：嗯	
623 624 625 626	受：最幸福的，诶，就是最快乐最幸福的，就怎样说呢，就是说~（3秒）最幸福的是我两个儿子咯，就是说从小开始，总之从小懂事以来，我又载他去上学，那小学就一直，总之小的时候就一直跟着我，他老爸出去工作，那我就天天用自行车啊载他上学，载他上学	

序号	访谈过程	备注
627 628 629 630	放学，就天天都这样，就是说从小就听话，就是从小到大我都没有骂过他们，都没有骂过说过，就算是现在这么大了，都还是很听话，就不是说，不会忤逆这样咯，就算是男的不是女的，那暑假假期啊，就去干活啊，就是假期回来这样，耕田割禾这样	
631	访：嗯	
632 633 634 635	受：晚上就看电视玩电脑这样，不要玩这么晚哦，明天要插田的哦，行了，你起床叫我们就行了，那我一起床就敲敲门，他就立刻起床，敲一下这个门他又立刻起床，那就，耕田割禾都跟着去，种花生啊，你叫他他也立刻跟你去，没有说什么的，你说做什么都好，都会立刻跟着去的	
636	访：嗯	
637 638 639 640 641 642	受：所以咧，啊啊啊，那个××（人名）他老婆，那是耕别人的田就在我们隔壁，她就笑我咯，说，啊，你们两个儿子这么听话的，这么早就跟你来耕田的，我的还没起床呢，就她一个人在那里耕，她的儿子还没起床，我说不行的哦，要做的，我那个小的，那时小的时候说（停顿3秒）妈，我先回去了，好热啊，我说，不行，热，每个人都热的，是不是就你一个热啊，等大家一起走	
643	访：嗯	
644 645 646 647	受：那他，他，他就蹲在太阳伞下，我也不管他，反正不给他先走（笑2秒）是吧，那他一样是听话，是吧，反正什么他们两个都跟着做，你说什么他都，都，不会说，诶，不会说，不答你啊，不会说不听话啊，（停顿3秒）就是这样。	
648	访：嗯	
649 650 651 652 653	受：读书方面啊，虽然不是读得很好，但不会说去跟别人打架啊，出去搞什么啊，从小到大了，那这个就最安慰的了，（笑2秒）最安慰的了，做父母都是这样的了，是吧，挣不挣得了钱是另一回事，他不会去学坏，听话，很小就听话，我现在，有时候很搞笑的，有时我有空，那就，因为老人要烧水洗澡，我们热水器她说不够热这样。	
654	访：嗯	
655 656 657 658	受：那就不管她了，那有时他放假回来，读书的时候，或者现在他去工作了休息啊，我就上那里，上背后的山那里很多柴的，去捡竹叶，我就一个人不敢去哇，有时他回来的时候就，诶，陪我一起，去捡竹叶，那他也答应的，两个都愿意的，不出声就跟着去的，去	

序号	访谈过程	备注
659 660	到那里呢，就我就捡，他就找地方蹲着玩手机（笑2秒）我就在那捡，他就玩。	
661	访：嗯	
662 663 664 665 667	受：我就在那里捡，他就蹲在那里玩手机，就陪我，那他也愿意，所以他们就说，诶，陪你妈捡柴啊，是哦（笑2秒）他就这样跟着，又不会说，不会说，诶，不去这样，两个这样的，两个都试过，我叫他陪我去，那他就去的咯（笑2秒）这个就是，是最大的安慰了，最大的安慰（停顿3秒）	
668 669	受：那，谈谈，诶，在你，这么长的人生经历中，你觉得最难受的事情时什么，就是比较难受的，最悲伤的事情是什么？	
670	受：难受啊？	
671	访：嗯	
672 673 674 675	受：（停顿3秒）说起难受呢，就是（停顿2秒）就是说，你应该不知道，你不知道，最难受，最难受的就是，就是我们老爷，就他什么的，喝农药（停顿3秒）就是应该是上几年（停顿2秒），跟他老婆吵架，就最难受是这件事了，因为他没事的，他，他身体很好，什么事也没有的	做"捧着书"的动作
676	访：嗯	
677 678 679 680 681 682 683	受：那就，早上，早上那我就去上学，去上学了，当时早上，他~（3秒）准备去市墟的，准备去市墟，后来不知道怎样就跟他，他他两公婆吵架，那当时我，我，以前吃饭没有回来吃的哇，放学回来的时候还很，跟×××（人名）她们，那我们骑自行车，还有啊，啊，××（人名）老婆，她姨×××（人名）她们，就骑自行车上学的呢，就一群人回（停顿2秒）回到的时候，哼，就见不到了，就在背后那里，在背后那里就诶（停顿3秒）过了，最难受的一件事了	
684	访：嗯	
685 686 687 688	受：因为，怎么说呢，因为他，他这样呢是直接影响到我们一家人的声誉的，是吧，因为我，就我，我老公就，就脾气躁一点，但是都没有，没有骂过他的，但是他也，他呢就，天天都，每次都去市墟吃早餐啊，去看别人打麻将啊，坐一下看看啊，没什么事做的，我不让他们干活，两个不让的，就怕他们跌倒这样，是吧。	
689	访：嗯	
690 691	受：反正你两个孙子都出去工作了，年轻的都出去工作了，你们两个老人帮忙看门口就行咯，这样的哇，所以发生这样的事我就最，	

序号	访谈过程	备注
692 693 694 695 696 697 698 699 700 701 702 703 704 705 706 707 708 709 710 711 712 713 714 715 716 717 718 719 720 721 722 723	最难过的，因为，你，人呢（停顿2秒）就要面子的，是这样说吧，我呢，就那两年天天去上学，就天天开车去上学，就×××（地名）啊，×××（地名）那些人，嚟，看到我上学就会议论，你说那我心里难不难受，我自己知道的，是吧，就是那个教书的，怎样怎样，因为走出去呢，别人不会说你好的，一定说你不好的，就是这样，那我们这些，左右隔壁的知道，左右隔壁就说，诶，你管他干嘛啊，你这么久都是，反正对得起他就行了，我说不是咧（停顿2秒）别人会说你的，是吧，别人会说你的，我们左右隔壁的个个都知道的啦，这么久了，回来了二十多年没有骂过他，是吧，二三十年了，没有骂过他，如果说我骂他，如果说我不好的，他的女儿啊，他两个女儿哪会这么好，是吧，他女儿说我二叔公，我二叔公对我老爷很好的，就像老爸一样的很好的（停顿2秒）回来啊，如果让他知道你对他不好啊，肯定不行啦，是吧，（停顿2秒）就是，反正他也傻，他自己也傻，那我就最，最什么啦，这件事，因为，我小姨就打电话给我，她说二嫂，我制衣厂的那个人说啊，你你你，你嫂教书的是不是啊，你只有一个嫂的是吧，这样说哇，意思就是说你嫂这么狠的，这样是吧，那我小姨就立刻骂她说，你知道个屁，关你，关你什么事，你知道什么啊，她说，都不关我嫂的事（停顿2秒）所以走出去，就现在那些人，就我们××（地名）的知道你没什么的，就就不会说，但外面的肯定会说你不好的，所以我就，那两年啊，心理，心理承受压力真的非常大，就是心里很难受，很难受，所以我大哥他们就说我，别想那么多了是不是傻了，我嫂他们就说你对得起他就行了，我说不是啦，我是个老师，那些人都认识我，是吧，那每个人都要面子的，谁不要面子的，我这样，这样的话，每个都要面子啊，我们现在，我们的人都知道的，就是那些人去探亲也是，他们说你们那个谁谁怎样怎样，那他们就说你知道个屁，都不关她事，人家都没有骂过他半句，都不知道有多好的，这样。 访：嗯 受：但是，那些外人不知道你，就会到处说你啦，是吧，就是这样了啊，所以我诶，回来了这么久，最难受的啦，就是这件事最难受的啦，就是，总之那些人经常议论的，我就这两年心情才平静，稍有平静了一点的，真的最难受的，我就，如果我是不好的，我小姑啊，诶，就是我老爷走了的第二年，我小姑就说，她说你不要播种咯，你不会播的，我帮你播吧，就那时还有田啊，就这两年没要田	

序号	访谈过程	备注
724 725 726 727	了，她说你又不会做，又没种过这样，就帮我播种了，那后来我就叫她播种了一年，第二年我自己种，我有时间就自己种，自从诶，自从我老爷过世之后就没养鹅了，没养鹅，就是他大姨婆帮我养，她说（停顿2秒）不要养了，我帮你养啦，你又没空管	
728	访：嗯	
729 730 731 732	受：那你，你自己，如果你是不好的，理你都傻啦，你养不养就算了，就这样咯，我说，自己左右邻居就知道咯，不是左右邻居不知道就议论咯，就经常议论，所以我呢，就最，压力最大，最难受的是这件事了	
733	访：嗯	
734 735 736 737	受：就是，他人没事的哇，他身体很好的，就是，秋风起都还洗冷水的，洗冷水的，以前诶，在我大哥那里看工地，在广州，帮我大哥看工地，我大哥就说，哇，你老爷身体很好的，洗完澡出来还用扇子扇的，所以我就，最难受的这件事就	
738	访：嗯	
739	受：他诶，�，都过了两三年了（叹气声），你就不知道呢，你没有回来这里（停顿4秒）	
740	访：你也快退休咯	
741	受：快了，明年我就申请了	
742 743 744 745 746 747 748	访：那你对未来的计划啊想法啊，就是有什么想法？ 受：我们这些有什么计划啊，反正就是娶媳妇养孙子这样咯（大笑3秒）有什么计划喔，这些是吧，你以为是那些什么人啊，计划，什么的，我们就，诶~（2秒）总之就是娶媳妇啊，帮忙看看小孩啊，那时就这样的了，都是这样碌碌无为的啦，有什么的，没什么特别的打算的，你说退休了还想做什么这样啊，（笑2秒）没什么事做的咯	
749	访：嗯	
750 751	受：退休了就在家里玩的咯，娶了媳妇就带孙子这样，不，不去想其他的咯，是的	
752 753	访：那过了这么多年了，你怎样看待自己的经历，怎样看待自己的人生经历的？	
754	受：怎样看待啊？	
755	访：嗯	

序号	访谈过程	备注
756 757 758 759 760 761 762 763 764 765 766 767 768 769 770	受：有什么怎样看的，就刚刚也说了，总之教学上的事，跟其他单位不一样，是吧，总之对着学生，是吧，对着的是学生，首先要考虑学生的安全，其次才是成绩，那在学校啊，反正回了就要，诶~（2秒）做好那个安全教育，那个思想教育安全教育是最重要的，其次才是学习成绩，我就是，诶，总之教了这么多年的经验都是这样认为，总之，首先要对他进行思想教育，安全教育，是吧，安全教育就经常都讲的咯，每个星期都是这样的，安全教育，安全第一，就，那些，寒暑假的那些啊，就特别去强调他的安全，就那些假期的啊，叫学生不要到处跑啊，那些，是吧，安全，安全，就是讲安全，因为每个寒假都有，特别是暑假哇，老是有事故的，意外发生，就安全，我还认为就是安全得不到保障，你何来成绩，是吧，人都不在了，你还有成绩么，是吧，就主要是安全，就上学啊，放学的安全，在学校啊，校内安全，都最重要的（停顿3秒）就是，不要让学生有事故发生，不然就麻烦了，是吧，也经常调查你有没有讲安全啊，烦死了是吧，很多事要接手，反正就是一定要抓着安全，我呢，这么久了，反正自己的宗旨就是安全第一（笑2秒）抓安全，其次才讲学习	
771	访：就是，你，如何看待自己的人生经历	
772 773 774 775 776 777 778 779 780	受：人生经历，我的人生经历怎样看待呢（笑2秒）我觉得我的人生经历很平淡，平平淡淡这样过，总之就是无欲无求，好像就是，（停顿2秒）怎样说呢，对于生活（停顿3秒）就是知足常乐，就不要太苛求，都没有太苛求，不会说去，去，去，唉，追求什么啊，要怎样怎样，一定要，要什么这样，总之就是平淡这样过，现在的生活就是很平淡，我们也，也经常在学校这样讲，都不知道为了什么（笑2秒），经常我们这些老师都这样感叹，都不知道为了什么，是吧，小时候就，读书，然后就，读完咯，又要~（2秒）挣钱娶媳妇	
781	访：嗯	
782 783 784 785 786 787	受：挣钱娶媳妇咯，又要看小孩，是吧，唉，然后又要想着买房啊，做什么做什么这样，然后，自己都老了，是吧，自己都老了，好像从来都不为，没有为自己着想过（笑2秒）就是，我觉得就是从来都没有真真正正地为自己去想过，都是为了个家庭，整天都为了个家庭这样奔波，劳碌，为了个家庭，就觉得（停顿2秒）就算现在在家里，就只有自己在家这样（停顿2秒）做什么吃都好像很懒这样的（笑2秒）就是，儿子回来了，还有老公回来了，就很勤奋的，	在叙说最幸福的事情时，受访者始终脸带微笑

序号	访谈过程	备注
788 789 790 791 792 793 794 795 796 797 798 799 800 801	很早就杀鸡啊，反正就杀鸡，杀鸭啊，做点心啊，做这样做这样啊，就很勤奋的，但现在这样我就真的很懒的，就是（停顿3秒）左右邻居啊，经常端饭出去，说有汤啊，就喝一碗，懒煲的，真的懒做的（笑2秒），但他们回来就很勤奋的哦，就我们二叔公就笑，就说我儿子，你看你老妈多好，一到周六日就杀鸡，煲汤，是吧，一天都不闲，不闲的，他说（笑2秒）就自己的人生经历，没什么很特别，没什么特别之处，总之就像普通人家一样，平平淡淡，平平淡淡就这样过，比人那些，诶~（2秒）有钱人家啊，还有那些有名的人啊，就有什么特别之处，我们这些没有的，属于是，最底层，最普通的人，有什么特别的，的，的，人生经历呢（大笑2秒）没什么特别的，真的没什么特别（停顿4秒），总之平平淡淡，是吧，有时呢知足常乐，就这样略，尽了自己的责任，是吧（停顿6秒） 访：嗯，好了，那我们结束 受：（大笑3秒）	叙说最难受的事情时，受访者，语气低沉，神情低落